德育原理与实践

高凯 孟琳 王燕 主编

东北林业大学出版社
Northeast Forestry University Press
·哈尔滨·

德育原理与实践／高凯，孟琳，王燕主编. —哈尔滨：东北林业大学出版社，2021.9

ISBN 978 - 7 - 5674 - 2579 - 8

Ⅰ．①德… Ⅱ．①高… ②孟… ③王… Ⅲ．①德育 - 研究 Ⅳ．①G41

中国版本图书馆 CIP 数据核字（2021）第 184573 号

责任编辑：许　然

封面设计：吕冠超

出版发行：东北林业大学出版社（哈尔滨市香坊区哈平六道街 6 号　邮编：150040）

印　　装：唐山唐文印刷有限公司

规　　格：185 mm×260 mm 16 开

印　　张：14

字　　数：306 千字

版　　次：2021 年 9 月第 1 版

印　　次：2022 年 9 月第 2 次印刷

定　　价：79.00 元

如发现印装质量问题，清与出版社联系凋换。

前　言

百年大计，教育为本。教育是民族振兴和社会进步的基石。党的十八大提出把立德树人作为教育的根本任务，这充分显示了中央对教育的密切关注和高度重视。立德树人作为教育的根本任务的提出，对我国高等教育尤其是高校学生工作有着重大的指导意义和指向意义。"培养什么人，怎样培养人"，这是我国高等教育事业发展必须回答的问题，也是高校教育工作必须努力解决的问题。立德树人的提出，就是对这一问题的根本性回答。高校学生工作作为高校教育的重要组成部分，必须肩负起立德树人这一教育根本任务的神圣使命，这是高校学生工作的职责所在，也是高校学生工作育人的根本宗旨。新时期，高校学生工作在落实立德树人根本任务时，需根据高校学生工作的特点和实际，结合大学生群体的特点，遵从教育规律和大学生成长、成才规律，采取切实有效的路径和机制，推进人才培养工程建设，真正培养德智体美全面发展的社会主义建设者和接班人。

德育是目标十分明确的实践活动，实效性是德育生命力的根本所在。在新时期，我们要培养什么样的人，这不但是教育的大命题，更是德育的大命题。很难想象，如果高等教育培养出来的人没有道德，那会是什么样的场景？相信大家都听说过这样一句话：高分低能是次品，体质不好是废品，品德不良是危险品。这样的"三品"，注定是要被社会规则所抛弃的，所以，我们要培养的不是只会考试的做题机器、疲惫不堪的分数奴隶、疲于奔命的就业机器，而应该是有着健全道德的人。古人说，"立德""立功""立言"为"三不朽"，而"立德"之所以被摆在首要位置，就是因为无论什么时候，道德永远是一个人安身立命的根本。

在本书的策划和编写过程中，编者参阅了国内外的大量文献和资料，从中受到了很大的启发；同时也得到了有关领导、同事、朋友及学生的大力支持与帮助，在此对他们致以衷心的感谢！由于信息安全技术的发展非常快，本教材的选材和编写还有一些不尽如人意的地方，加上编者学识水平和时间所限，书中难免存在缺点和疏漏之处，敬请同行专家及读者指正，以便修订时进一步完善提高。

目 录

理 论 篇

实　践　篇

理 论 篇

绪论　德育原理概述

导读

　　党的十八大以来，以习近平同志为核心的党中央高度重视社会主义文化建设，牢牢掌握意识形态工作的领导权、管理权、话语权，大力培育和践行社会主义核心价值观，提高全民族思想道德水平，推动文化事业全面繁荣和文化产业快速发展，为实现中华民族伟大复兴的中国梦提供思想保证、精神力量、道德滋养。习近平同志围绕社会主义文化建设发表的一系列重要论述，立意高远，内涵丰富，思想深刻，对于巩固马克思主义在意识形态领域的指导地位，巩固全党全国人民团结奋斗的共同思想基础，加快建设社会主义文化强国，提高国家文化软实力，坚定文化自信，推动物质文明和精神文明均衡发展、相互促进，夺取全面建成小康社会决胜阶段的伟大胜利，实现"两个一百年"奋斗目标、实现中华民族伟大复兴的中国梦，具有十分重要的指导意义。

　　德育原理是德育学科群中的一门独立学科。德育原理作为一门独立学科，首先要对其自身的一些问题进行研究，即要对其对象和任务、形成和发展、研究方法等问题进行研究，因为这些问题是否明确和科学，是关系到德育原理能否成立、是否成熟的关键和重要标志。

学习目标

1. 了解德育原理的内涵。
2. 了解德育原理的理论基础。
3. 了解德育原理的发展历程。
4. 学习德育原理的研究对象和研究任务。

第一节　德育原理的内涵

　　德育是教育者根据一定社会或阶级的要求和受教育者品德形成发展的规律及需要，通过教育者和受教育者施教、受教一定社会的思想政治准则和法纪道德规范，形成受教育者一定的思想、政治、法纪、道德品质的教育活动。用通俗形象的比喻说法，德育是教人学做人的活动。简言之，德育是培养人的品德的活动。

一、德育的实质是育"德"

"育"的意思是养；养即涵养、熏陶、培养的意思。德育的"德"即品德，是与智育、体育、美育的智、体、美相对的概念。德育的"德"既包括所谓"小德"（道德品质），也包括所谓"大德"（政治品质）。狭义的品德是指道德品质；广义的品德包括思想品质、政治品质、法纪品质、道德品质等。在我国，现今在教育学、德育学的范畴内，品德一般取其广义概念。因此，德育即品德教育，包括思想品质教育、政治品质教育、法纪品质教育、道德品质教育。由于品德是哲学世界观、政治思想、法纪观念和道德等形式的社会意识及其体现的社会规范（简称思想道德）的个体化，品德的社会内容是外在的"道"，是社会的"思想道德"，因此，德育即思想道德教育，包括思想教育、政治教育、法纪教育、道德教育。由此可知，我国现今的德育，是教育者将社会主义的哲学世界观、政治思想、法纪观念和道德等形式的社会意识及其体现的社会规范转化为受教育者个体品德的教育活动。

培养人的品德，这是古今中外以及未来各个社会、国家、地区、民族、阶级等各种内容、形式、对象德育共同、本质属性，是德育的质的规定性，是德育与其他事物、其他社会现象包括智育、体育、美育等教育现象相互区别的本质特征；它表明德育是教育者施教传道和受教育者受教修德的统一活动，是在教育者和受教育者相互作用过程中将一定社会的思想政治准则和法纪道德规范转化为受教育者个体品德的活动；推动这一活动的主要矛盾是教育者提出的德育要求与受教育者已有品德水平之间的矛盾，这一矛盾的不断产生和解决，推动着一定社会的思想道德转化受教育者个体的品德。这个一般定义表明，凡是影响人的品德的活动都是德育；如果失去培养人的品德这一本质属性，那就不能称其为德育了。因此，培养人的品德的活动，就是德育的质的规定性，是德育的本质特征。

二、德育是教育者施教传道和受教育者受教修德的统一活动

德育是教育者和受教育者双方凭借德育方法传道、修德育内容的活动，亦即凭借德育方法施教传道和受教修德的统一活动。在德育活动中，教育者施教传道和受教育者受教修德各有其独立地位、作用和活动，二者是有区别的，也是不能相互代替的。同时，二者又是互相联系、不可分离的。德育永远是教育者施教传道和受教育者受教修德的统一活动、矛盾运动，而不是任何一方的单独活动或机械地、简单地相加。教育者施教传道和受教育者受教修德是德育的两个侧面，是辩证统一的。如果离开其中任何一方，德育就不存在

了；如果双方彼此孤立，互不联系，那也构不成德育活动。正是教育者施教传道和受教育者受教修德的统一活动，在形式上把社会和个人联系起来；在内容上，通过所传的"道"和所涵养的"德"把过去、现在和未来联系了起来，实现所谓的"社会遗传""社会继承和发展"。因此，我们应该如实反映、说明和把握德育是教育者施教传道和受教育者受教修德的统一活动这一特性，而不能把它们割裂、对立，否则在理论上是片面的，在实践中是有害的。

三、把握德育共性和个性的统一

德育是多种多样的。多种多样的德育的共同本质是培养人的品德。因此，必须把握德育的共性和个性。任何事物都是共性与个性的统一，德育也是这样。培养人的品德是德育的共性，它存在于各种各样的具体的德育的个性之中，丰富多样的德育的个性之中包含着德育的共性。我们应从德育的共性和个性的统一中去把握德育的本质。如果离开德育的个性，就不能抽象概括德育的共性；如果以偏概全，把对学校德育或政治教育等一种或一些德育的理解当作全部德育，那就排斥了德育丰富多样的个性，就会在事实和逻辑上陷入困境和矛盾之中；如果德育共性不与德育个性相联系，那就抹杀了德育的活的灵魂，就会把德育概念变成僵死的教条。为把握德育共性和个性的统一，需要特别注意以下几点。

第一，要把握古今中外以致未来各个社会、国家、地区、阶级、民族等德育的共性和个性的统一，特别是历史性、阶级性、民族性的统一。德育是各个社会共有的社会和教育现象，它与人类社会共始终，具有社会性。德育是随着社会历史发展变化而发展变化的。在不同社会历史条件下和民族文化背景下，德育具有不同的历史特性和民族特性，在阶级社会具有阶级性。但是，德育中又包含着一些全人类的因素，因为历史上存在一些人类共同的思想道德，用以表达品德内容的形式和行为方式；存在着许多共同的德育功能、作用及其表现形式；人的认识和品德形成发展的规律具有共同性，德育原理、原则和方法中又具有许多符合规律的共性。这些共性一旦形成，往往成为若干时代、若干阶级、若干民族共有的德育财富，并以不同程度和不同形式体现、反映、积淀在每一具体历史时代的德育上。因此，德育的社会性既体现了人类社会德育的共同性，又包含着德育的历史、阶级、职业、民族等一系列的社会差异。这种德育的社会共同性和差异性的存在，反映了德育共性和个性、普遍性和特殊性、稳定性和可变性、批判性和继承性的统一，表现了德育错综复杂的社会性。如果偏废、忽视任何一个方面，都违背了德育发展变化的规律。

第二，要把握思想教育、政治教育、法纪教育和道德教育等的共性和个性的统一。在古代，人们对事物的认识是整体、混沌性的，科学处于萌芽状态而未分化，我国社会又是家、国一体的结构，因此，政治和伦理以及道、德、育等往往是融为一体且不分化的。在现代，人们对事物的认识日益深入和精细，科学日益分化和综合，不同形式的社会思想道德及其教育问题分别由不同的学科进行研究。在这种情况下，把德育看成是道德教育的简称是片面的，把德育等同于政治教育也是错误的，否定、忽视思想教育、法纪教育，或把它们包含于德育或政治教育之中也是不妥的。在这里，偏废、忽视任何一个方面都不符合德育共性和个性的统一。应当指出，思想教育、政治教育、法纪教育、道德教育既是相互区别的，又是相互联系、辩证统一的。一般说来，德育处于基础性层次上，法纪教育处于较高的基础性层次上，政治教育处于更高层次上，科学世界观教育处于最高层次上。低一层次上的德育要在高一级层次上的德育的指导下进行，并向高于它的层次上的德育发展和提高；高一级层次上的德育又要以低于它的层次上的德育为基础，在低于它的德育的基础上进行、向上发展和提高。德育四项基本内容的每一项内容又有其具体的亚结构和关系。

第三，要把握年轻一代德育和成人德育，特别是幼儿、儿童、少年、青年德育等的共性和个性的统一，切实克服和防止"一刀切"的弊病。比如，对儿童、少年、青年都要进行思想政治教育和法纪教育，这是共性，但对小学儿童来说，重点是进行启蒙性的道德品质教育和文明行为习惯培养，同时进行启蒙性的、浅层次的、易为他们理解、接受的政治和法纪教育，如认识、尊敬、爱护"国旗、国徽"等热爱祖国的教育，"过马路要走人行横道线"的遵守交通法规教育等，这是个性；对大学生来说，重点是进行坚持四项基本原则教育和科学世界观教育等思想政治理论教育，同时，道德和法纪教育的内容要加深、加宽，层次水平要提高，并且，所有德育内容都要围绕和紧密结合职业理想、职业教育等来进行，这也是个性。

第四，要把握家庭德育、社会德育、学校德育，不同类型、级别学校德育乃至城乡学校德育等的共性和个性的统一。把学校德育当成德育的全体，忽视、否定家庭德育或社会德育，甚至把学校德育当成德育的全体，忽视、否定不同类型、级别学校德育以及城乡学校德育的特点或个性，这都是不符合德育的实际和德育的实施的，也不利于从多种多样的德育形式中认识和把握德育的共性和个性。在这里，偏废、忽视、否定任何一个方面，都不符合德育共性和个性的统一。比如，学校、家庭和社会都要对小学生进行有礼貌、守纪律、讲卫生等品德教育，这是共性，但小学德育是有目的、有计划、有组织地、系统地进行这方面教育的，这则是个性。又比如，城市和农村学校都要进行热爱科学、不信鬼神的教育，这是共性，但在我国个别农村学校，对学生进行俗称的所谓"鬼火"实为磷火的科学知识、科学精神教育，破除所谓"鬼"的观念，这就是个性。再比如，对普通高中生和中等技术学校、职业技术学校的学生都要进行道德理想和科学人生观教育等，这是共性，但对技术学校、职业技术学校来说，这种教育是同职业理想、职业道德、职业规范教育紧密结合的，甚至技术学校、职业学校的整个德育内容都是以职业理想、职业教育为中心来加以安排的，这则是个性。

总之，我们应该把德育理解得宽泛、灵活、丰富一些，这是很有好处的，而在理论上，就是要把握德育共性和个性的统一。

四、学校德育的定义

学校德育是教育者根据一定社会或阶级的要求和受教育者品德形成发展的规律及需要，教育者和受教育者通过有目的、有计划、有组织地系统传、修一定社会或阶级的思想道德，以形成受教育者一定品德的活动。相对于家庭德育、社会德育来说，学校德育具有以下几个特征：教育者是经过专门训练的教师；受教育者是学生，他们或是年轻一代，或是成人，主体是年轻一代，都是经过组织的；德育内容是按照一定目的和标准选定的，并有一定的系统性和稳定性；德育方法是经过选择，有利于施教传道和受教修德活动的。这四个方面相互作用而产生的活动是在学校这个特定的环境里实现的。通过这种活动，教师将社会思想政治准则和法纪道德规范转化为学生的品德，实现社会思想道德的个体化、个性化，促进学生品德的社会化或社会性发展。

学校德育由哪几个部分组成？一般认为，我国当今学校德育由思想教育、政治教育、法纪教育和道德教育四个部分组成。因为学校德育是一种特定的德育形式，并且具有比较明确的对象主体，因此探讨、说明学校德育的组成部分应主要从内容上加以研究、说明和确定。如果探讨、说明整个德育的组成部分，则不能只从内容上加以说明和确定，否则是不全面、不符合事实的，因而也是不正确的。

第二节 德育原理的理论基础

一、德和育的语源思考

在我国古代，德的本字为"悳"。"悳"，音"得"。"德"，《说文》（汉代许慎的《说文解字》的简称，下同）解为升。《段注》（清代段玉裁的《说文解字注》的简称，下同）解"升"为"登"，"登"读作"得"。"德"的原意为用力徙前。我国经传多借"德"为"悳"，现代汉语中本字"悳"已演化为"德"的异体字。"悳"的上半部为"直"（音得，声符），下半部为"心"（义符）。"心"通常理解为思想感情。"慕"是得的假借字，得则是"悳"的假借义。《说文》说："悳，外得于人，内得于己也，从心，直声。"《段注》说："内得于己，身心自得也；外得于人，谓惠泽使人得之也。"这里，德即得，得通德，得德相通；德的对象和内容是道，"'道'表示事物运动变化的规律和规则"，传道的"道"是指"学术的思想体系"，它包含着处理人与人之间，以及人与社会和自然之间的关系的行为规范的意思；人们认识了道，转化为内在的思想感情，然后外化为行为，施于人，便称为德；德的本义包含有"己人""内外""心身"两个方面。"内外""心身"亦即德行。郑玄在《周礼·地官》注中说："德行内外之称，在心为德，在身为行。"朱熹对德行的解释是"得之于心，故谓之德"，"施之于身，故谓之行"。综上所述，"德"指的是人的内在思想、感情及其外在行为表现，即合乎道的思想行为。

"育"，本作"毓"，义为养，包含有今之培养之意。《说文》说："育，养子使作善也。"《段注》说："不从子而从到子，正谓不善者可使作善也。"这里的"到"为颠倒的"倒"。《易·蒙》上说：君子以果行育德，"育德"即"养德"，亦即涵养熏陶品德或培养品德。因此，"育"的本义是养子使作善，亦即涵养、熏陶人的品德，是培养人的品德。

总之，"德"的基本含义是指人的合乎"道"即符合事物发展变化规律和社会规范的内在思想、感情和外在行为；"育"的基本含义是指培养人的品德，即培养人的合乎"道"即符合事物发展变化规律和社会规范的内在思想、感情和外在行为。

二、德育与智育、体育、美育的关系

德育与智育、体育、美育的关系是教育内容中四个相对独立组成部分之间的关系。它们既相互区别又相互联系。从区别来说，它们各有自己的特有的本质、特殊的矛盾和作用。就德育来说，它是培养人的品德的活动；教育者提出的德育要求与受教育者原有的品德水平之间的矛盾是德育的主要矛盾、特殊矛盾；德育的结果是将哲学、政治思想、法纪观念、道德等形式的社会意识及其体现的社会政治、法纪、道德规范转化为受教育者个体的品德，促进受教育者个体品德社会化或社会性发展，以满足社会延续和发展的需要及受教育者个体品德发展、精神享用的需要。这正是德育与智育、体育、美育相区别的本质特征。简单说来，德育的本质是育德，而智育、体育、美育的本质是育智、育体、育美，因此，从本质上来说，它们是各不相同的。但是，它们又是相互联系的。首先，它们统一于培养人的活动之中，存在于教育的整体结构之中。其次，它们又是相互渗透的，德育中包含哲学世界观、政治、法律、道德等知识的传习、健身观念的培养、审美情趣及情感的陶冶，这同时也说明智育、体育、美育之中包含有德育的因素。再次，它们之间是相互制约和促进的，因为人的身心，人的品德、智力、体质、审美能力之间是对立统一的。如果离开它们之间的相互依存关系去孤立地、片面地进行品德或智力等方面的培养，不仅影响其他方面的发展，而且就其本身来说，也必然受到影响和限制，甚至会受到损害。只有德育与智育、体育、美育相互配合进行，才能彼此促进，培养出符合社会需要的德智体美等全面发展的社会主义新人。总之，我们应该从德育与智育、体育、美育的区别中更好地把握德育的本质，从它们的相互联系、相互依存的关系中更好地认识、把握德育的地位和作用。

第三节　德育原理的发展历程

一、德育原理形成发展的历史过程

德育原理与其他任何一门学科一样，其形成发展也经历了一个从无到有、从简单到复杂的历史发展过程。一般认为，德育原理的形成发展经历了以下几个阶段。

（一）萌芽阶段

德育是人们自发实践和感知的对象，人们有简单的德育实践经验。

随着人们认识和实践能力的发展，德育实践经验的丰富，人们提出和探讨何为教和教之所由兴废等问题，对德育提出了许多看法，产生了最初的一些德育思想。对德育问题的研究是零散的、个别的，所形成的看法和思想带有明显的古朴性、融合性，即它是一种经验性或记叙性（描述性）的，甚至带有一定的猜测性，理论性很差，并且是同哲学、政治、伦理、文学思想融合在一起的，是散见于政治、哲学、伦理著作之中的。如《论语》和《理想国》中，孔子和柏拉图在论述政治、哲学、伦理学等问题的同时，对德育也提出了各自的看法，其中包含着丰富的德育思想。

（二）独立科学阶段

在欧洲，捷克教育家夸美纽斯的《大教学论》的出版，标志着教育学独立科学形态的形成，预示着德育科学作为教育科学的一个组成部分和从中逐渐分离出来而成为一门独立科学的即将到来。

在文艺复兴时期，德育理论得到较大发展，英国洛克的《教育漫话》，首先把教育问题、德育问题作为近现代问题提了出来，并广泛地论述了体育、德育和智育等问题，提出了一个包括德育、智育、体育的比较系统的绅士教育思想。

到了19世纪末和20世纪初，随着教育学作为独立科学体系的形成和发展，德育开始从教育学中分化出来，形成一门独立的学科。20世纪以来，德育理论向着既分化又综合的方向发展，德育原理又从德育学中分化出来，形成一门相对独立的学科。在这一期间较有影响的德育学、德育原理著作有德国凯兴斯泰纳的《品格概念与品德教育》、法国杜德海姆的《德育论》和美国杜威的《道德上的教育原理》等。

（三）真正科学阶段

这是马克思主义德育原理的产生和发展阶段

19 世纪 40 年代以后，马克思主义诞生了，这是人类思想史上的一次伟大变革，它开辟了哲学、社会科学发展的新纪元，为德育科学、德育原理的发展提供了科学的指导思想和方法论基础，为德育原理成为真正的科学指明了方向和道路。

二、苏联的德育理论和实践

苏联 70 多年的教育发展大体经历了四个阶段，各阶段都有一些著名的教育家和教育专著。这里仅就马卡连柯和苏霍姆林斯基的德育思想予以概述。

（一）马卡连柯的德育思想

马卡连柯是苏联早期著名的教育实践家和教育理论家。他在马克思主义指导下，长期从事流浪儿和违法少年的教育改造工作，并注意总结教育实践经验，著有《教育诗》《塔上旗》《父母必读》等。马卡连柯的教育文集《论共产主义教育》是其教育理论部分。马卡连柯的德育思想主要包括以下内容。

1. 尊重信任与严格要求儿童相结合的德育原则

马卡连柯的基本教育原则是尽量多地要求一个人，也要尽可能多地尊重一个人。他认为在德育工作中首先要尊重儿童，亦即尊重儿童的人格，相信他们的力量，善于发扬他们的优点和长处，并以深厚的感情来对待和教育他们；要在尊重儿童的基础上，向其提出严格的要求。尊重信任与严格要求儿童的目的是把他们培养成为自觉的社会主义新人。

2. 集体教育的思想

集体教育是马卡连柯教育思想的核心。他的集体教育体系简单地说就是"在集体中，通过集体，为了集体"的教育体系。他认为集体应有共同的目的、组织机构、自觉纪律、正确舆论、优良传统和作风。他分析了儿童集体形成的阶段，提出了前景教育原则和平行教育原则。前景教育就是通过经常在集体和集体成员面前呈现美好的"明天的快乐"的前景，推动集体不断向前运动、发展，永远保持生气勃勃的旺盛的力量。平行教育原则就是"每当我们给个人一种影响的时候，而这影响必定同时应当是给予集体的一种影响。相反的，每当我们涉及集体的时候，同时也应当成为对于组成集体的每一个个人的教育。"

3. 劳动教育的思想

马卡连柯认为劳动教育即人的劳动品质培养不仅是未来公民的教育，而且是公民将来生活水平及其幸福的教育，是培养有共产主义思想道德觉悟和文化科学知识的社会主义劳动者的主要保证。他认为劳动教育如果"没有与其平行的政治的和社会的教育，就不会有教育的好处，会成为不起作用的一种过程"。他重视劳动对于体力、智力发展的意义，但他认为"劳动最大的益处还在于道德和精神上的发展。这种精神发展是由和谐的劳动产生的，它应当构成无产阶级社会公民区别于资产阶级社会公民的那种人的特质。"他强调劳动教育应和生产教育结合，认为"不注意创造价值的劳动不会成为教育的积极因素"。

4. 纪律教育思想

马卡连柯的纪律教育是与集体教育、劳动教育密切联系的，他认为纪律是达到集体目的的最好方式，纪律可以美化集体。他同时认为，在社会主义社会里，纪律是一种道德的、政治的现象，社会主义纪律是建立在自觉基础上的自觉的纪律，它可以使每个学生、每个人更有保障、更加自由。在对学生进行纪律教育时，教育谈话和教育者的以身作则是重要的方法，同时又要正确合理地使用惩罚和奖励。惩罚不是目的而是教育的手段。惩罚应体现对人的尊重、热爱与严格要求相结合的原则。他反对滥用惩罚，坚决反对体罚。

（二）苏霍姆林斯基的德育思想

苏霍姆林斯基是苏联 20 世纪五六十年代著名的教育实践家和教育理论家。他在马克思主义思想指导下，在创造性的教育实践中积累了丰富的教育经验，并撰写了 41 部专著，600 多篇论文，近 1 200 篇童话、故事和短篇小说，主要教育著作有《给教师的一百条建议》《帕夫雷什中学》《把整个心灵献给孩子》等。苏霍姆林斯基德育思想主要包括以下内容。

1. 关于德育的地位和任务

苏霍姆林斯基认为教育的目的在于"使每个青年男女都能在道德上、智力上、实际能力上做好劳动的准备，发展他们的个人素质、意向和才能"。"学校教育的理想是培养全面和谐发展的人，社会进步的积极参与者"；全面和谐发展教育包括智育、体育、德育、劳动教育和美育；这几方面教育各有其相对独立的职能，德育是全面发展教育中的一个组成部分，其最主要的任务是培养意识，也就是形成世界观、道德方面的概念、观点、信念以及多方面的包含有道德意义的行为动机。他认为全面和谐发展教育呈现为一个统一的完整过程，不应分出先后主次。

2. 关于道德信念的形成与培养

苏霍姆林斯基认为人的道德信念是德育的最终结果，是衡量一个人的精神面貌及其品行中思想和行为一致、言论和行动的主要标志，是人的道德发展的最高目标；人的道德信念的形成是一个长期、复杂的过程；在人的道德信念形成和培养过程中知识有着重要的作用，但如果"没有情感，道德就会变成枯燥无味的空话，只能培养出伪君子"。

3. 关于德育的原则和方法

苏霍姆林斯基主张正面教育，启发疏导，发扬每个学生的优点，充分调动每个学生的积极性，要求坚持言行一致和尊重信任学生。他和马卡连柯一样，非常重视集体教育，不同的是，他主张集体和个人的和谐一致，在集体中也要进行个别教育和个别对待。

4. 关于自我德育

苏霍姆林斯基认为"没有自我教育就没有真正的教育"；"自我教育需要非常重要而强有力的促进因素——自尊心、自我尊重感、上进心"；自我教育的前提条件是人对人的信任，是使个人的荣誉和尊严起作月；自我教育包括道德、劳动、学习和体育等方面，这几个方面是相互关联的，因为自我教育的全部过程是大脑和心灵的复杂的活动的统一，是感情和信念的统一。

三、20 世纪西方的德育思想

20 世纪，西方国家在对德育问题的研究中形成了许多学派。这里仅对几个学派的代表人物的德育思想予以概述。

(一) 杜德海姆的德育思想

杜德海姆是 19 世纪末 20 世纪初法国著名社会学家和教育家、教育社会学的创始人。他用社会学的观点研究教育问题和德育问题。他的著作很多，其德育思想集中体现在他的《德育论》一书中。

1. 个体品德社会化和道德内化过程

杜德海姆认为教育对促进人的社会化有特殊的作用。他说："教育是由年长一代施加的影响，这不是为社会生活做准备，它的目的是引起和发展儿童一定体力的、智力的和道德的状态，这是由整个政治社会和特定的环境对他提出明确预定要求。"他认为德性由纪律精神、牺牲精神、意志自由三个要素组成。道德内化就是由道德价值观、道德规范转化为道德行为习惯，这是从"他律"发展到"自主"的过程，亦即由他律到自律的过程。

2. 德育的原则和方法

杜德海姆在对儿童心理特征进行分析的基础上，提出的德育原则和方法主要是：①要根据儿童习惯性和暗示接受性的心理特征进行教育；②启发自觉，要求适当，切忌苛求和压制；③奖惩结合，切忌体罚；④学校教育力量要协调统一。

(二) 杜威的德育思想

杜威是美国实用主义的代表人物。他有关德育的专著共 10 本，《教育中的道德原理》

是比较集中地探讨德育问题的一本书。他的德育思想主要包括以下内容。

1. 道德价值论

杜威认为价值来源于经验，因而价值是相对的。他认为道德评价没有客观标准，道德没有绝对的道德价值，没有人人必须遵守的道德戒律，所有道德规范都是随着社会的发展而改变的。他认为人的行为善恶是从"实用"标准评价出来的，能满足人的愿望、需要和兴趣就是有道德价值的，但"实用"并不是指对我有用，而是对全社会人有用。因此，学校德育的价值只能是以社会利益为标准，学校应该教给学生那些能促进人类福利的价值观点，学生应该学习如何作出道德方面的决定，而不是依照固定的准则。

2. 学校德育的目的

杜威提出学校德的育目的是促进儿童道德生长。杜威不用"发展"而用"生长"，是因为他把发展定位在"经验的改造"上，以示与其他教育理论家的"发展"观相区别。他认为个人善和社会善是紧密相连的，是可以互相促进的。他指出："德育的含义很深，最主要的是协调个人和社会的关系。"他认为道德行为乃是个人和社会环境的交互活动。他希望通过个人善的扩展而达成社会道德生活的改进。

3. 学校德育的内容

杜威认为"德行之数目无穷"，进行不同分类教育是不可能和不必要的，因为品德的内容与意义也是不固定的，德育应首先将儿童作为一个有机整体来进行。他主张在尊重儿童人格的基础上，进行作为 20 世纪美国人应当着重接受的德育。他提出的德育的几方面内容是：爱国主义教育、社会责任感和勇于负责精神教育，与人合作的态度教育，新个人主义教育。他特别强调道德判断及道德选择能力的训练。

4. 学校德育的方法

杜威主张通过学校生活和各科教学进行德育，认为学校生活、教材、教法是学校德育的三位一体。他指出学校的社会生活是德育的基本要素，德育不能只是传授道德知识，学校不必专门开设德育课程，而主要是通过学校生活来进行。他提出学校生活不能脱离社会，学校应体现现在的社会生活，学校生活应是社会典型的生活。由于道德观念是在参与社会活动中形成的，因此应该进行"更大范围的生动的德育，通过学校生活的一切媒介、手段、材料对学生的个体发生影响"，应该组织儿童直接参加社会生活，把他们置于必须自己作出道德选择的具体情境中，采用适合儿童主动性和创造性的方法，用探究、商量和讨论的方法代替强制和灌输。

（三）以班杜拉为代表的社会学习论的德育思想

社会学习论兴起于 20 世纪 60 年代，主要代表人物是班杜拉。以班杜拉为代表的社会学习论关于德育的基本观点是：儿童道德行为通过社会学习即观察学习和模仿学习可以获得和改变；环境、社会文化关系、客观条件和榜样强化等是影响儿童道德行为形成发展的重要因素；充分利用这些条件和方法有利于学生良好道德行为的形成和发展。以班杜拉为代表的社会学习论者研究儿童德育问题主要集中在模仿学习、抗拒诱惑和言行一致等方面，采用的方法主要是实验法。

1. 关于模仿学习

班杜拉和麦克唐纳在 1963～1968 年，通过采用道德判断的故事进行实验证实：儿童的很多行为习惯是从模仿他人的行为中得来的。他们先让儿童对故事中人物行为的正确与否作出判断，进行初测，看他们判断的水平如何。然后把儿童分成三组，采用不同的方法进行实验。第一组只要儿童比初测时稍有进步，就予以赞扬、奖励而加以强化。第二、三组在儿童评价一个故事时则以提供成人作的道德判断为榜样，对其中一个组给予表扬和强化（强化组），另一个组则不给予表扬和强化（不强化组）。实验结果发现，第二、三组的道德判断水平远远超过第一组，第二、三组中的强化组又略高于不强化组。这表明榜样的影响作用高于赞扬的强化作用，说明儿童的道德判断主要是由于社会学习和榜样的影响造成的。

2. 关于抗拒诱惑

为了说明人的抗拒诱惑能力可以通过榜样的影响作用而加以学习和改变，沃尔莱特等人设计了一个实验。他们挑选一批 5 岁男孩作为被试者，先把他们带入一个放有玩具和字典的房间参观，告诉他们这些玩具禁止玩，但可以翻字典。然后把儿童分成三组进行实验。第一组（奖励榜样组）儿童看一个电影，片中有一男孩在玩被禁止玩的玩具，男孩妈妈进来后亲切地夸奖他并和他一起玩；第二组（指责榜样组）儿童看类似的影片，不同的是，男孩的妈妈进来后就严厉训斥孩子违反禁令，男孩显出害怕的样子；第三组（控制组）儿童不看任何电影。最后让每个孩子都在上述参观过的房间里单独待 15 分钟，以对所有孩子进行一次抗诱惑的测验。结果发现，第二组（即指责榜样组）抗诱惑或自制力较强；第三组（即控制组）次之；第一组（即奖励榜样组）较差。这表明电影中奖励或指责的榜样具有一种"替代强化"的作用，它直接影响到儿童对诱惑的抗拒。

（四）柯尔伯格的德育思想

柯尔伯格吸取了杜威的个人与社会相互作用说和皮亚杰的认知结构说思想，在明确区分道德和非道德、确定道德冲突在人们道德决定中的作用的基础上，采用"道德两难法"研究了儿童的道德发展和教育问题，提出了道德认知发展阶段论及其德育模式。柯尔伯格的学说属于认知结构主义学派。

1. 柯尔伯格的道德认知发展阶段论

柯尔伯格认为，一切文化中儿童的道德发展都经过三个水平、六个阶段的固有顺序。①前世俗水平，包括：第一阶段，惩罚与服从的道德定向阶段；第二阶段，相对的快乐主义的道德定向阶段。②世俗水平，包括：第三阶段，人际间的协调或好孩子的道德定向阶段；第四阶段，遵从权威与维护社会秩序的道德定向阶段。③后世俗水平，包括：第五阶段，民主地承认法律的道德定向阶段；第六阶段，普遍伦理原则的道德定向阶段。

2. 柯尔伯格的德育思想

柯尔伯格依据道德认知发展阶段论，提出以下一些德育观点。第一，学校德育的目的是促进学生道德判断能力的发展。第二，根据儿童道德认知发展的阶段性循序渐进地进行德育。第三，强调社会环境对儿童道德发展的巨大刺激作用。第四，倡导"道德两难法"，主要通过道德两难故事讨论法，启发儿童积极思考道德问题，发展儿童的道德判断力。如果把儿童单纯当作"装德性的口袋"，简单化、地强行地往这个口袋里装填、灌输道德观念，他们不真正理解，道德判断能力不可能真正得到发展。

第四节　德育原理的研究对象和研究任务

每门学科都有它特定的研究对象和任务。如果学科对象和任务不明确，那就无从研究，也就不能成为一门科学。德育原理是研究德育一般问题，揭示德育一般规律的教育科学。

一、德育原理的研究对象

关于德育原理的研究对象，目前学术界的看法并不完全一致。最新的研究结果认为，德育原理的研究对象是德育一般问题。问题就是矛盾，德育问题就是德育自身所包含、具有、存在的矛盾，德育一般问题就是德育自身所包含、具有、存在的一般的或普遍的矛盾，而德育自身所包含、具有、存在的一般的或普遍的矛盾就构成德育原理的研究对象，因此德育一般问题是德育原理的研究对象。

从人类认识发展史来看，德育问题是主体与客体对立统一矛盾运动过程中的产物。主体是指进行认识和实践活动的有意识的人。客体是指主体认识和活动的对象。人本身是自然的一部分。自然界先于人类而存在。人类产生以后，整个客观世界包括德育等与人相对立、相联系而存在，德育的矛盾可能成为主体的认识对象，即客体。但是，由于主体的认识和实践能力极其有限，不可能从客观现象中分辨出德育现象，因此，德育的矛盾还不可能是德育科学研究的对象，而只能是德育科学研究的前提和条件。随着人类认识和实践能力的提高，主体已能从混沌的客观现象中分辨出德育现象，意识到德育事实，但还提不出德育是什么等问题并着力去探索它的本质和规律性，这时的德育矛盾只是可能的或潜在的德育科学研究对象，还不是现实的德育科学研究对象。只有当人们不仅意识到德育现象或德育事实，而且还提出德育是什么、为什么并决定去探求德育的实是、应是和善策时，德育的矛盾才构成德育问题，这样的德育问题才成为德育科学研究的对象。

从德育现象与德育本质、德育规律的关系来看，只有德育问题才是德育科学的研究对象。德育是一种融于社会、教育现象之中的社会、教育现象。当人们从德育的角度或观点来审视、看待它时，才能意识到、分辨出德育现象或德育事实，它才成为主体直接、现实的认识对象。但是，这时的德育现象或德育事实仅仅是被意识到、分辨出而已，还不是德育科学的研究对象。这是因为，德育现象只是主体直接感知的对象，它虽是德育科学研究和认识的入门，但它并不是德育科学研究和认识的对象。列宁说："本质在表现出来，现象是本质的。"德育本质决定德育现象并通过德育现象表现出来。德育现象是德育本质的外在表现形式。德育现象与德育本质是统一的，这种统一性决定了德育科学研究和认识的可能性。但是，德育本质与德育现象是相区别、相对立的，这就决定了德育科学研究和认识的必要性。因为德育本质是深藏于德育诸要素以及德育与其他事物的内在联系之中的，是不可以直接感知的，只有靠理性思维才能把握它。马克思说："如果事物的表现形式和事物的本质会直接合而为一，一切科学都成为多余的了。"当人们不仅意识到、分辨出德育现象或德育事实，还提出了德育是什么、为什么和应当如何实施等问题，并企图去了解它、解决它，亦即去求它的实是、应是和善策时，这样的德育问题才成为德育科学研究的对象。因此我们说，德育科学产生于或发端于德育问题。

德育本质与德育规律具有同一性。德育规律是客观存在的，但它具有隐蔽性，不可能被人们直接感知，只有通过研究，运用理性思维，才能被揭示出来。当德育规律只是作为一种存在，人们并未意识到它的存在和把它作为德育问题提出时，它可能是，但在现实性中它还不是德育科学研究的对象。只有当人们意识到德育规律的存在、不了解它但又想知道它，因而把它作为德育问题提出和对它进行探讨时，它才是德育科学研究的对象。

不同的德育学科研究不同的德育问题，对不同德育问题的研究形成不同的德育学科。由于德育的矛盾性是多种多样的，因而德育问题也是多种多样的，其中既有德育对象方面的问题，如儿童青少年德育问题、成人德育问题，也有德育内容和德育实施形式方面的问题，如思想教育问题、政治教育问题、法纪教育问题、德育问题、学校德育问题、家庭德育问题、社会德育问题，既有德育特殊问题，也有德育一般问题，等等。学校德育学、德育原理的研究对象是学校德育问题、德育一般问题。德育原理的研究对象是德育一般问题，尤其是在研究古今中外各种内容、形式、对象的德育一般问题的同时，更要特别注意研究现代的中国的社会主义的尤其是社会主义初级阶段的学校对青少年儿童进行的思想、政治、法纪、德育的一般问题。因为，第一，这是我国社会主义现代化建设新时期德育实践的需要；第二，学校德育是德育的一种主要的、典型的形式；第三，年轻一代是德育的主要对象或对象的主体。所以在对现代中国的社会主义的德育一般问题进行研究时，应特别注重学校对年轻一代，尤其是青少年儿童进行的德育的一般问题的研究。

二、德育原理的研究任务

整个德育科学研究的根本任务是揭示德育规律。只有努力揭示德育规律，才能保证德育科学成为真正的科学。我们判断、评价任何一种德育理论的优劣、长短，主要是看它在多大程度上、广度和深度上揭示了德育的规律性。人们只有揭示了德育的规律，达到了对德育规律性的认识，才能正确、深刻地理解德育现象；也只有把握了德育的客观规律，并以它来指导德育实践，才能取得良好的德育效果。

德育研究一般从关注德育实施问题开始，进而研究德育是什么、为什么等问题，最后回到德育实施、实践问题上来。德育科学研究德育问题，揭示德育规律，最终目的还是为了指导德育实践，解决德育实施的善策问题、效率和效果问题。因此，努力揭示德育规律，形成对德育规律的理性认识，为德育实际工作者提供德育理论指导，为党、政府和教育行政部门制定德育方针政策提供德育理论依据，这是德育科学研究的实践意义和任务。

德育原理是德育科学的一门分支学科，德育原理研究的根本任务是揭示德育一般规律。德育原理只有努力揭示德育一般规律，才能保证德育原理成为真正的科学。德育原理通过揭示德育一般规律，形成对德育一般规律的理性认识，从而为党、政府和教育行政部门制定德育方针政策提供德育一般理论依据。这是德育原理研究的实践意义和任务。

（一）德育原理与德育一般规律

1. 德育规律的含义和特性

规律也叫法则，是事物发展过程中内在的、本质的、必然的、稳定的联系。德育规律是德育发展过程中内在的、本质的、必然的、稳定的联系。德育规律具有以下特性：第一，客观性。德育规律是德育自身固有的、不以人的主观意志为转移的客观存在，人既不能创造德育规律，也不能改变和消灭德育规律，但人能够认识德育规律并利用它来指导德育实践。第二，内在性。德育规律是德育的内在联系，是德育基本构成要素以及与其他事物的内在联系，而不是德育的外在联系，它具有内在隐蔽性。第三，必然性。德育规律是德育内在固有的必然联系，而不是偶然联系，是德育发展过程中一定要发生的、确定不移的趋势。第四，稳定性。德育规律是贯穿于德育过程始终的、经常和反复起作用的稳定联系，而不是时有时无的、不确定的联系。

2. 德育科学规律与德育客观规律

德育规律是指德育客观规律。德育科学研究的任务是揭示德育客观规律，形成德育科学规律。德育科学规律是人们对德育客观规律的反映，其形式是主观的，内容是客观的。德育客观规律是人们主观意识之外的客观存在，它是客观的。因此，德育科学规律与德育客观规律是既相区别又相联系的，前者是后者的反映，后者是前者的基础、内容和根据；前者的形式是主观的，后者是客观的。主观应该符合客观，这是绝对的要求。德育科学发展的历史就是逐步认识、揭示德育客观规律、形成德育科学规律的历史。

3. 德育原理与德育一般规律

德育规律有德育一般规律与德育特殊规律之分。德育领域所具有的规律性也是如此。如果把德育看作是一个整体，那么，贯穿于整个德育过程始终、决定整个德育发展趋势的规律就是德育的一般规律。如果把德育分解为若干种类、部分、方面，区分为不同内容、形式、对象的德育，那么贯穿于具体德育过程始终、决定具体德育发展趋势的规律，相对德育一般规律来说，则属于德育特殊规律。德育一般规律相对教育一般规律来说，它又属于教育特殊规律。德育一般规律寓于德育特殊规律之中，德育特殊规律中包含德育一般规律，但德育一般规律具有普遍性、一般性的特点，而不是德育若干具体的、特殊的规律相加之和。德育的特殊规律只为德育某一具体领域或某一具体方面所特有。德育原理也要研究德育的特殊问题，揭示德育的特殊规律，但它的根本任务在于揭示德育一般规律，形成德育的一般理论或一般原理。

4. 德育科学规律的绝对性和相对性

德育科学规律具有绝对性和相对性，是绝对性和相对性的辩证统一。其绝对性是指，它具有不依赖于人的主观意志的客观内容，人类能够正确反映无限发展着的客观德育过程，不断地由相对向绝对深化和发展。其相对性是指，它是德育客观规律的反映，它在范围和内容上都是对无限发展着的德育过程的有限认识。把握德育科学规律的绝对性和相对性及其辩证统一的关系，一方面要反对片面夸大德育科学规律的绝对性，把人们对德育客观规律的有限反映当成"终极"的真理和教条，否定德育科学原理要随着德育实践、德育科学研究的发展而不断扩展、深化、精确和补充，并接受德育实践的检验；另一方面要反对片面夸大德育科学规律的相对性，把历史上的和现今的、本土的和外域的人们对于德育客观规律的反映当成子虚乌有之物，否定其中包含有绝对的真理性、规律性认识，对其一概加以拒绝、排斥和抛弃。正确的态度和做法是，我们既要看到古今中外一切德育思想、德育理论的相对性之中包含着绝对性，对它加以批判继承，同时又要看到它的相对性，随着德育实践和德育科学研究的发展而对它加以推陈出新，不断推动德育科学、德育原理向前发展。

（二）德育原理与德育实践经验及德育方针政策的关系

1. 德育原理与德育实践经验的关系

德育实践产生德育经验。德育原理是对丰富德育实践经验的抽象概括，是对德育共同本质和一般规律的认识。德育实践经验是德育原理发展的源泉。但是，德育原理与德育实践经验是有区别的。德育实践经验属于感性认识，它往往只反映德育过程表面的、局部的并带有一定偶然性的现象或联系；德育原理属于理性认识，它所反映的是德育内在的、本质的、必然的、稳定的联系，其任务是揭示德育的普遍规律，为解决德育实践问题提供德育一般规律性的知识或德育一般原理。如果把德育原理等同于德育工作手册、德育经验汇编，那就不可能达到对德育一般规律性的认识，也就不可能为解决德育实践问题提供德育一般科学原理指导。

德育原理应该回到德育实践中去，接受德育实践的检验，并把关于德育一般规律的主观认识"对象化"或"物化"为活的德育现实，达到它的最终目的。但应该看到，德育原理作为一种认识、意识虽来自德育实践，但从反映形式上看又远离客观德育实践。一般说来，德育科学理论的抽象程度越高就越深刻地反映德育实践，可迁移的范围就越广，对德育实践就越具有指导作用，但其反映形式离德育实际就越远。德育原理具有较高的抽象概括性，它向德育实际的转化需要一定的条件，并须经过一系列的中介性环节才能实现。首先，德育原理要与德育实践相结合，着眼于德育实践的特点和发展；其次，德育实践工作者要掌握德育原理。具备这两个条件后，研究者还必须经过一系列必要的逻辑环节，如通过具体德育方法论、德育工作手册，通过德育预见、目的、计划乃至试验等环节或实践观念，为德育实践提供方向、方法、方式和"工艺"，从而转化为德育实践。因此，不能要求德育原理与德育实践直接联系和提供现成的德育方案，不能把它等同于具体德育方法论和德育工作手册、德育经验汇编。德育原理与具体德育学科、德育方法论、德育工作手册、德育经验汇编等应该分工合作、各司其职。

2. 德育原理与德育方针政策的关系

德育原理与德育方针政策既有区别，又有联系。从区别上来说，德育方针政策是人们主观制定的，是主观见诸客观的，是人的主观意志的体现，其任务是为了解决德育实际问题；德育原理是对客观存在的德育一般规律的反映，是客观见诸主观的，其任务是揭示德育一般规律。从联系上来说，德育方针政策所要解决的重大德育实际问题也是德育原理所要研究的对象，德育原理要为德育方针政策的制定提供德育一般理论依据；德育方针政策的制定应该以德育原理所揭示的德育一般规律为理论根据，它与德育原理所揭示的德育一般规律应该是吻合的。但是，人们主观制定的德育方针政策可能符合德育客观规律，也可能不符合甚至完全违反德育客观规律。违背德育客观规律的德育方针政策迟早要被德育客观规律所抛弃。因此，应注意德育原理与德育方针政策的区别与联系，坚持研究一般规律，为党、政府和教育行政部门制定德育方针政策提供德育一般理论依据，而不能混淆二者的界限，把德育原理变成德育方针政策的汇编、注释、解说，否则就不能保证德育原理的科学性，就会从根本上否定德育的客观规律，陷入唯意志论，并给德育实践带来随意性、盲目性，最终结果将使原来的德育方针政策被否定。

思考题

1. 德育原理的研究对象和任务是什么？

2. 德育原理与德育实践经验及德育方针政策的关系是怎样的？

3. 阐述德育原理的历史发展。

4. 德育原理研究的方法论基础是什么？应遵循哪些原则？

第一章　德育本质论

■ 导读

　　德育的本质在于育德，教人知善并行善。德育是要培养青少年形成良好的道德素质，它在青少年健康成长中起着重要作用。道德和品德的概念是既有联系又有区别的，道德作为一种社会准则，是帮助人融入社会、鼓舞人性向善的标杆，是使人获得生命支撑的重要力量。无论是人的个体道德生活还是社会道德生活，都离不开道德和德育。本章将对道德的概念以及德育的本质做一介绍。

学习目标

1. 掌握德育本质。
2. 了解德育的形成与发展。
3. 学习德育的基本规定性。

第一节　德育本质概述

一、道德的含义

　　在中国古代，"道德"一词早已有之。"道"在古汉字中与"行"字相通，表示四通八达的道路，如"周到如砥，其直如也"，后来，在先秦思想史上，指一种普遍的最高的准则，引申为原则、规则、规律、道理或学说的意思。"德"字左边是"双人旁"或"行旁"，此偏旁有行动、通达之隐意，与"升""登"等有关系；右边从"手"（一横一撇，即"有字头"，是"手"的形状）从"目"从"一"从"心"，包含"动手—实践""动眼—观察""一以贯之""动心—思考和感悟"的意思。《说文解字》中解释，"德"为"外得于人，内得于己"。"外得于人"说的是要正确处理与他人的关系；"内得于己"讲的是内心修养，也就是无愧于心。"德"与"得"字相通，德者得也。孔子认为，从政和做人都应以"德"为准。他说，"志于道，据于德，依于仁，游于艺"，"朝闻道，夕死可也"。这里的"道"就是做人、治国的根本原则。他还说，"君子好德"（内心怀有仁爱的理想）；"为政以德，譬如北辰居其所而众星拱之"（推行善政可以凝聚民心）；"道之以政，齐之以刑，民免而无耻；道之以德，齐之以礼，有耻且格"（尚德讲理，民众更容易从内心自律，而不必施以强权管束。否则，即便是顺民，也不可能知廉耻而有规范）；"吾未见好德者如好色者"（好色是人的本能，好德是人的追求，好德若真达到好色的程度，则一定是接近理想的境界了）。

在国外，"道德"一词，源于拉丁文的 moralis，表示"风尚""习俗"之意，后有"内在特性""规律""性格""品质"等意思。德国哲学家黑格尔认为，道德是"主观意志的法"，法是"自由意志"的体现。他在历史上第一次把"伦理"和"道德"区分开来，认为伦理可以从社会性的角度加以把握，而道德则必须落实到个人的精神世界。伦理感就是单一物和普遍感的统一体，是一种实体感，是一种精神感；道德感是一种得道感，是一种敬重感，是一种义务感。从这个意义上说，道德是个人化的，道德的学习是个人在关系中的自我把握，所以真正的德育就一定包含着关系性、个体性、真实性和情境性等一些基本属性。赫尔巴特说："做善事，为旁人的幸福尽力，扶助旁人，就是道德。道德只能是为社会的利益、幸福、安全而尽力的行为。"苏格拉底认为："罪恶就是对道德所应知的许多事情的无知，道德即知识。"亚里士多德强调道德是习惯，是在早期的生活中养成的，通过个人的操守变成个人的态度，才是德行，德行是一种技艺，它不是靠外在的规约和要求而产生的不得不为之的行为，有了这种行为的人才能成为一个有德性的人。一切德性通过习惯而生成，通过习惯而毁灭。康德的"律则论"强调道德是维持人与人关系的准则，由准则而舆论，由舆论而社会意识形态，进而成为一种道德律令。加德纳在研究"多元智力理论"中又提出了"道德智能"的概念，说明在道德范畴中智慧是可能的。罗素说："有两种并行不悖的道德，一种是我们向别人宣讲但从来不实践的，另一种是我们实践但很少向别人宣讲的。"可见，不同学者对道德有着不同的理解和阐释。

通常来说，所谓道德是由一定社会经济关系决定的，依靠社会舆论、传统习惯和人们的内心信念来评价和维系的，用以调整人们相互之间以及个人与社会集体之间利益关系的行为规范和品质的总和。道德是一种社会现象，从古代氏族社会到现代科技社会，人们为了维护社会共同利益的需要，协调彼此之间的关系，便产生了调节行为的准则。如果遵守这些准则，就会受到社会舆论的赞赏，自己也感到心安理得；如果违反这些准则，就会遭到社会舆论的谴责，自己也感到内疚不安。由此可见，这些由社会舆论力量和个体趋善避恶的内心体验所驱使而产生的用来维护社会生活的行为准则和规范就是道德。道德是一种分辨善恶、是非的尺度，是对人们的思想、行为进行评判的标准，它在一定程度上是社会经济基础的直接反映并反过来为一定的社会经济基础服务，道德随着经济基础的变化而变化。在阶级社会中，道德规范是有阶级性的，不同阶级有不同的道德规范，正如恩格斯所说："一切以往的道德归根到底都是当时社会经济状况的产物。而社会直到现在还是在阶级对立中运动的，所以道德始终是阶级的道德；它或者为统治阶级的统治和利益服务，或者当被压迫阶级变得足够强大时，代表被压迫者对这个统治的反抗和他们未来的利益。"

道德具有相对性和绝对性。其相对性在于：一是在不同的地域空间，即不同的民族、国家和地区，作为价值标准的道德规范存在明显差异；二是在不同的时间序列，即人类文明的不同历史阶段，同样存在道德价值标准的差异现象，但是后发性道德往往建立在对先发性道德体系的解构或重构基础上。例如，杀人行为，在战争时期被视为好的或英勇的行为，而在和平时期则被视为坏的或恶劣的行为。同样，说谎和骗人，需要把它放在一个具体情境中进行善恶判断。在没有具体背景的情况下，依据一个人说谎的事实就判断他"不道德"是不明智的，因为谎言也许是"善意"的。又如，小孩子生病不肯吃药，父亲骗他说"药味很甜"，小孩吃了，救了命，难道这种说谎也是错误的吗？到目前为止，人类伦理道德的类型经历了两个阶段：一是自然经济关系基础上的等级主义道德体系，与农业文明紧密相关，其体系特征是等级性和服从性，将严格的等级制度视为"伦常"；二是商品经济关系基础上的平等主义道德关系，与工业文明相适应，道德评价标准演变为对人的权利与对自由的尊重，以及对平等的追求和对财富的正当获取，因此产生了民主、平等、个人利益、社会公正等道德要求。恩格斯在《反杜林论》中有一段独具意蕴的论述："当我们深思熟虑地考察自然界或人类历史或我们自己的精神活动的时候，首先呈现在我们眼前的，是一幅由种种联系和相互作用、无穷无尽地交织起来的画面，其中没有任何东西是不动的和不变的，而是一切都在运动、变化、生成和消逝。"比如，在中国古代社会，妇女抛头露面被认为不贤或者不守妇道，而今天，社会提倡男女平等，阻碍妇女就业不仅是不道德的，而且是违法的，这就是不同道德观念中关于女性道德的变化。我国传统道德的一个最大缺点是对道德智慧的评价太低，实际上，人们既需要顺从、节制、忍耐这种"适应性品德"，也需要开拓、进取、创新这种"创新性品德"。美德不等于"愚德"，这就要求人们不仅要具有道德的知识，而且面对复杂的情况，要具有道德选择、判断能力，特别是自律能力。

道法的绝对性在于：所有人不分民族、时代、地域的差别，共同接受的普世伦理原则，或称公共生活伦理，如主动参与公共道德的讨论、对公共道德负责的态度、公共道德标准的民主决定和自主行动、合作和友谊、建立在人类尊严上的包容精神、对他人的关心和仁爱、公共道德主体的责任和角色，等等。涂尔干说："尽管有各种分歧，在我们的文明基础上，从现在起毕竟已有若干为所有人明确地或不言明地共同接受的，不管怎样，很少有人敢于公开否认的原则：尊重理性、尊重科学、尊重思想和情感。这些都是民主道德之基础。"联合国教科文组织在《国际理解教育：一个富有根基的理念》报告书中指出："有着几百年乃至几千年传统所宣扬的价值观念和态度，并不因为现代社会的动荡而遭到破坏，至少避免沦到不可补救的地步。这些价值观念包括诚实、尊重他人、和平反战、公民意识、忠诚、负责、同甘共苦、团结一致、默契和公正等。"由此可以看出，不同文化背景下，人们普遍认同人权、伦理、正义、自由、平等和宽容等普世伦理精神。

二、道德的分类

依据社会生活和社会活动来划分，道德分为社会公德、职业道德、家庭美德。社会公德是全体公民在社会交往和公共生活中应该遵循的行为准则，涵盖了人与人、人与社会、人与自然之间的关系。在现代社会，公共生活领域不断扩大，人们相互交往日益频繁，社会公德在维护公众利益、公共秩序、保持社会稳定等方面的作用更加突出，成为公民个人道德修养和社会文明程度的重要表现。要大力倡导以文明礼貌、助人为乐、尊老爱幼、尊师亲贤、爱护公物、保护环境、遵纪守法等为主要内容的社会公德，鼓励人们在社会上做一个好公民。有了这样的道德底线，社会公德就不会流于空泛和难以操作了。职业道德是所有从业人员在职业活动中应该遵循的行为准则，涵盖了从业人员与服务对象、职业与职工、职业与职业之间的关系。随着现代社会分工的发展和专业化程度的增强，市场竞争日趋激烈，整个社会对从业人员的职业观念、职业态度、职业技能、职业纪律和职业作风的要求越来越高，如商德、军德、艺德、师德等。要大力倡导以爱岗敬业、诚实守信、办事公道、服务群众、奉献社会为主要内容的职业道德，鼓励人们在工作中做一个好的建设者，养成良好的职业道德习惯，为社会主义市场经济营造一个良好的道德氛围。家庭美德是每个公民在家庭生活中应该遵循的行为准则，涵盖了夫妻、长幼、邻里之间的关系。家庭生活与社会生活有着密切的联系，正确对待和处理家庭问题，共同培养和发展夫妻爱情、长幼亲情、邻里友情，不仅关系到每个家庭的美满幸福，也有利于社会的安定和谐。要大力倡导以尊老爱幼、男女平等、夫妻和睦、勤俭持家、邻里团结为主要内容的家庭美德，鼓励人们在家庭里做一个好成员；引导家庭成员正确处理家庭责任与社会责任之间的矛盾，正确处理对子女的责任与对老人的责任之间的矛盾，正确处理个人幸福与家庭幸福之间的矛盾，从而建立健康、科学、文明的家庭生活方式，建设团结、民主、和睦的新家庭。

公德和私德是道德的两个方面，但它们的本质是同一的。梁启超认为："人人独善其身者谓之私德，人人相善其群者谓之公德，二者皆人生所不可缺之具也。""无私德则不能立，无公德则不能团"。我国古代重视私德而公德缺损。当今，由于社会公共生活领域的不断扩张，人们相互间依赖性的加大，生活方式公共化的趋势日益增强，相应地对社会公共生活规则与秩序的普遍需求也随之增加，而社会个体的私人生活及其多样性的增长却与这一要求构成了某种内在的张力。于是，如何化解这一张力并在人们生活的多样性之间构建一种和谐的社会生活秩序或者和谐的生活状态，便自然而然地成了现代社会和现代人都必须面对的一个现实课题。道德不仅是社会意识的表现形态和人类整体把握世界的特殊方式，也是个体意识的表现形态和个人把握世界的特殊方式。

三、道德与品德、法律的关系

道德与品德的关系。品德是指个人按一定社会的思想政治准则和法纪道德规范在行动中表现出来的稳定特征和倾向。品德是社会道德在具体个人身上的表现，如遵守纪律、勤奋学习、助人为乐、热爱劳动、艰苦创业等。品德属于个人意识范畴，是一种个体现象，是一定社会的世界观、政治思想、法权思想、道德等形式的社会意识及其体现的社会规范在个人身上的表现。正如黑格尔所说："一个人作了这样或那样合乎伦理的事，还不能说他是有道德的，只有当这种行为方式成为他性格中的固定因素时，他才可以说是有道德的。"例如，诚实这种品德，是指个人在一系列行为中都表现出诚实的倾向，如果认为某人是"诚实"的人，则意味着他在任何场合下都是诚实的，"诚实"这个特点是他经常的、稳定的表现。如果只是偶尔一次表现了诚实，则不能说某人具有诚实的品德，只能说那是一次诚实的行为。

道德与品德的联系表现在：其一，品德是社会道德在个人身上的体现，即个人品德是社会道德的组成部分。品德的内容来自社会道德，离开社会道德无个人品德可言。其二，人的品德不是与生俱来的，而是在社会舆论的熏陶以及家庭、学校教育的影响下，通过个人实践形成的。其三，社会道德风尚的变化发展，对个人品德在一定程度上有影响，反之，若是个人品德具有典型性则对社会风尚起一定的作用。道德和品德的区别则在于：其一，道德是社会现象，依赖于整体社会而存在，以行为规范的形式反映社会生活；而品德是个体现象，依赖于个体生存而存在。其二，道德内容是一定社会经济基础的反映，是整个社会生活的要求；品德内容则是部分道德规范的体现，反映局部社会道德的要求。其三，道德是社会生活的产物，受社会规律所支配，随社会发展而发展；品德是社会道德在个体头脑中的反映，其发展既受社会规律所制约，也受个体生理、心理活动的制约。其四，道德主要是社会学、伦理学、历史学的研究对象；品德则主要是心理学、教育学的研究对象。

道德与法律的关系。一方面是道德对于法律的促进或阻碍；另一方面是法律对于道德建设的促进或阻碍。道德对法律的作用表现在三个方面：其一，道德不但是立法的基础，还是进行法律批判、促进法律改革的标准。其二，法律的实施要有道德的支持。健全的法制除了有政治、经济体制相配套外，还要以良好的道德环境为依托。其三，法律秩序的最终实现要靠社会个体自觉自愿地遵循。法律对道德的作用表现在三个方面：其一，法律具有一种制度性的优势，这就使它对社会生活的影响具有深刻性与广泛性，对个体道德具有优先性和原生性。其二，法律具有比道德更为明确和具体的表达形式，这就使人们在道德权利与义务发生冲突时，有可能作出明确的是非曲直的裁断。其三，法律拥有道德所缺乏的国家强制力。法律对于道德进步的支持和保障，主要体现为：通过道德立法，确认道德要求；通过法律实施，维护道德风尚；通过法制建设，培育道德意识。

四、道德的特点

道德作为一种行为规范，有三大特点：一是"软"，即靠主体自觉，靠良心、觉悟，是软约束，是不成文法，是自律规范。对那些质疑"良心值多少钱"的人，对那些自称"我是流氓我怕谁"的人，道德是软弱无力的。道德的这一特点产生了关于道德的一个悖论：有人称之为"听话人缺场"现象，好比会议主持人批评迟到和缺席的人，而该接受批评的人却没有到场，听到批评的人都是不该接受批评的人。道德对人的规范约束作用就有些类似于这一"听话人缺场"现象。道德的教育越是对那些自觉性强、觉悟较高的人越起作用，而对那些缺乏起码的自觉性和觉悟的人几乎不起作用，然而后一类人恰恰最需要被教育。于是，在道德的教育上，出现了"鞭打快牛"和"两极分化"的现象。越是讲道德的人，肩负的道德责任和义务就越多；越是不讲道德的人，活得却越轻松，越潇洒。在中国传统的伦理型文化的浸染下，好人总是活得很累。这是伦理型文化的一个悲剧。二是"深"，即对人的影响的深刻性。法纪只约束和调节外在的行为，道德却解决内在的思想问题，思想是支配行为的，所以道德的规范约束是根本的、深层次的约束，道德可以在灵魂深处闹革命。三是"广"，即作用的普遍性和广泛性。人人都会遇到道德问题，道德涉及人的社会生活的方方面面。

道德作为一种品质，和政治、个性、心理等品质相比，也有三个特点：一是"情"。道德是最广泛和普遍的人性的根据，道德就是人之常情，良心是人性中最基本的东西。没有它，人就不能称为人。这一点既不同于政治强烈的阶级性、民族性、党派性和原则性、严肃性，也不同于个性的多样性、独立性和自由性。道德带有浓厚的人与人之间的情感特征，是不同种族、不同民族、不同国家、不同文化的人群之间最容易沟通和交流的"共同语言"。二是"稳"。道德具有传统性或稳定性。道德也许是人类的文化系统中最具有"惰性"的文化因子。这不是说，道德的观念没有历史的变化和发展，而是说，这一变化和发展相对于政治、经济、教育、科技等文化因素而言要稳定得多。古希腊人提出的"四主德"（即智慧、勇敢、节制、公正）直到今天仍然是人类基本的道德价值观念。道德的变革总是滞后于社会经济、政治、文化、科技的变革和发展。从个人的道德品质上看，人的基本的道德品质形成较早，并且与性格有着一定的联系。三是"俗"。道德是与世俗生活密切相关的,是在这一生活中体现出来的。与政治比较,道德一方面具有生活的"小节性",另一方面具有现实的"普遍性",是每一个人都无法逃避的问题。道德品质以其世俗性、普遍性见长,而政治品质则以严肃性、原则性为紧要。道德品质与人们日常生活的联系更为密切,表现在为人处世、人际交往、日常行为等日常生活的层面,通过舆论、习俗、大众心理等形式来维持和评价。

道德的本质在于利他性。达尔文曾在《人类的起源》一书中指出,最适于生存的不是那些在体力上最强的,也不是那些最狡猾的,而是那些为了群体的利益,无论强者或弱者都联合起来互相援助的动物。可以说,利他性是动物进化、人类产生的根本机制之一。离开利他的特征也就不存在什么道德。道德并不排除互利,但是道德行为中的互利是以利他为前提和逻辑起点的。道德行为并不是以获取行为主体的经济利益为驱动力的,它是受主体的道德良心以及社会的道德舆论所策动、所制约的,主体从道德行为中获取的是一种精神的满足。从这个意义上说,道德原本就具有规范和服从的属性。但是,自爱也是道德应有之义,强调利他品质的同时还应注意自爱品质的培养。

第二节　德育的形成与发展

一、德育的概念

德育从本质上讲是人格、生命、完整生活质量的教育,它是浸入人的灵魂的教育,统摄并渗透在全部教育活动过程之中。德育是指向人的德性培养的教育。所谓德性泛指使事物成为完美事物的特性或规定。亚里士多德在《尼各马可伦理学》中把人的德性分为两类:一类是理智的德性,指智慧、理解、明智;另一类是道德的德性,指大度、节制、勇敢。托马斯·阿奎那在《神学大全》中把德性分为三类,即理智的德性,指直观、学识、智慧;道德的德性,指审慎、公正、节制、刚毅;神学的德性,指友爱、信仰、愿望。孔子在《论语》中讲到德性,指的是仁、义、礼、智、勇、恭、宽、信、敏、慧、刚、毅等。

人们对德育概念的众说纷纭及意见的分歧使德育形成了不确定的特点。我国德育自古以来属于伦理道德教育,并与政治有着密切联系。德育是思想道德教育的简称,在内涵上必然是以德育为核心的思想教育,具体地说,它除了把德育作为其内容外,还容纳了世界观、人生观、价值观、政治观以及其他有关思想观念方面的教育内容。西方德育哲学有两大流派:一是德性伦理学,一是律则伦理学。以亚里士多德为代表的德性伦理学派认为道德与人的情感、习惯有关,美德靠习惯、情感陶冶而成;而以康德为代表的律则伦理学派则主张人的道德形成靠理性对道德律令的服从。德育不同于为了德育，两者的区别在于，德育有明确的德育目标，有相应的德育课程；为了德育的含义更加宽泛，它是一种为了使人成为一个能够保持并完善其人性的人，营造人与人之间相互信任和尊重的社会氛围的教育，这种教育旨在保证人的发展和完善。

目前，人们对德育持一种宽泛的理解，德育包括政治、思想、道德、法纪、心理的教育，似乎广域无界。长期以来，由于受到传统德育思想、苏联教育学以及多年革命实践的深刻影响，就政策与实践层面而言，我国德育是一个内涵宽广的概念，与西方专指的德育有所不同，是以"五爱"教育为核心的德育框架。就其内涵来说，德育是一种道德教育，包括道德价值、情感、规范教育，同时它的外延宽泛，涉及与政治、心理、法律、思想、礼仪等有关内容的教育。《中国大百科全书·教育卷》认为，德育是指教育者按照一定社会或阶级的要求，有目的、有计划、有组织地对受教育者施加系统的影响，把一定社会的思想和道德转化为受教育者个体的思想意识和道德品质的教育。德育的实质是培养人的品德，通过教育者和受教育者在实践活动中的互动，将思想道德、社会规范转化为个体人的品德，促进人的品德的社会性发展，既有"小德"（道德品质），也有"大德"（政治品质）。

德育与政治教育的关系。政治是经济关系的集中体现，是上层建筑的核心部分，包括制度设施层面和思想意识层面。通常所说的政治教育，指的是有关政治的思想意识层面的教育，包括政治理论教育和时事教育等。政治社会化和道德社会化一样，是青少年正常成长的需要。两者的区别在于政治与社会现实的关系更加直接，政治教育内容的变动性较强，而德育的内容则比较稳定。如果政治教育包括德育，抹杀了德育的相对性，使德育完全依附于政治教育，随着政治和时事政策的变动而变动，就会损害德育的相对稳定性，也就会动摇道德和德育在人们心目中的地位。

德育与习俗教育的关系。习俗教育是德育中一条重要的实践策略，如入乡随俗等。各个国家、地区的习俗尽管有所不同，但并没有对和错之分，如握手、拥抱等礼节，还有巴比伦的婚俗，妇女坐在神庙里耐心等待第一个男人来解放她而不能拒绝，等等。因为文化的差异，所以习俗不能作为判断道德高低的标准。

德育与心理健康教育的关系。心理健康教育的具体目标是使学生不断正确认识自我，增强调控自我、承受挫折、适应环境的能力；培养学生健全的人格和良好的个性心理品质；对少数有心理困扰或心理障碍的学生给予科学有效的心理咨询和辅导，使他们尽快摆脱障碍，调节自我，提高心理健康水平，增强自我教育能力。德育是一种价值教育，心理健康教育中涉及的许多问题是中性的，无所谓善恶，如患自闭症、抑郁症等。学生"早恋"也不是道德问题，"叛逆"则是青少年成长过程中的一种表现。但是，两者不能混同，德育包括心理健康教育，心理调适或心理健康教育有助于德育工作的开展。

德育被外在化了，表现在道德被诠释为外在化的行为规范和规则。人们关于道德的认识就是遵守道德规范、规则。"从道德上讲，任何道德原则都要求社会本身尊重个人的自律和自由。一般来说，道德要求社会公正地对待个人，并且不要忘记，道德产生是有助于个人的好生活，而不是对个人进行不必要干预，道德是为人而产生，但不能说人是为了体现道德而生存。"在现代化的进程中，人被对象物打成碎片，被分裂成各自不同的目标和功能。然而，现代化征服世界的活动却要在理性的指导下作为一个整体，有序地进行，于是又必须将各种不同的碎片重新组装成一台能有序转动的"大机器"，道德的规则、规范就来自这种重新组装的需要，它们也被视作在"道德的名义下"唯一可资利用、有价值的内容。在工具理性、主客两分思想的指导下，道德的规则、规范被看作是源于客体世界的运行规律、而与人自身发展的需要毫无关系的实体，它外在于人，是与人相对立的异己物。道德规则、规范既然不是来自人自身生活的需要，这样的规范、规则教育也就难以深入人的心灵，去激起人的道德需要，丰富和发展人自身的道德品性。相反，它却极可能引起人们对道德、德育的疏离感、对立感，进而想方设法去逃离它。它向学生传输的是被普遍化和客体化了的道德知识，这种知识无视人的情感和态度，鄙视直觉与体验，将活生生的、有血有肉的人放逐，以显示它的客观和科学。与智育相比，德育更具生活化的特性。

生活德育培养人适应现实生活的道德品质。其内容包括：

第一，自主的生活理性。适应现实生活的道德人格，要求人具有自主理性，直面现实道德生活的挑战。生活德育要引导受教育者养成道德生活的智慧，明确自己在道德生活中的需要、价值、理想、信念等。

第二，健康的生活情感。积极的道德情感关涉人的生活意义，充实人的生活价值。健康的生活情感需要融合积极意义上的生活德育来培养，拒斥庸俗的生活方式对受教育者心灵的侵蚀。

第三，自为的道德实践能力。面对复杂的道德生活，应培养受教育者学会处理个人与他人、与社会、与自然、与自身之间的关系，明确道德权利与责任间的关系，养成良好的道德认知能力、判断能力和行为选择能力。

从目标高远到内容具体，走向一个回归基础性、回归生活性的德育，改变过于抽象、过于空泛、过于理想化的德育。德育不是在"真空"或"孤岛"中进行的，德育不是一个可以离开其他活动而独立存在的东西，不要把道德从人的活动中剥离出来。道德是与社会现象中其他现象不同的特殊现象，不能限定道德的空间范围，道德隐含在社会生活的一切领域，无时不在、无处不在。德育不仅是社会或国家对个体的一种规约和要求，也是关注个体的生活质量和生活幸福的一种表现。比如我国中小学生守则内容包括：诚实守信、加强实践、合作意识、创新意识、网络文明、安全自护、远离毒品等。

从重德育到重道德学习。强调受教育者参与德育的主动性和积极性，改变以教为主的德育模式。德育效果往往是与受教育者参与学习的程度成正比，而与教育者的重视程度无涉。在一个学习化的社会，任何学习都是以学习者为主体的，因此，德育要激活学生习德的兴趣，引导青少年学生关心世界、关心人类社会、关心环境、关心自己、关心周围的人和事，培养仁爱精神、责任感和全球意识，加强国际合作意识。

中国传统的德育思想有着自己独特的价值取向和思维方式，以情感和人性作为道德人格最基本的因素，如对于祖先崇拜。殷商时期是恪守天命、尊顺先王、信用旧人；西周是慎行政、作新民、慎刑法；汉代把"三纲五常"作为德的标准。"大学之道，在明明德，在亲民，止于至善"。孔子发现在"得道"的路上有许多陷阱，如贪婪、仇恨、侵犯、骄傲以及自私自利，保护自己不落陷阱的最好办法就是教育，其最高理想就是"天下归仁"。"仁"就是爱人、利他的品质。"义"与"礼"都是次于"仁"的重要德目。"义"就是正义，即威武不屈、贫贱不移、舍生取义、精忠报国。"礼"是奴隶主贵族内部的行为规范，旨在维护奴隶制等级秩序。"忠""恕""孝""悌"是与"仁"相贯通的道德条目，"恭、宽、信、敏、惠"是"仁"的内在要求。"弟子入则孝，出则悌，谨而信，泛爱众，而亲仁。行有余力，则以学文。"汉代董仲舒说："能说鸟兽之类者，非圣人所欲说，在于说仁义而理之，知其分科条别贯所附，明其义之所审，无使嫌疑，是乃圣人之所贵而已也。"朱熹则更明确地说："如今学而不穷天理、明人伦、讲圣言，乃然存心于一草木、一器用之间，此是何学问？"可见，我国古代十分注重培养学生的道德品质与健全的人格。

关于道德之知与行的关系。中国古代圣人就有"知行合一"的教导。亚里士多德关于实践哲学的论述，其精髓是认为道德之知为"实践知识"。道德之知是实践的，根源在于它所追寻的对象——善本身主要不是认识和思考的对象，而是追求和实现的对象。按照亚里士多德的说法，善就是促使人去行动、去实践。道德之知是实践的，不仅是因为它来自生活实践，而且还在于它所指向的不是知识本身，而是为了道德生活和实践。人们学习道德之知，不是为了获得知识，获得更为系统、更为精深的知识与学问，而是为了道德行为的践履；学习道德之知，不是为了提高认识，而是为了去过一种有道德的生活。为此，学习道德之知内在地就规定着学习者的道德践行。人们之所以把那些只"说"道德而不"行"道德的人称之为"伪善者"，是因为他们"亵渎"了道德的本性。

此外，道德判断与社会认知紧密相关，道德判断是对自我或他人行为在各种社会场景内"恰当性"的价值判断。社会认知就是在给定的社会场景内，给定主体的身体状态、给定符号交往和知识表达的体系，主体对他人行为和自身行为恰当性的认知过程，它通常包含了远比道德判断更广泛的内容。

二、德育的历史发展

(一) 习俗性的德育

习俗性的德育是指人类社会早期以习俗性道德为教育内容并通过习俗和生活去实施的一种德育形态。习俗性的德育是指在学校教育产生以前或原始社会中存在的德育形态，主要有以下特点。

第一，在原始社会，维护氏族、部落的团结或存在是整个社会的重要任务之一，德育自然成为维护社会存在的重要组成部分，当时的德育是教育的核心内容，同时具有人人参与的全民性。

第二，由于劳动、生活、教育是一体的，因此，德育是在习俗中存在的，并且是以习俗的传承为主要内容的。我国"六艺"中的礼、乐就有着浓厚的仪式和习俗色彩。可见，原始社会的道德是与风尚、习俗、传统融为一体的。人降临于世，便结成一种关系，人要靠集群性的方式生活，由于这种生活，形成了彼此之间的契约关系，需要相互承诺、守信和遵守纪律，从中演绎出一系列的风俗习惯，形成了一定的社会舆论和道德规范。

(二) 古代学校德育

在古代，由于学校德育的从教者、受教育者大都是统治阶级成员，德育的目的也是培养"治才"，所以，学校德育内容中充斥着类似君君、臣臣、父父、子子等级制度及其维护这些方面的道德内容。例如，战国时期，秦国的商鞅曾经处罚过歌颂变法的百姓，原因是他们没有议论朝政的资格。斯巴达的执政者也曾经下令屠杀了两千多名用自己的勇敢拯救了国家的奴隶，理由是他们违背了奴隶不得参加保卫国家的行动、具有勇敢精神的禁令。在古代社会，德育从教育者、受教育者到整个教育目的、教育内容、教育过程，都受制于上流社会或统治阶级的利益需要。男人的美德在于精心管理城邦事务、帮助朋友、抵御敌人；女人的美德在于精心照料家务、甘做家庭主妇、服从丈夫。

(三) 近代学校德育

学校成为一个与家庭和社会不同的集体生活的学习场所。人们开始关注现实命运，德育开始走向民主化、科学化的道路，而心理学和实践哲学为德育科学化提供了依据。蔡元培认为国家必须大力提倡德育。"德育实为完全人格之本，若无德，则虽体魄智发达，适足助其为恶，无益也。"学校只有重视德育，个人发展才有正确的方向。

（四）现代学校德育

现代学校德育是在现代社会生活条件下以培养现代人为目的的教育，即培养人的科学和民主精神，促进人的品德自由、充分发展的活动。现代德育的特点体现在德育目标的全面性、内容的发展性、方法的有效性、对象的主体性及过程的互动性上。20世纪初以来，认知科学、价值学派、社会学习和关怀理论等思想的发展为德育提供了理论支撑，同时随着全球化时代的到来，生态环境、人口与发展、个人权利、和平共处、性道德、科技道德等问题已被提上了议事日程。这就是人们所谓的"全球伦理"，它指的是"对一些有约束力的价值观、一些不可取消的标准和人格态度的一种基本共识。没有这样一种在伦理上的基本共识，社会或迟或早也会感到绝望"。

三、德育科学的发展阶段

从德育科学体系的发展来看，它大致经历了以下几个阶段。

（一）思想萌芽阶段

我国孔孟庄荀、儒墨道法等诸子百家的著作和实践中包含了大量古朴的、融合的德育思想，如《论语》中"格物、致知、诚意、正心、修身、齐家、治国、平天下"。格物、致知、诚意、正心、修身为修己，齐家、治国、平天下为治人。西方的苏格拉底、柏拉图、亚里士多德、昆体良等思想家都为人类贡献了十分宝贵的德育思想。这个阶段德育思想形态的特点是未分化的、非体系的，散见在一些教育著作或言论中。

（二）独立学科阶段

德育论是在教育学产生之后，作为与教学论、课程论等并列的德育思想的理论化形态。18世纪七八十年代，德国哲学家康德把遵从道德法则、培养自由人的教育称为德育或实践教育。与康德同时代的裴斯泰洛齐似乎也使用过"德育"一词。这表明西方于18世纪后半叶已经形成"德育"这一概念。斯宾塞在《教育论》中，把教育明确划分为"智育""德育""体育"三个部分。从此以后，"德育"逐渐成为教育世界中一个基本概念和常用术语。该词于20世纪初传入我国。王国维1904年以"德育""知育"与"美育"三词向国人介绍叔本华的教育思想；1906年又将"德育""知育（智育）""美育"合称为"心育"，并与"体育"相提并论，论述教育的宗旨。蔡元培撰文阐述新的教育思想，主张"军国民教育、实利教育、公民德育、世界观教育、美感教育"并举，在其影响下，当年国民政府颁布了"注重德育，以实利主义、军国民教育辅之，更以美感教育完成其道德"的教育宗旨,这标志着"德育"一词已成为我国教育界通用的术语。19 世纪末至 20 世纪初,凯兴斯泰勒的《品格概念与品德教育》、涂尔干的《德育论》、杜威的《道德上的教育原理》以及马卡连柯的《论共产主义教育》等都是德育学科的代表著作。其中,涂尔干的《德育论》的问世被视为德育作为一门独立学科形成的标志。

(三) 马克思主义德育原理诞生阶段

社会主义制度和德育实践为德育原理提供了现实基础,苏联有苏霍姆林斯基、加里宁的德育思想;我国则有一批德育学著作,中华人民共和国成立前,如梁启超的《德育鉴》、管拙诚的《德育论》、余家菊的《训育论》、李相勖的《训育论》、姜琦的《德育原理》、汪少伦的《训育原理与实施》和吴俊升的《德育原理》等。中华人民共和国国成立以后,特别是 20 世纪 80 年代以来,我国出现了一批有较大影响的德育著作,如胡守棻主编的《德育原理》,华中师范大学等六所院校编写的《德育学》,鲁洁、王逢贤主编的《德育新论》,班华主编的《现代德育论》等。近年来,又有一些新的德育著作问世,它们给马克思主义德育原理中国化以极大地丰富和发展。

(四) 德育学科群阶段

由于对学校德育日益专门化、分门化的研究以及交叉学科研究的发展,德育学和教育学一样很快成为众多学科群,即德育学已经演变成一种"复数"形式和广义性质的"德育科学"。"德育科学"至少包括:第一,作为分层次与分支学科的研究,德育科学有德育哲学、德育课程理论、德育方法理论、德育工艺学等;第二,作为交叉学科的研究,德育科学有德育社会学、德育心理学、德育人类学、德育文化学、德育生态学、德育技术学、德育美学等。在众多的德育学科研究的基础上需要一种整合各方面研究成果的一般理论形态;同时,在教育学专业的教学中也需要一门综合性的德育原理的课程存在。这就是教育学常常着力关注的德育原理领域,它的重点在于说明德育的一般"规律",回答德育面临的最基本问题,以作为对其分支学科和交叉学科研究的基础。德育学的元理论,是检验德育活动本身的目的、性质、价值、知识结构的理论。总之,德育原理是作为整合诸多德育科学研究的一般理论形态而存在的。作为"原"德育之"理"的一个领域,它担负着研究学校德育领域一般理论问题的使命。德育原理又是教育专业的一门基础课程,因此它又负有引领教育专业的学生全面了解德育理论的任务。从这两点出发,德育原理的特征主要包括理论性、基础性和综合性三个方面。学习德育原理应当着重把握以上几个方面特征。

第三节 德育的基本规定性

德育是在一定的文化背景下进行的。文化是在人们日常生活和社会交往中普遍存在的一种现象。文化中蕴含着丰富的德育资源，通过文化学习和文化教育活动，可以起到良好的育人作用，因为文化是一种潜在的德育课程、一种间接的德育途径。因此，要充分认识和利用我国传统文化的合理内核，对青少年进行民族精神的培养，同时还应吸收外来文化和网络科技文化的积极因素，营造和谐的校园文化，拓展德育的渠道。随着我国文化产业的不断发展，如何为青少年的品德发展创造良好的文化空间，是文化德育应考虑的问题。把德育放入文化现象中加以审视和剖析，有助于我们更好地发挥文化的育人功能。文化的发展和繁荣，不仅能推动文化生活的进步，更能凝聚民族精神，提升民族素质，铸就时代风尚，形成具有现代中国特色的文化德育。

文化是什么？文化是与自然和先天相对应的一种概念，它是人类在改造自然、社会和自我过程中所创造的物质财富和精神财富的总和。《辞源》对"文化"一词的解释为"文治和教化"。在古罗马思想家那里，"文化（Culture）"一词含有"灵魂的耕种、陶冶、修养"的意义，即人必须经过陶冶，本能才能不流于粗俗。可见，文化的概念本来是"人文化成"之意，即通过人发挥其精神力量转化这个世界，使之合乎人性的要求。社会学中的"文化"是指一个社会所有成员共同享有的价值观念、传统和信仰。文化功能学派认为，"文化是包括一套工具及一套风俗——人体的或心灵的特性，它们都在直接或间接地满足人类的需要"，"社会制度是构成文化的真正要素"。

文化具有历史特性与民族地域特性。因此，在不同的文化背景下，道德善恶标准、道德行为方式和人的精神气质都存在很大差异。文化凭借强大的形塑力量，在个体的社会化过程中通过个体接受教育、自我学习和以文化为中介的社会交往，获得文化认知，寻求文化认同，从而使得文化所蕴含的道德观念内化为个体的道德思维。文化赋予我们自我反思的能力、判断力和道义感，从而使我们成为有特别的人性的、理性的生物。我们正是通过文化来表现自己、完善自己的。

物质文化、制度文化、精神文化是文化的三个基本构成要素，三种要素在道德的形成与发展过程中作用虽各不相同，但相互嵌入，从而成为德育的主体。物质文化的本质是人类的生产力及其物化形态。精神文化一般以三种形式存在：一是文学、艺术作品，是对感性和知性的再现、模拟，是对经验世界的情绪表达。二是哲学、社会科学、自然科学理论，以反思与批判、归纳与推理的抽象思维形式把握世界。精神文化是道德知识和价值观念的思想资源，一方面为道德提供知识，作为建构道德思维的理性基础；另一方面诠释和论证道德意义，作为引导社会实践的价值。三是制度文化。制度文化是文化体中的中间层次，是精神文化在组织制度上的体现。此外，也有人提出"行为文化"的概念。

我国社会主义先进文化主要指科学的、健康的、符合广大人民利益并代表未来发展方向和有利于社会进步的文化。其主要特征为：源于中华民族五千年的文明史，植根于当代我国社会主义现代化建设的伟大实践；带有鲜明的社会主义意识形态特点，是社会主义社会的重要特征和社会主义优越性的重要体现。

人、德育与文化环境之间存在内在联系。道德作为公共价值规范和个体德性，是文化构建的结果，而文化是道德的本体。人类以文化创造者身份成为文化主体，文化以其超越个体和特定时代的有限性而成为人类的社会性赖以形成的本体，并且具有了自己的空间和历史，从而不断型构人类个体的道德理性。人们之间思想交流、文化环境与人的交流与互动，就是通过各种文化符号所传递的信息进行的。文化建构道德理性的过程，就是人通过社会活动不断接受文化环境所发出的各种道德信息的过程。文化对人的影响主要体现在对人的道德观念的影响上，文化制度可能比单纯的教育制度对教育的影响更为持久、宽广、深刻。卡西尔认为，在人类世界中，"除了在一切动物种属中都可看到的感受器系统和效应器系统以外，在人那里还可看到可称之为符号系统的第三环节，它存在于这两个系统之间。这个新的获得物改变了整个的人类生活"，由于具备这个特殊条件，"人不再生活在一个单纯的物理宇宙之中，而是生活在一个符号宇宙之中"。皮亚杰对人与文化环境之间的互动关系进行了实证化的描述，揭示了文化德育机制的心理图式：一是人类特有的生理机能是接受文化信息的自然条件；二是人具备基本的生理机能，即思维接受能力和行为能力之后，便通过实践开始了社会学习过程，从简单的语言、动作、表情，到复杂的概念、行为与情感的表达，逐渐形成了人的思维"图式"；三是"图式"通过"同化"和"顺应"两种方式，使人的行为不断社会化，使人的认知不断得到发展，即所谓"适应"。但是在社会实践活动中，人的道德"图式"始终与环境信息处于互动的关系之中，文化环境的变化所发出的道德信息，成为刺激主体的"道德图式"延续"顺应"的客观力量。不过，接受"顺应"的"道德图式"，其发展目标并不是以个体对环境的单向适应作为终极目标的，人的本质力量的对象化，人的创造性与能动性也在不断型构"文化图式"。可见，道德是人的一种文化性的创造。人之所以要创造道德这种文化形式，是出于人自身的需要。道德作为文化现象，是人区别于动物而要求过有秩序、有意义的社会生活的一种人文创造。不同社会发展时期、不同发展水平的地区和特定民族都曾创造、形成并持有某种具体的伦理道德和价值观念，以要求、规约、教化和熏陶一定生活区域内的人们自省、自警、自律地处理与自然、与社会、与他人的关系。判断一个人是否道德，依据的就是个体在处理上述境遇关系时所表现出来的自我认知、社会行为、人际语言、情感态度等。道德文化的传承与创造将成为德育的主导因素。这里，我们需要整合中西文化，以发展和创造具有民族特色的道德文化作为时代的主题。

德育与文化密不可分，文化的形成在某种程度上依赖于德育，德育也必须以文化为前提。德育还可以传承、发展和创新文化，雅斯贝尔斯曾说过："西方每一次伟大时代的出现都是重新接触和研究古代文化的结果。当古代文化被遗忘时，整个社会所表现出来的就是野蛮，就如一件东西脱离了根本，它就会毫无方向地飘荡，这也就是我们失去古代文化之后的景象。"德育实际上是模塑人的道德文化生命的过程。任何一个生命都是独特的，而在一个缺乏道德文化风格的教育氛围中要凝聚这种独特的生命几乎是不可想象的。提高人的文化素质，就等于提高人的道德素质。德国文化教育学家斯普朗格认为，一个真正受过教育的人，不单能体会学识，而且能了解经济利益，欣赏美的事物，并能为社会服务，进而对人类生存的意义也有透彻的体会。

文化德育是指整合、利用传统的文化底蕴和一切有效资源，借助文化的独特德育功能，通过学生对文化教育资源的有效吸收和文化教育方式的体验，使学生在积极的状态下得到心灵滋润。从教育理念上看，文化德育强调通过学校文化来实施对学生全方位的德育；从策略上看，通过先进文化的熏陶来建构学生的道德品质，对落后文化进行批判；从途径上来看，通过在人文环境中滋养学生的心灵。

文化德育着眼于学生的健康成长，让学生在文化的氛围中主动参与、切身感悟，特别是把学校文化的精神实质内化为道德情操，构建自己的道德品质。文化德育真正体现了德育对学生社会化发展的价值和意义。

美国文化人类学家克罗伯和科拉克洪认为，文化存在于各种内隐和外显的模式之中，借助符号的运用得以学习和传播，并构成人类群体的特殊成就，这些成就包括他们制造物品的各种具体式样。文化的基本要素是传统的思想观念和价值，其中尤以价值观最为重要。一个民族在其历史演进和文化行为中积淀形成的长久的、起作用的思维方式、思维习惯，对待事物的审视趋向和众所公认的观点就是这个民族的思维方式。思维方式是人类文化现象的深层本质，是对人类文化行为起支配作用的稳定因素。中华民族传统思维方式的总体特点是整体动态、辩证综合、直觉体悟。当然，不妨借鉴西方重个体、重分析、求变异的创造性思维方式的合理成分，以改进和发展中华民族的思维方式，为中国道德文化的创新构筑内在的根基。

德育在本质上不是以价值中立、文化无涉为前提，而是以价值建构和意义阐明为目的的价值科学或文化科学。文化给德育融入了文化底蕴，使德育有了依托和根基。文化是德育的灵魂，用文化育德会起到不告而人人皆知的作用，即"无中生有"，当然，这是"无中生有"的另类解释。德育文化是综合利用文化资源（特别是精神文化），运用文化方式进行自觉育德、自主育人的文化。

多元文化视野中德育的选择是值得人们思考的一个问题。德育应该重视在理解不同文化的基础上，形成青少年正确的人生观。多元文化视野中的德育研究和实践，不仅要关注我国少数民族地区文化的特殊性，如少数民族的服饰、语言、歌曲、舞蹈、风情、礼仪、文字等，应把其作为德育的校本教材，保留其文化传统；也要关注西方文化的影响，如古埃及文化、巴比伦文化、叙利亚文化、希腊文化、罗马文化、阿拉伯文化、文艺复兴（近代文化）等。

总之，只有立足于文化的德育才是活的教育，才是道德生成的原点。学校德育应弘扬中国传统文化的宝贵精神，同时又关注现代网络文化的特点，将雅文化与俗文化、现代都市文化与乡土文化进行融合，发挥文化德育的功能。例如，当前社会主义新农村公共文化体系的建立，有利于人们日常生活方式和行为方式的改变，有利于培养具备知识力、生产力、健康力、团结力的合格公民。

此外，校园文化有主流与非主流之分。校园文化建设中所形成的主流文化是社会主义先进文化的一部分，是民族精神、时代精神的凝聚和积淀，如爱国爱校、集体主义、责任意识、严谨勤奋、求实创新、诚信友善、乐于助人等，通过它的熏陶必将提升人的境界，提高人的素质，促进人的全面发展；主流文化在和谐校园文化建设中也起着主导作用，是思想和道德上的根基与保障。非主流文化（亚文化）是指由某一群体发明、信奉和推行的一种特有的文化价值体系、思维方式和生活模式，如青少年群体文化、网络文化、短信文化、卡通文化、课桌文化、宿舍文化等，受到青少年学生的关注和青睐，并对主流文化产生了不可忽视的重要影响，它们可能起促进或破坏主流文化的作用。

和谐校园建设的根本在于校园文化建设。近年来，许多学校都把校园文化建设作为实施素质教育、做好德育工作的一个切入点。校园文化建设大致可分为"硬"环境建设和"软"环境建设两个方面，两者相辅相成，缺一不可。"硬"环境建设一般包括学校建筑、文化设施及校园景观等基础设施的建设，也包括标志性文化载体，如校园网络、广播电视等媒体的建设。"硬"环境建设是校园文化的载体和形式，要让每个景点启智，让每一棵草木说话，让每一方空间出彩，把名人名言悬挂在走廊墙壁上，时刻激励学生进步，让学校充满文化底蕴的物态环境，成为学生道德生命自由成长的空间。苏霍姆林斯基在帕夫雷什中学的显要处所展有"伟大母亲"的众多画像，这样做的意图就是让"墙壁也说话"。他还说："用环境、用学生自己创造的周围情景，用丰富集体生活的一切进行教育，这是教育过程中最微妙的领域之一。"情境创设与生成是决定能否实现德育目标的一个因素；同时，学生对情境的融入程度也决定教育效果的好坏。学生在人文环境中浸染灵魂，接受学校文化的陶冶，体现了人文、人性、人本的要求，如有的教室里张贴着"天冷了，请把门关上""教室是温馨的家，这里伴你成长""进入教室，请与彩铃暂别"，温馨的提示语体现一种精神慰藉。歌德曾说：建筑是凝固的音乐。校舍建筑风格、绿化、美化、雕塑、橱窗、教室布置等，给予学生美的享受和情感的陶冶。如山东某实验中学深入挖掘，潜心提炼，以学校的辉煌成就为主线，精心打造了从不同侧面、立体式反映学校过去、现在和未来发展远景的长 200 余米的"德育长廊"，充分展示了学校多年来走过的坎坷历程和取得的骄人成绩。在"名生"栏里可以看到，历届高考省、市文理科状元均出自该实验中学，还有很多人继续攻读硕士、博士学位，有的已出国留学深造。这些既增强了广大师生的自豪感，又使他们学有方向，追有目标。根据"让先进文化充满校园，让多彩校园处处体现教育"的原则，在草坪上设置了不同造型的石头景点，有的像静读的少女，有的像飞翔的信鸽，有的像憨厚朴实的老人，不同的石头上分别制作了"金色童年""幼吾幼以及人之幼""我能行"等系列石刻，使奇石与文化巧妙结合，达到了天然与人工的有机统一。

如果说"硬"环境建设体现的是校园文化直观的外在形象，那么，"软"环境建设表现的则是校园文化主观的内在气质。建设和谐校园文化无疑应将重点放在"软"环境建设上。"软"环境，就是学校制度和精神文化，即体制和气氛意义上的德育资源，如办学理念、价值取向、思维方式、制度和规范、审美情趣、师生共同愿景、和谐的人际环境等。如班集体制度，它给人的是一种纪律、规则的约束和训练，习惯成自然，纪律和同伴的模仿效应在德育中具有独特作用。教育管理学非常强调文化管理，通常来说，一流校长文化管理；二流校长制度管理；三流校长权力管理。就一所学校而言，对学生影响最大、最长远的往往不是一门学科，而是一种文化，一种可以塑造学生学习态度、思想品德和行为习惯的校园文化。学校教育本身就是一种特殊的文化环境，具体说来，应体现在以下三个基本方面：一是良好的学习环境，即在科学世界观和方法论的指导下，形成实事求是、严谨勤奋、开拓创新的局面以及百家争鸣、百花齐放的学术研究的良好氛围；二是良好的育人环境，即注重人格培养和素质提升，形成教书育人、尊师重教、为人为学、追求完美的教育教学的良好环境；三是良好的人际关系，即形成诚实守信、团结和睦、与人为善、乐于助人的良好校园风尚，使崇尚和谐、维护和谐内化为师生员工的思维方式和行为习惯。

思考题

1. 有人说："德育是一个筐，什么都能装。"对此你怎么理解？

2. 如何理解"德育为先，育人为本"的思想？

3. 为什么说道德具有相对性和绝对性？

4. 人的品德完全是教育的结果吗，为什么？

5. 历史上存在知行的争论，那么，究竟是"知易行难，还是知难行易"？

6. 为什么说德育应在"行动"上下功夫？

第二章　德育功能论

■ 导　读 ○

　　德育功能问题是德育领域研究的一个重要问题。对德育功能的理解不仅直接影响着人们对德育存在价值和意义的认识，而且还直接影响着德育目标的确定和实际效能的发挥。

学习目标 →

1. 了解德育功能。
2. 学习德育的社会性。
3. 明白德育的个体性。

第一节　德育功能概述

一、德育功能研究的主要内容

（一）关于德育功能内涵的研究

　　对德育功能的理解，不仅是一个理论问题，而且也是一个现实问题。对德育功能的理解会影响人们对德育存在的价值和意义的认识。正确理解德育功能，既有助于理解德育的重要性，又有助于理解德育活动本身。

　　学校德育功能是指德育对人的道德发展和社会的道德进步所应起的作用或影响。前者为德育的个体性功能，后者为德育的社会性功能，个体性功能是学校德育的本体性功能。德育功能一般是指德育活动对个体发展或社会发展所产生的各种影响和作用。德育作为一种培养人的道德品质的社会实践活动，一方面，它对个体的发展有着重要的作用，如形成个体良好的道德品质、促进个体智力的发展、提高个体人生境界等；另一方面，它对社会的发展有着积极的影响，如促进社会的整合、经济的发展、文化的变迁等。德育功能是德育系统内部诸要素之间以及系统与环境之间相互作用时的结果。德育的功能应该是人们对德育的期望，即指它想要干什么的问题。在理论界，人们对德育功能有着不同的认识。有人认为，德育功能即德育所要完成的任务、目标等，即把德育目标等同于德育功能；有人将德育功能与德育的客观效果或发挥出来的能量相混同，即德育效果等同于德育功能；有人认为，德育功能就是指德育在实际活动中发生的效用，即指实际干了什么的问题；有人认为德育功能是指德育的本分效能，即指它本来能干什么的问题。如此等等，人们对功能的认识还是有差异的。把德育目标等同于德育功能，实际上是把德育"想干什么"等同于德育功能，这是有偏颇的，因为德育"想干什么"不等于德育"应当干什么、能够干什么"。把德育实际效果等同于德育功能，是把德育"实际上干了什么"等同于德育"应当、能够干了什么"。把德育功能等同于德育价值，德育功能反映的是德育的实际效果，具有客观性，不一定满足主体的需要；德育价值是反映德育活动的效果与德育主体需要之间的关系，德育价值具有关系属性，是人们对德育活动的一种主观期待。德育功能是"实然"的、现实的影响；德育价值是"应然"的、理想的期待。把德育功能等同于"本分功能"，这是合理的，是说德育"能够干什么"，但还应当包括"能够、应当干什么"，这样才圆满。所以，一般说来，功能是指事物或活动所发挥的作用和效能。德育功能就是指德育活动对个体发展或社会发展所产生的各种影响和作用。

对德育功能与德育目标、德育效果的区分有着重要理论意义和现实价值。首先，正确的德育功能观有助于德育目标的确定，制定德育目标不能高于或低于德育功能的阈限；其次，正确的德育功能观有助于适度、适当的德育评价的形成，把德育想要干什么、实际上干了什么与能够、应当干什么区分开来，区别评价；最后，正确的德育功能观有助于适当适度的德育实践，树立正确的德育功能观，使德育实践者在实践中能够做其应做、能做和该做的事。

（二）德育功能的历史发展研究

鲁洁教授在《德育功能观之历史考察》一文中，对德育的社会性功能和个体性功能方面的不同观点分别进行了考察。她首先指出：不同的社会构成不同的德育功能，历史上的各种德育功能观，往往植根于不同的社会构成。社会由政治、经济、法律、道德等因素所组成，在整个社会结构中什么因素居于主体地位？道德与其他诸因素具有什么样的关系？对此问题的理解人们往往持有不同的观点，因而产生了不同的德育功能观。

历史上强调通过不断整合而使社会在均衡、稳定中发展论者，对德育则往往重视其维持性的功能。西方功能主义学派的帕森斯就是这方面的代表，他认为社会分为生理、人格、文化和社会四个系统，其中包含价值观念、意识形态及教育在内的文化系统，对社会具有维持功能。与之相反，社会冲突论的代表鲍金斯和金蒂斯等人，则强调社会冲突是普遍存在和不可避免的，学校德育功能绝不是维系稳定和消除冲突，它只能是再生产出阶级的矛盾和冲突。所以，德育的功能既有对社会完善、改革的促进，也有对不合理的思想、观念的消除和斗争，而且鲁洁教授对不同的德育个体性功能进行分析，指出不同的品德生成产生不同的德育功能观，不同的人性构成论生成不同的德育功能观，不同的人性发展产生不同的德育功能观。此外，鲁洁教授还在《试论德育功能观的转变》一文中对德育功能观的转变进行系统研究，指出了德育由政治性功能到生产性功能的转变，由社会性功能到个人性功能的转变，由单层面功能到多层面人格培养功能的转变，由限制性功能到发展性功能的转变。

（三）德育功能的分类研究

关于德育功能，由于使用标准不同，也就产生了不同的功能分类方法。

一是依据德育功能作用的对象不同，可以分为社会性功能与个体性功能。德育的社会性功能是指德育活动对社会发展所产生的作用和影响，它是德育的衍生性功能或工具性功能。德育的个体性功能是指德育活动对个体身心发展的作用和影响，它是德育的固有功能或本体功能。

二是依据德育功能作用方向的不同，可以分为正功能与负功能。德育的正功能是指德育活动对社会进步和个体发展起到的积极影响和促进作用，例如，历史上，德育的正功能主要有社会整合功能、政治教化功能等；德育的负功能则是指德育活动对社会进步和个体发展起到的消极影响和阻碍作用。

三是依据德育功能表现形式的不同，可以分为显性功能与隐性功能。这也是默顿分析功能的又一维度。显性功能是指主观目标与客观结果相符的情况，或者说结果是事先所期待或希望出现的；隐性功能则是指出现的结果既非事先筹划也未被察觉。可见，显性功能是有目的实现的功能；而隐性功能是主观期望以外的意外结果。德育的显性功能是指依照德育的目的、任务和价值期望，德育在实际运行中所出现的与之相符的结果，如个体道德品质的发展、社会道德风尚的改善等。德育的隐性功能是指非预期的且具有较大隐藏性的功能，如高尚的道德境界会有益于身体健康、致力于道德规范的学习会削弱学生道德反思的能力等，都是意料之外的德育隐性功能。

四是依据德育功能实现过程的不同，可分为应然功能与实然功能。实际上，德育的功能是难以完全预见和绝对控制的。人们希望德育发挥的功能，或者说预料之中的功能就构成了德育活动的应然功能，而德育实际发挥的功能就构成了德育活动的实然功能。

五是依据德育功能实现方式的不同，可分为规范功能和发展功能。德育功能的实现途径大致可以区分为两种：一种是通过道德规范直接控制人的道德行为；另一种是通过激发人的道德动机、道德理想、道德意志，培养人的价值观。前者构成德育的规范功能，后者的实现方式构成了德育的发展功能。

六是依据德育与各方面关系进行的功能划分。例如，就德育与社会的关系而言，它主要表现为德育的正义功能与价值，侧重点在于对好公民的培养；就德育与个人的关系而言，它主要表现为德育的意义功能与价值，侧重点在于对好人的培养；就德育与生活的关系而言，它主要表现为德育的幸福功能与价值，侧重点在于创造美好的幸福生活。

七是依据系统论和德育结构进行的功能划分。德育结构是指德育自身所包含的各种因素及其相互关系，它包括教育者、受教育者、德育目标、德育内容、德育途径、德育原则、德育方法等。用系统论的观点来看，德育作为一个相对独立的系统，它不断地与外部环境和自身内部的各种要素发生着信息交流，实现着自身的功能，这样把德育功能分为宏观、中观和微观三个层面的德育功能。

八是德育功能的多维分析。从理论上划分德育功能，仅仅是为了研究的方便。现实中，德育功能是复杂多样的有机统一体。一种德育功能既可以是社会性功能，也可能是负向功能，还可以是隐性功能。这样，根据德育功能作用对象、作用方向、作用显现形式三个维度，可以进行德育功能的结构性分析。

(四) 德育具体功能的研究

关于德育具体功能的研究，由于学者们采用的视角不同，出现不同的德育功能观，这里主要介绍研究较为集中和比较公认的几种功能。

1. 德育的个体性功能研究

教育是培养人的活动，促进人的身心发展是教育的根本追求。德育主要作用于个体身心结构中的道德方面，提升个体的道德水平。德育的个体性功能是指德育活动对德育对象个体发展能够产生的实际影响。由于我国社会中社会本位的传统影响，以及现代社会对人的个性发展的时代要求，应当对德育个体性功能的发挥予以高度关注。

德育的个体性功能内涵丰富，可以描述为德育对个体生存、发展、享用发生影响三个方面。其中享用性功能是德育个体性功能的本质体现与最高境界。德育对于个体生存的贡献是什么呢？德育的核心任务是要赋予每一个个体以科学的价值观、道德原则和行为规范等。这些观念、原则、规范看起来似乎是约束个体的异己的东西，然而却正是这些异己的东西才能够使个体在社会性的生活中生存下去，同时也由于具有充分的社会性，个体才能察觉社会所给予他的力量，最大限度地实现特定任务。只有使个体作为类的主体站在与类同一的角度，德育才能克服其顽强的疏远性。讳言功利、只讲片面的牺牲与奉献是德育的病态。如果否定"德福一致"的原则，道德规范等如果被教授为只有牺牲，对个体的生存一无贡献，这种德育的内容就是虚幻的。当然，讲德育促进个体生存的功能或"德福一致"的原则，并不是要否定道德的超功利本质，道德就其本质而言是对个体无限欲望及其可能导致的全面人际紧张的一种超越性的价值系统和规范体系。道德的本质是利他的，但是客观上、总概率上，伦理、政治智慧又的确是有利于个体的生存及其质量的提高的。否定德育的超越性本质，德育将是非道德的；无视德育的生存价值，则既违背事实也扼杀德育的生动性，有悖于德育规律。德育的个体生存价值或功能是一种德育效果的评价，仅仅或过分关注这一功能就会误入反道德、反德育的泥淖。德育的本质乃是对个体社会人格的塑造或对个体道德人格发展的推动。

2. 德育的社会性功能研究

德育的社会性功能指的是学校德育能够在何种程度上对社会发挥何种性质的作用，主要包括德育对社会政治、经济、文化以及生态环境等发生影响的政治功能、经济功能、文化功能、生态功能等。社会性功能通过德育的文化功能和个体性功能而得以实现。德育的社会性功能主要表现在以下几个方面。

第一，德育的政治功能。德育的政治功能主要是指德育活动对一定社会政治系统的影响和作用，通过传播特定（统治）阶级的政治意识和价值观念，来引导一定的政治行动，实现一种特定政治关系的再生产，从而巩固和发展社会政治制度和秩序。我国自古以来就十分重视德育的政治功能。孔子主张"为政以德"，中国历史上的政治化的德育与德育的政治化一直交错进行，这都是政治功能的表现。德育的政治功能主要通过以下几个方面来实现。一是通过德育来实现政治（阶级）关系的再生产。德育在社会政治关系的再生产方面发挥着重要的作用，统治者主要通过学校德育向受教育者灌输、传播一定的政治思想观念，形成他们一定的政治意识和价值观念，从而维护一定的社会政治秩序，实现政治关系的再生产。首先，通过学生的政治社会化，实现一种政治角色的认同。其次，通过公民德育，培养政治接班人。最后，通过树立一种宽容的道德观念，实现不同阶级的政治融合。二是通过政治意识观念与政治舆论的生产与传播，来实现德育的政治功能。通过政治理论学习来完成政治意识的继承和发展，通过政治舆论的营造来为政治决策提供思想准备。三是通过德育培养的人才来充实和更新政治机构的人员。四是学校德育对社会政治行动具有引导的功能。一方面德育引导人们选择正确的政治目标；另一方面德育引导人们积极参与社会政治活动。

第二，德育的经济功能。长期以来，我国一直重视德育的政治功能，忽视德育的经济功能，甚至还表现出一种"反经济"的倾向。孔子曾提出人们应"重义轻利""先义后利""以义制利"，"君子喻于义，小人喻于利"等，都具有这种含义。道德对经济活动具有调节、激励等功能，经济活动如果忽视了道德的作用，将是非常危险的。马科斯·韦伯曾说："经济活动如不灌注一种精神或者缺乏道德规范，那么就容易变成一种物质利益的冲动和暴发挥霍。"随着我国改革开放的深入，社会主义市场经济的建立，与之相适应，人们开始关注德育的经济功能。

第三，德育的文化功能。人总是文化的人，人的世界其实就是文化的世界。德育在文化发展中发挥着重要作用，文化的传播、传递、选择、整理以及创造、更新都离不开德育。任何民族在社会生产、生活中所积累的知识、经验、价值规范等，都需要借助于教育实现代际的传递。同样不同民族之间的文化发生冲突，也需要教育活动予以化解。

第四，德育的生态功能。德育生态性功能注重"人—自然—社会"的和谐统一，强调对受教育者生态伦理、生态人格、生态智慧和生态保护能力的培养。德育的生态性功能作为一种新的德育实践活动，有学者称之为生态德育。德育的生态功能是源于人类生活其中的地球生态恶化、危机四伏的种种事实的反思和不满。罗马俱乐部发表了《增长的极限》报告，对人类无限掠夺自然造成环境恶化，使人类生存面临危机进行全面论述，同时，国外"环境伦理学"的兴起，也是人们日益重视生态德育的重要条件。德育生态功能的主要表现：一是使学生形成新的人生观与自然观，克服人类中心主义的偏见，形成人与自然和谐可持续发展的观念。德育应该引导学生反思由人类中心主义观念而遭遇的种种生态困境，帮助学生形成新的生态伦理观念、生态和平观念、生态正义观念和生态幸福观念。二是合理规范人与自然交往的行为，去除人与自然交往过程的短期行为、功利行为，树立可持续发展观念。

3. 德育的教育性功能研究

所谓德育的教育性功能，是指德育在完成教人做人的总目标和支持智、体、美诸育具体任务的完成这两个方面的实际作用。关于这一功能，国内的研究成果并不很多，主要以檀传宝教授的观点为主。檀传宝教授认为，德育的教育性功能有两大含义：一是德育的"教育"或价值属性；二是德育作为教育子系统对平行系统的作用。知识与技能固然重要，但是与做人的方向、价值观相比，就不能不具有工具的性质。所以德育的教育性功能的实现，实质上是整个教育活动精神本质的实现。直接德育还是间接德育，或者说专设德育课程体系还是将德育内容寓于所有课程之中，一直是教育史上以及世界各国探索和不断反复的问题，包括我国在内的许多国家最终仍然选择了直接德育，其道理就在于专门的德育课程能够在一定意义上保证德育所应具有的教育性。

德育对智、体、美诸育的促进功能就其共性来看主要有三点：一是动机作用；二是方向作用；三是习惯和方法上的支持。在动机方面，智、体、美育都需要道德情感等启动和放大学习动机，同时，学习动机也需要借助德育改进其方向性、强度和持久性等质量特征。任何一种学习都需要高质量的动机，而动机的高质量与个人的社会责任感、品德素养直接关联。所谓方向作用是指德育可以为个体提供价值的方向。最后是习惯和方法问题。良好的德育不仅可以对智育、体育、美育贡献动机和方向，而且可以提供良好行为习惯和学习方式、方法上的直接支持。德育的教育性功能与其社会性功能、个体性功能有密切的联系，但却不是从一个维度观照的结果。比如我们讲德育为个体的学习提供方向与德育的政治功能等有一致性，但前者重在学习动机与目标，后者重在成品化之后的德育对象的实际政治作用。再如讲德育个体发展功能时，我们自然会想到德对智、体、美诸方面发展的促进，但德育的教育性功能重在说明德育对智育、体育、美育的促进，重在育的效果而不在育的内容。因此，要完整地描述德育的功能，坚持社会、个体和教育性三大维度是实事求是的。

德育的教育性功能要予以具体落实，必须注意两个方面的问题：首先是德育系统本身要确立发挥教育功能的自觉意识。德育必须以健全人格的塑造为己任，做扎实的工作，为教育对象奠定为人的根本，使之具有安身立命的前提。同时还应将道德动机和学习动机的激发，道德践行和实际能力的培养等环节联系起来。其次是打破教育与教学、"人师"与"经师"的阻隔，使德育与其他各育的关系复归其统一的原本。由于没有无教育的教学，所以也就没有无德育的教育，没有不是德育教师的纯粹的教学人员（经师）。所有课程的教学活动都必须注意进行显性或隐性的德育，使德育的教育性功能渗透在每一个教学活动的环节之中。而要实现这一目标，又有两个重要的问题必须解决：一是如何提高教师的人师性质。要为人师，必须有为人师表起码的道德和精神品位。二是对教育对象的塑造，要求其实现"经学"和"人学"的统一，达到学习目标和修养目标的统一。而目前我国的情况是经师易得，人师难求。这仍然是教育事业面临的一大现实问题。这一问题尚需社会和教师两个方面共同努力方能彻底解决。至于要实现学习主体之学习目标和修养目标的统一，除了教育者的人格垂范之外，教材体系、教学方法、教育活动本身为这一目标的落实创造条件也是十分重要的。

第二节　德育的社会性

一、德育与社会的和谐发展

在人与社会及其相互关系上，马克思主义的创始人通过对人类社会的发展及对资本主义生产方式的历史考察，全面而深刻地揭示了"人与社会"及其相互关系。

（一）德育与社会和谐发展具有社会历史必然性

根据马克思主义的唯物论观点，德育属于意识的范畴，而"意识一开始就是社会的产物"。毫无疑问，根据逻辑上的三段论推理，德育也是社会的产物。在《德意志意识形态》中，马克思作了如下分析："思想、观念意识的生产最初是直接与人们的物质活动，与人们的物质交往，与现实生活的语言交织在一起的。观念、思维、人们的精神交往在这里还是人们物质关系的直接产物。表现在一民族的政治、法律、道德……的精神生产也是这样。"从历史发展的角度看，随着分工"产生了个人利益或单个家庭的利益与所有互相交往的人们的共同利益之间的矛盾；同时，这种共同的利益不是仅仅作为一种'普遍的东西'存在于观念之中，而是作为彼此分工的个人之间的相互依存关系存在于现实之中"，即存在于社会之中。社会的发展需要一种"普遍的东西"来调节现实中个人与个人、个人与社会交往过程中的矛盾。这种"普遍的东西"，从德育学角度分析，是指政治、法律、道德、伦理等德育内容、德育目标及其方方面面。在阶级社会中，代表"普遍东西""共同利益"的更多体现为统治阶级的意志。因为每一个力图取得或维持统治地位的阶级，为了达到自己的目的，就不得不把自己的利益说成是全体社会成员的共同利益。抽象地讲，就是赋予统治阶级自己的思想以一种普遍的形式，把它描绘成唯一合理、有普遍意义的思想，当然"普遍的东西本来就是一种虚幻的共同体的形式"。由此可见，"一个阶级是社会上占统治地位的物质力量，同时也是社会上占统治地位的精神力量"。因此，在阶级社会中，任何统治阶级为维护其统治地位，必将规定其德育的性质、目标与范畴，并使其最大限度地体现统治阶级的思想和意志。所以，一个社会如何，这一社会的德育便如何。

（二）德育与社会和谐发展具有现实的可能性

社会是一种现实存在，而德育也是一种现实存在。因而，德育与社会和谐发展具有现实的可能性，这主要体现在以下三个方面：第一，社会的存在和发展为德育的存在和发展提供了可能。社会的产生与发展是人类历史的必然，一定社会的统治阶级为维护其自身的安定与社会的稳定，必将以各种手段和方法来调和各种矛盾，表现在意识领域，是以"普遍的东西"来控制和引导，而德育因其固有的本质属性，无疑是实施这一"普遍的东西"的最佳途径。第二，人的自身的发展需要也为德育与社会和谐发展提供了可能。人类自身的发展基于对自然界、对社会的认识与把握，而人们在交往过程中的矛盾又源于对自然界的"狭隘关系"，"人们对自然界的狭隘的关系制约着他们之间的关系，而他们之间的狭隘关系又制约着他们对改造自然界的狭隘的关系"。影响和改变人们"狭隘的关系"的根本在于人对自然界的认识与改造。因此，随着人对自然界的认识能力和改造能力的提高，也将促使社会的进步和人们"狭隘的关系"的改善——这也是德育的发展。第三，德育与社会的关系本身也要求德育与社会和谐发展。这就是说，一定的社会必须要有与之相适应的德育为其服务并发挥其对社会的有益作用以促进社会的发展。同时，德育的发展又有赖于社会发展为其提出更加进步的德育要求、更合理的德育内容与更加科学的德育方法与手段，从而形成良性循环。

（三） 德育与社会和谐发展具有内在的静态性与动态性

德育与社会和谐发展的辩证统一决定了德育与社会和谐发展过程中的静态性与动态性。统一性决定其静态性，辩证性决定其动态性。静态性是相对的，动态性是绝对的。社会既具有静态的一面，也有其动态的一面。其静态性表现在德育的一些传统上，这些传统除了一些行之有效的手段、方法外，更多地表现在历史传承下来的且不危及或影响统治阶级统治地位的思想观点、道德习俗、风俗习惯等。所以，德育在发展上存在着某些方面的延续性和稳定性。而德育的动态性则主要表现在两个方面：其一，德育本身就存在着一个认识和发展的不断深化的过程，无论是德育理论研究还是德育实践都如此，这种过程即是一个动态过程；其二，社会发展的要求使然，不同的社会对德育有不同的要求，即使在同一社会政治经济制度条件下，由于社会自身的变化及这种变化对统治阶级的政治经济体制提出的挑战而进行的相应的改革，也会促使学校德育从内容到形式等都要作出相应的调整。

二、市场经济道德与社会主义道德的整合

（一） 市场经济道德与社会主义道德的质的解读

1. 市场经济道德解读

可以肯定地说，市场经济道德来源于市场经济法则，是市场经济法则中道德理性的表现。这是因为，从理性的角度看，市场经济法则主要是一种客观意义上的自然法则，它同时具有客观的自然理性和主客观统一的道德理性。就自然理性而言，它以抽象的人的自然法权为基础，以抽象的等价交换为准则，以适者生存、优者进化为目的。就道德理性而言，它是以人与自然、人与人构成的社会关系为基础，以社会公平为准则，以最大限度地发挥和协调各个人的潜能、构成和谐发展的社会为目的。换句话说，道德理性将自然理性升华并控制在人的社会属性范围内。从人类道德的善恶标准看，市场经济法则中的自然理性是中性的，它既可以升华为有利于人类生存和发展的善，也可以堕落为损人利己并最终害人害己的恶。市场经济法则中的道德理性则不同，它虽然源于或基于自然理性，但却生发了其中有利于人类生存和发展的因素，并与人的道德意志统一，而且成为既不脱离或违背又不规范引导自然理性的道德关系。因此，市场经济道德不等于市场经济，也不等于市场经济法则，从本质上说，它是市场经济主体间的经济关系所体现的客观要求和社会道德意志的统一，成为控制经济行为的道德规范。

2. 对传统社会主义道德的反思

改革开放以前，人们认识社会主义道德，往往是从一般或抽象的意义出发，以纯而又纯、高度先进的共产主义道德去做广泛性要求。其结果不仅是过犹不及、事与愿违，而且还殃及真正现实意义上的社会主义道德。随着建立社会主义市场经济体制目标的确立，新的社会主义市场经济道德的构建与整合便成为一个十分现实而紧迫的问题，因而我们应该为市场经济条件下的社会主义道德重新定位。这是因为：其一，在我国现阶段，尽管生产力及其相应的多种成分并存的生产关系还远没有达到马克思、恩格斯所设想的、理想化的社会主义或共产主义水平，但是，在生产关系中起决定作用的生产资料所有制是以公有制为主体，上层建筑仍是以人民民主专政为核心，意识形态仍是以马克思主义思想为指导。因此，市场经济作为经济运行方式和手段，虽然发挥着巨大作用，但不能改变或取代社会主义的性质；市场经济道德虽然会影响到社会的各个方面，但也不能抵消或取代社会主义道德。其二，生产力水平的相对低下、生产关系中多种经济成分并存、多种意识形态的纵横交错，都表明了社会主义仍处在初级阶段。那么，与这一阶段相适应的道德也是一种以社会主义道德精神为主导的多种道德成分并存的道德系统。

（二）市场经济道德与社会主义道德整合的内在必然性

应以何种方式来认识市场经济道德与社会主义道德的整合？答案是马克思主义的唯物史观，尤其是其中的道德观。下面我们从不同角度来论述二者整合的内在必然性。

1. 市场经济的本质奠定了二者整合的客观前提

市场经济是人类文明的伟大创举，是人类一定历史时期内必须遵循的经济运行规则，从萌芽到成熟，经历了上千年的发展历程。世界各国不约而同地采取这一经济形式，绝非没有道理。就其根源来说，它是由一定历史时期的人类劳动的性质和与此相联系的生产力水平决定的。人类劳动在相当长的历史时期内，其性质是"谋生的手段"，而不是或主要不是"生理的享受"或"生活的第一需要"，因而，不能像自然物那样被无偿占有，只能通过交换。而劳动又是有分工的，这使得劳动的交换不仅是应该的，而且是必需的。道理很简单：任何生产部门都不可能生产出他所需的所有生产和生活资料。劳动的有偿性和分工性构成了交换的充分条件。它们同一定生产力水平（物质财富的有限性）相联系。在社会财富尚未达到"各取所需"的情况下，只能通过劳动交换来确立劳动者之间的经济关系。

2. 市场经济的一般价值取向构成二者整合的客观基础

市场经济固然是利益驱动型经济和主体多元性经济，因而很难避免商业投机行为，甚至有尔虞我诈、坑蒙拐骗、唯利是图的现象，但规范的市场经济也是公平竞争型经济、质量效益型经济、法制纪律型经济、合同信用型经济。这是因为，市场经济是把个人劳动与社会联系起来的经济，只有在遵从社会规范和满足他人需要的情况下，才能实现个人的劳动价值。社会和他人利益在很大程度上决定着个人的利益，也就是说，市场经济本身派生着诸多的道德因素，如利他主义精神等。这是市场经济与社会主义道德结合的客观基础。

3. 社会主义市场经济的特殊价值取向表明二者的整合具有深刻的制度根源

一般的市场经济并不派生社会主义道德体系，只有把市场经济与社会主义制度相结合，才能为社会主义的道德建设奠定基础。我国社会主义市场经济具有如下特点：①以公有制为主体；②以按劳分配为主要分配形式；③党的领导；④国家的宏观调整；⑤以消灭剥削、实现共同富裕为目标。这决定了我国市场经济的价值取向必然是在尊重等价交换、尊重物质利益的前提下，把国家利益、集体利益与个人利益有机统一起来。因此，体现我国社会主义经济关系的集体主义精神是我们应当弘扬的主旋律。

4. 市场经济与伦理道德的相互依赖与促进表明二者的整合具有积极的内在动力

市场经济与伦理道德不仅可以相互促进，而且可以相互渗透、共生共长。发展社会主义市场经济，必须建设社会主义伦理道德，反之亦然。市场经济是同社会化大生产相联系的现代化经济，它对伦理道德的要求很高，它需要大批高素质的人员，良好的职业道德、社会公德和文明健康的生活方式，需要安定有序的社会环境和健全严格的法制。反过来，伦理道德的提升也离不开市场经济的发展。市场经济不仅有利于生产力的发展、人民生活水平的提高，而且，也有利于人们的自立意识、竞争意识、效率意识、民主法制意识、团结互助意识等的形成。精神文明有赖于物质文明，没有发达的物质文明，最终不可能有高尚的精神文明，学校德育也会因此显得苍白无力。

5. 社会进步的经济尺度与道德尺度的统一表明二者的整合符合历史发展的一般规律

马克思主义认为：道德归根结底是由经济决定的，经济的发展必然引起道德观念的变化与发展。马克思和恩格斯曾经指出：思想的历史除了证明精神生产随着物质生产的改造而改造，还证明了什么呢？一切唯物主义者对这个问题都是深信不疑的。

尽管现实生活中存在着一种相反的现象，有的人物质上富有而道德水准却低下，但从人类道德进步的大趋势来看，随着物质财富的增长，道德不是越来越倒退，而是越来越进步，正如恩格斯在《反杜林论》中所指出的那样："在这里，没有人怀疑，在道德方面也和人类知识的所有其他部门一样，总的说是有进步的。"同时，他又提醒我们："但是我们还没越出阶级道德。只有在不仅消灭了阶级对立，而且在实际生活中也忘却了这种对立的社会发展阶段，超越阶级对立和超越对这种对立的回忆的、真正人的道德才成为可能。"令人鼓舞的是，我们社会主义制度打破了道德进步的阶级壁垒，使道德进步与阶级进步直接而同时地联系起来，同公有制与按劳分配联系起来，因而社会进步的经济尺度和道德尺度在人类历史上第一次实现了最大限度的、真正的统一。

三、社会主义市场经济条件下的学校德育的价值取向

（一）正确把握和理解新的社会思潮和社会舆论

在市场经济条件下，市场机制是整个经济活动的主要动力，经济行为主要受价值规律的调节，决策多元化、利益多元化成为社会生活的显著特点，人们的思维也从过去计划体制下的封闭凝固、缺乏主见转变为具有多元、开放、富有创造性等特点。而人的思维方式的这种变化，必然会带来社会思潮和社会舆论的复杂多变。现阶段我们所面临的实际情况是，不同的社会层面和社会群体对同一社会事物往往作出不同的判断和取舍，社会思潮与社会舆论呈现出多层次性和多群体性的特点。而这样的社会现实又极易导致个人心理上的失衡状态和离心倾向，处于学校中的青少年也不例外。而且由于他们尚处于求学时期，对市场经济缺乏足够的感性认识与理性认识，加之心理承受能力较弱，所以往往不能正确对待挫折和压力，不能正确看待发展市场经济过程中所带来的一些难以避免的负面效应。其结果是在复杂多变的社会思潮与舆论的冲击下不能对其产生的利弊、得失作出正确的判断。

1. 对社会主义市场经济条件下的奉献精神的认识

随着市场经济领域的拓展，财富的积累成为时尚，物质利益似乎左右了人们的一切，很多人开始怀疑奉献精神是否还有其价值。对此，学校德育必须要作出正面的回答。

我们知道，人类虽然也从属于物质世界，但与周围的自然界却不同，人类是认识自然、改造自然的主体，并进而在自然物质世界中获得可以支配一切的自由。但与此同时，人类的这种主体性本质却总要受到物质世界的制约。一方面，人的主体本质要求充分重视情感和精神的价值；另一方面，人性的物化又漠视它们，把功利视为唯一的目标。社会主义社会以其公有制和按劳分配原则为人自身的这种矛盾冲突的解决创造了条件。社会主义市场经济的要求是，一方面重视物质财富的创造；另一方面又要保持人在财富面前的人格独立。它不是使人们从必然走向必然，而是使人从必然走向自由。的确，市场经济离不开竞争和获取财富，但是它也排斥尔虞我诈和极端的自私自利，它要求人与人的关系是平等的，人民内部应该充满温情与友爱，所有的人最终都成为国家和社会的主人，都能过上富裕的生活。从根本上说，社会主义市场经济在促进经济高速发展的同时，也在造就千千万万具有高尚品德的人，并以比作为促进经济发展的一个重要方面。在社会主义社会，奉献精神是高尚、完美人格的必不可少的部分。在一种充满竞争的社会经济氛围中，奉献精神会更加显示出其可贵的价值。

2. 对社会主义市场经济条件下的个人与社会关系的认识

个人与社会的关系是社会生活中一个永恒的、普遍的基本问题，有其共性。同时，个人与社会的关系又与不同的生产关系相联系，在不同的社会历史条件下有其特殊的性质和要求，表现出一定的个性。随着社会主义市场经济的确立、人的行为方式的变化，人与社会的关系发生一定的变化是十分自然的。在社会主义市场经济条件下，一方面，个人的特殊性、自主性、创造性，以及自我实现、追求个性的发展应该受到关注；另一方面，人与人、人与社会的关系又被进一步物化，拜金主义、享乐主义和利己主义的社会文化容易滋长，而这种社会文化将会严重扭曲个人的身心发展，制造出人与社会关系中的危机。要确保个人的发展，同时又避免人与社会的关系中的这种危机，合理的要求与选择只能是个人发展与社会发展、个人利益与整体利益的具体的、历史的统一。在学校德育中，应当让学生明白：为生产发展和社会进步而做出努力，也就是为个人利益的更大满足和个人自由的更加充分创造条件；而个人需要的合理满足、个人自由的合理扩大，又成为促进社会进步的重要动因。也正是在这样一种互动的辩证关系中，才显示了社会主义市场经济条件下的集体主义精神的真谛。

（二）正确认识和分析建立社会主义市场经济过程中所产生的新矛盾

在建立社会主义市场经济体制的过程中，社会生活中将会出现一些无法回避而又难以解决的社会矛盾。这些矛盾中的相当一部分又将影响学校德育的内容和方法，因此，必须作出相应的调整，引导学生对较为深刻的社会矛盾形成正确的认识。

1. 正确认识和分析经济市场化与共同富裕、社会生活稳定之间的矛盾

共同富裕是我国经济改革所要实现的目的。社会生活稳定则是改革顺利进行下去所必需的条件。然而，随着市场机制的广泛引入、就业体制与分配体制的改革，又将不可避免地出现失业、分配不公，乃至破产等社会现象，而这些现象又会在很大程度上影响社会生活的稳定，为改革的深入发展带来一定困难与阻力。

2. 正确认识和分析价格放开与低工资、低消费政策的矛盾

我国的现代化事业尚在建设中，加之人口众多，因此必须统筹兼顾经济建设和人民生活，正确处理消费和积累的关系。但在现阶段，部分高收入者的高消费导致了消费的失衡，使我们长期以来所提倡的艰苦奋斗、勤俭节约与目前崇尚物质、追求享乐之间的矛盾加剧。

3. 正确认识和分析人际关系的物化与加强精神文明建设的矛盾

市场经济体制的发展，使人际关系的物化色彩浓厚，伴随着商品交换范围的扩大，唯利是图、尔虞我诈、损人利己、敲诈勒索等现象出现了。商品交换原则和金钱交易还会侵

蚀到人们之间的非经济关系领域，为权利交易、贪污受贿、投机钻营等不正之风提供滋生的土壤。而这一切，势必与我们所提倡的社会主义精神文明建设产生矛盾。

4. 正确认识和分析无规范的行为和社会主义法制之间的矛盾

在市场经济确立的过程中，不可避免地会出现一些无序和不规范的行为，有的甚至是直接对抗或者反规范的，表现出一些与适应社会主义市场经济需要的经济活动的法律、法规和规章相反的行为，如滥用商标、生产制造伪劣产品、以权经商等。而在经济体制转轨变型的时期，社会主义的法制体系又尚不健全、不完备，全民的法制意识仍较淡薄，因此这种短期内的无序失范行为的增多将会与社会主义法制建设产生矛盾。

(三) 树立与社会主义市场经济相适应的多种社会观念

在社会主义经济市场化的不断推进下，一些新的社会观念也随之被越来越多的人所接受。学校德育应该有意识地把那些富有积极意义、能够推进社会主义市场经济发展的新观念渗透到学生的心理世界中去，尽快使其形成与现阶段社会经济生活相一致的意识倾向和观念结构。

1. 开放意识

社会主义市场经济是一种开放型经济，在开放的过程中，既要大胆吸收一切人类文明的优秀成果，又需要抵制一切腐朽消极的东西。开放的目的是为了引进外国资本与技术，打进外国市场，加速我国社会主义现代化建设。而实现这样的目的，就要求经济行为的主体要具有开放的人格，具体体现为思考社会问题的广阔性与全面性，在自我开放、接纳他人及交往的开阔和灵活等方面有更高的追求。树立开放观念，除了要具有上述人格特征外，还要掌握人际交往、表情达意的基本技能，具有一定的公关意识与公关能力，以应对纷繁复杂的社会生活。

2. 竞争观念

搞市场经济，毫无疑问要讲竞争，离开了竞争，市场机制也就会丧失活力。在社会主义市场经济条件下，每一个从事经济行为或非经济行为的主体都将不可避免地感受到竞争的压力。它要求我们当代的每一个人都要具有足够的进取精神和自信心，在竞争和进取中获得乐趣，在事业的成功中体验到自尊与自信。正确的竞争观念包括公平、守法、敢于承担风险和健康的心理状态等。

3. 创业观念

建立社会主义市场经济本身就是一项开创性的事业，它需要人们形成良好的创业素质，树立创业观念，敢为人先，敢做前人未做过或做而未成的事情，要有锲而不舍的创业精神和较强的创业能力。为此，学校德育应从培养学生在教育过程中的自主能力入手，促进其创造能力的增长，并引导学生对改革的艰巨性、长期性和复杂性有充分的认识。特别是人们生活条件的日益改善，引导学生树立创业观念将显得更加重要。

4. 法制观念

随着以市场取向为主要内容的改革的日益深入，调节和规范社会主义关系与经济关系的社会约束方式必然走向法制化。市场经济在客观上要求用法律来全面规范社会经济活动中各个主体的权利、义务和行为规范，做到既从宏观上调节市场经济的运行，又从微观上规范参与经济活动的主体行为。必要合理的法规及人们行为的规范化，不再是游离于社会经济生活之外的，而是发展市场经济的应有之义。在市场经济条件下，社会生活的主体必须懂得经济法规，在竞争中按照法律行事，并利用法律来保护自己。这一切都要求学校德育应该致力于增强学生的法制意识和素养，克服各种懒散怠慢的陋习。

此外，学校德育还应根据社会主义市场经济的不断发展和深化，适时对德育的目标、内容与方法等进行不断的创新。

第三节　德育的个体性

德育的对象是人，德育功效的高低最终是通过人的品德发展来加以体现的，因此，深入研究人的品德发展问题是德育理论研究的重要任务之一。人的品德既体现外在的社会要求，又有内在的心理结构。品德的形成与发展要受到一系列因素的影响，而且表现出一定的规律性。学校德育必须遵循青少年品德形成发展的特有规律。

一、品德结构及其组成要素

（一）对几种主要的品德结构说的简要述评

1. "知、情、意、行"四因素说

该学说以潘菽主编的《教育心理学》为代表，其基本观点是：从心理学角度分析人的品德结构，把"认知"作为品德结构的起点，从品德认知出发，产生品德情感，形成品德意志，最后表现在品德行为上。知、情、意还会升华成道德信念，并对整个品德起统帅作用。这一理论强调了品德认知的重要作用，强调知、情、意、行的统一，对于我们认识德育的特殊性是有帮助的。但它未能说明产生品德行为的内外在动力，同时把信念作为品德的核心要素，从而使该学说带有信仰主义的色彩。

2. "基本维度说"

"基本维度说"主要是从人的社会适应性角度去考察人的思想品德结构的，并从动态

发展的观点去分析、强调品德的多维性。该学说认为，品德的一个最基本的维度是它的层次性和融合性。首先人的先天素质、如本能、冲动、气质等在最深层；其次是人的性格品质方面的，处在较低层次；最后是精神、意识方面的，处在最高层。融合性是指各个层次之间的关系是相互配合的，而不是堆叠的、静态的。这种基本维度结构论，从动态的观点去考察，把品德和气质、性格、意识等联系起来，充分体现了人的品德的内化与外化过程，并重视心理的作用，是有积极意义的。但它忽视了德育方面的内容，如政治观、道德观等，并把人的本能、冲动作为结构的核心，还有待进一步研究。而且其"维度"也不甚分明，倒不如说是"基本层次说"更为贴切一些。

3. "四项意识说"

该学说从社会实践活动的范围和顺序上去考察人的品德结构，认为人的思想品德是由政治观、世界观、人生观、道德观四个意识因素构成的。它们作为意识形态都是由一定的社会环境和社会关系所决定的，虽然互相影响，但不互相决定，而是互不派生的独立因素。道德意识先于政治意识出现和形成，并积极影响政治意识的形成。政治意识一旦形成，又对道德意识起支配作用，制约着道德意识的提高与定型。四项意识对社会生活的反映方式不同，政治是直接的，道德是间接的，世界观更为间接。据此，该学说把人的品德结构分为三个阶段：道德意识为主阶段—道德意识为主向政治意识为主的过渡阶段—政治意识为主阶段。"四项意识说"侧重意识上的分析，并从实践上加以考察，是值得肯定的。但它极少涉及品德的情感、意志和行为等因素，并且认为政治意识是直接的，道德意识是间接的，这种观点显然有失偏颇。而且就大多数人而言，对社会生活的反映来说，道德是直接的，政治是间接的。此外，将人生观与世界观并列，无论理论上还是逻辑上，都是站不住脚的，因为二者是一种从属关系，人生观包含于世界观之中。

4. "三维结构说"

该学说运用美国心理学家吉尔福特的智力三维结构的观点来分析品德结构，认为一切思想品德的形成都是通过人的心理活动；任何一种思想品德都是心理内容、心理形式、心理能力三者的有机统一体。把思想品德的心理结构分为三维，即品德的心理形式维、心理内容维、心理能力维三个方面的有机组合，每维又都有自己的亚结构，形成多方面、多层次的统一体。这一观点，从系统论来分析思想品德结构，把形式和内容统一起来，是比较有新意的。但缺少对品德结构起点和核心要素的分析，把品德能力与品德形式、品德内容并列也是极不科学的。因为从哲学的角度来看，内容和形式是一对基本范畴，内容是事物存在的内在根据，形式是事物的外在表现或方式。那么品德能力又怎么能与品德内容、品德形式并列呢？能力的对称范畴只能是知识等，能力本身有它自身的内容与形式。从系统论来看，能力（功能）是系统（结构的组成形式）所发挥的作用，把它单独与品德形式和品德内容并列是错误的。从逻辑上讲，这种分类犯了"划分标准不一"的逻辑错误，它必然引起层次上的混乱及彼此包容的现象。此外，把品德结构的所有方面都用"心理"一词加以限定和界说，未免有些泛心理学化了，从而染上浓郁的"唯心论"色彩。

5. "三环结构说"

该学说用辩证的、系统的方法对品德结构作改造性思考，提出以世界观为核心的思想品德三环结构的理论。认为品德完整的心理结构是品德心理要素环、品德的个性倾向环和品德的能力环三个方面的有机结合，每一个环又都有自己的亚结构，形成多方面、多层次的统一体。在这一动态的三环结构系统中，世界观居于决定性的主导地位，构成以世界观为核心的心理要素、个性倾向、心理能力三环交错的整体结构区。世界观这个核心里包含认识、观点、信念和理想等内容，而理想又是整个世界观核心之核心。三环结构理论以系统的联系与动态的观点来分析品德因素系统结构，提出思想品德的三环结构并以其世界观为核心，对于成年人来说似有道理。但是对于幼儿和少年儿童来说，这段年龄期不可能形成什么世界观，然而他们却具备了一定的思想品德，这又该做何解释呢？这是"三环结构说"无法应答的。

（二）品德的基本结构

所谓结构，是指某种处于变动中的不变关系的总和，它揭示体系的组织和主要特征。通俗地讲，所谓结构，是指事物的整体与部分、部分与部分之间相对稳定的结合形式，即事物的基本构成成分及其联系。一般来说，结构分析方法应遵循以下两条重要原则：第一，整体重于部分。结构主义者认为，事物的结构是一个完整的体系，它内部的各个部分是有机地相互联系、相互制约的，某一部分发生变化可导致其他部分发生相应的变化，但内部的任何变化都离不开原来的结构。决定一事物的意义的是该事物的整体结构而不是它的某一部分。因此，考察事物，必须着重从整体上来进行研究，而不是把它的各部分孤立出来研究。第二，重视内在原理。研究事物的结构只能以它的内在特性为依据，不需要考虑外部因素。事物内部的结构是封闭的、自足的和不变的。我们在研究人的品德结构时，必须运用结构分析方法并遵循其基本原则，否则是难以有所作为的。

1. 社会因素

首先，个体人的品德结构是在人与社会的交互作用中逐渐形成的。马克思在《关于费尔巴哈的提纲》中针对费尔巴哈撇开人类历史进程去孤立地考察人的"类"本质时指出："人的本质并不是单个人所固有的抽象物。在其现实性上，它是一切社会关系的总和。"因此，个体人的品德作为个体人的社会性，首先是受制于各种社会关系的。而品德内容则源于各种社会关系的观念形态，即社会意识形态，主要包括政治思想、法律思想、道德、哲学等。根据我国国情，从社会意识的内容上考虑，应该说对个体品德形成影响最大的是马克思主义哲学、社会主义政治与法律思想、社会主义道德，反映在个体品德的社会内容上便是政治品质、思想品质、法纪品质和道德品质。政治品质是个人政治观点、态度与行为的统一，在我国，集中体现为"坚持四项基本原则"。思想品质是指个人的思想觉悟水平、世界观和人生观等，在我国，集中体现为具有社会主义思想觉悟和马克思主义的世界观与人生观。法纪品质是指个人的法纪观念与行为的统一，在我国，突出表现为对社会主义法律、工作与学习纪律等的了解和执行。道德品质是个人反映一定社会道德标准的思想意识和行为方面的稳固特征，在我国，集中表现为具有社会主义、集体主义精神的道德素养。政治品质、思想品质、法纪品质和道德品质四个方面的内容，在人类还未进入到无阶级社会（共产主义社会）以前，是缺一不可的，共同组成了一个有机的、品德的社会内容结构整体。当然，就其四者的作用与地位而言，它们又是各不相同的。思想品质解决的是一个人的思想意识问题，即世界观问题（包括价值观、人生观等），它在整个品德的社会内容结构中处于最高层次，政治品质解决的是一个人的政治立场与观点等方向性问题，它处于较高层次。法纪品质解决一个人的行为规范问题，它处于较低层次。道德品质是解决一个人如何做人的问题，它在品德的社会内容结构中处于基础性层次。与此同时，又必须看到四者是辩证统一的。以道德品质为例，一个人的道德品质总是受到世界观、人生观等的支配；在阶级社会中，道德又始终是一定阶级的道德，因而它具有强烈的政治色彩；道德又是从人们的利益中引申出来的，而法纪恰恰是社会一定阶级和利益集团的利益表达和意志体现，占统治地位的道德与一定社会或阶级的法纪规范总是一脉相承的，违法行为必定是违背社会道德要求的行为。由此看来，道德品质渗透着其他三方面的品质。其余三方面的品质，它们与道德品质彼此都存在着相似的内在联系。因此，那种机械地把四者割裂开来的观点是极其错误的。那种一提政治品质就反感，认为是"左倾"思想的观点是非常有害且不切实际的；那种一谈道德品质就不屑一顾的人，更是不懂见微知著。

其次，品德结构还受社会心理的制约。社会心理是一种不系统、不定型、处于自发状态的社会意识，它主要表现为感情、情绪、习惯、风俗、自发的倾向和信念等。社会心理直接与日常的社会生活相联系，它是人们对社会生活条件的一种经验的反映，这种反映交织着感性因素和理性因素，但以感性因素为主，不具有自觉的理性形式。社会心理包括阶级心理与民族心理。在阶级社会中，社会心理依阶级地位的不同而呈现不同的特点，形成一定的阶级感情、思想与作风等。民族心理是由各民族在长期历史发展过程中受一系列共同的历史条件，特别是共同的经济、政治生活的影响而形成的性格、感情、爱好、习俗等心理素质的总和。一般来说，民族心理为同一民族各个阶级所共有，同时各个阶级又会为它打上自己的阶级烙印。在阶级社会中，民族心理与阶级心理就是如此地相互交错而形成社会心理。人的品德结构无不受社会心理的影响，从而打上阶级的或民族的印记。

2. 人格因素

这里所讲的"人格"概念，是从心理学、社会学、哲学、法学及文化人类学等学科综合的角度使用的概念，它包括个体从内在心理机制到外在行为表现在社会生活中具有积极能动性的个体主体并与社会互动的完整的"社会性的人"。日本伦理学家小仓志祥认为："认识到自己是个体的主体的人，才是人格。"这里正是在这一角度来使用人格概念的。其形成和发展要依赖以下四种人格成分，人格可划分为诸种构成成分，品德作为其中一种，其发展与其他成分是有联系的。从品德结构上考察人格因素，也就是要分析人格的哪些内在因素作用于品德的形成与发展。我们认为，人格因素中有如下四个要素作用于品德的形成与发展：①个性倾向，包括需要、动机、信念、理想、世界观、性格等；②心理过程，包括知、情、意、行；③主体作用，包括主体性、自我意识、良心等；④生物基础，包括气质、本能。这四个要素共同构成人格方面的品德结构。其中，每一个方面的发展水平又有高低之分，并与其他方面交互发生作用。

德育不仅要培养人的品德，还要教育人在道德生活中具备高尚的道德品质，以促进品德的提高，因而，我们还要重视人格的主体性。主体与主体性问题是马克思主义哲学中一个非常重要的问题。马克思指出：人是主体。马克思主义之所以把人看成主体，是因为人具有积极的能动性（意识性、实践性等）。但由于种种原因，人的主体性并未得到充分重视，正如科恩所言："在具体的社会学和心理学著作中，这个观点在一定程度上一直只是停留在宣言的状态。"在强调人的主体地位与主体作用的今天，我们再也不能无视人的主体性在品德结构中的特殊价值。主体性是人作为主体的规定性，是人在社会实践活动中的自觉性、能动性与创造性。从人格的角度讲，主体性是人格素质与品质的总和。

二、影响人的品德发展的因素及其作用

（一）遗传素质是人的品德发展的生物前提

遗传是指后代从前代那里继承而来的生理解剖上的特点，如机体的形态结构、感觉器官和神经系统的特点等。这些遗传素质是人的品德发展的生物前提和物质基础，没有这一因素，人的品德发展便无从谈起。具体来说，遗传素质在人的品德发展中具有如下影响。

1. 遗传素质为人的品德发展提供了可能性

人是有生命的个体，因而人总是以遗传所获得的肉体组织、一定的生命力为品德发展的前提的。此外，高级神经活动系统，尤其是大脑的构造和机能，对人的品德心理的发展具有直接的影响。一个生来大脑就有缺陷的儿童不可能表现出正常的品德心理活动。

然而，遗传素质毕竟只是为人的品德发展提供的一种可能性，它还不是现成的品德思

想、品德情感和品德行为，要将这种可能性转变为现实性，主要还在于后天的环境与教育。印度的狼孩事例证明，人虽有优于禽兽的遗传素质，有天生向善的生物基础，但若离开社会生活条件和教育的影响，人依然会沦为禽兽而不具有人的任何品德意识与行为。

2. 遗传素质的成熟过程，制约着人的品德心理的发展过程和阶段

人的遗传素质是逐步成熟的，人的身心也是连续不断地向前发展的，人的品德心理的发展是由低级到高级的一个不断上升的过程。遗传素质的成熟程度制约着品德发展的过程与阶段。

3. 人的遗传素质的差异性，制约着人的品德发展的个别差异

人的品德、个性等是有差异的，这些差异在某种程度上都与遗传素质有关。不能否认人的遗传素质，如感觉器官、神经系统等的构造和机能具有不同的先天特点。高级神经系统生理机能的各种特征，如神经过程的强度、灵活性与平衡性等都是有差别的，因而人的品德心理就具有不同的特点。比如，在遵守组织纪律性方面，神经过程平衡的人较易做到，兴奋占优势的人则较有困难。在保持克制与冷静方面，抑制占优势的人容易做到，神经过程强而不均衡的人则难以控制。在见义勇为方面，胆汁质和多血质的人容易做到，黏液质和抑郁质的人就难有此等壮举。关于来自遗传影响的个性差异，可以说古今中外的教育学家、心理学家等都注意到了这一点。

（二）环境对人的品德发展有重要影响

环境有广义与狭义之分，广义的环境是泛指人生活其中并对人产生影响的一切外部因素，可分为自然环境与社会环境，教育也在其中；狭义的环境是指对人的品德发展产生自发影响的外部世界，尤其是其中对人的品德产生重要影响的社会环境。

一切生物的生存和发展都离不开环境。人的身体的成长与发展不仅离不开环境，而且各种品德心理现象的生理机能——大脑皮层的暂时神经联系，也是外部环境因素作为一种刺激物作用于脑而形成的。另外，各种品德心理现象的内容，如人的品德感知、表象、思维、情感、意志以至于养成品德行为的习惯等，也无一不是外界环境的反映。因此，我们完全可以说，环境是人的品德发展的源泉和外部条件，没有来自环境的外部刺激，就不可能有人的品德心理的发展。对人的品德产生重大影响的，不是自然环境，而是社会环境。社会环境包括物质环境、社会关系和社会意识三个方面。

物质环境是指经人改造过的自然及人类所创造的全部物质文明，集中表现为生产力的发展水平。一定发展水平的生产力创造和决定一定水平的物质生活条件。人是在一定物质生活条件下生存和发展的，人的品德发展程度和范围，从根本上说为这种物质生活条件所制约。孟子讲"富岁，子弟多赖；凶岁，子弟多暴"。《淮南子》中讲："夫民有余即让，不足则争。让则礼义生，争则暴乱起。"西方发达国家，由于物质生活水平的极大提高，品德意识早已不仅限于人类社会，还推而广之到整个动物界，人们普遍具有保护其他动物生存与发展的生命伦理意识，现在又表现出将其扩大到整个自然界的道德发展新趋势，形成所谓保护环境、保护地球、善待所有动植物、善待自然的"生态伦理观"。善待人类—善待其他动物—善待自然界，不能不说是随着人类物质文明的进步，人类的伦理道德和人类个体的品德也在不断提高。这里需要特别说明的是，就整个人类来说，品德的升华的确与物质生活水平的提高呈正相关关系，但就人类的某些少数个体而言，因为他们的物质生活的富有是以牺牲品德的发展为代价的，正所谓谋取的是"不义之财"，所以，个人财富越多，品德反而越加堕落。这是要另当别论的，不能混为一谈。

社会关系对人的品德发展影响极大。社会关系影响着人的品德发展的方向和性质。社会关系包括家庭关系、亲戚朋友关系、同事邻里关系等，最为主要的还是人们之间的经济和政治关系（在阶级社会里表现为一定的阶级关系）。年幼的时候，儿童与身边的人发生交往，父母、亲朋、邻里等人的思想、言行无不对其产生潜移默化、耳濡目染的影响。长大成人后，在各种社会实践中同他人结成一定的社会关系，处于一定的社会地位，在阶级社会中，还处于一定的阶级地位。这种不同的阶级地位和社会地位无疑会在人的思想品德和品德心理方面打下深深的烙印，从而使人表现出不同的精神面貌和个性品质等。

（三）德育在人的品德发展中起主导作用

从广义上讲，德育是社会环境的一部分，但它是社会环境中的一个特殊部分。按实施主体的不同，德育可分为学校德育、家庭德育和社会德育三种形式。家庭德育以其特有的血缘关系对人的品德发展产生独特影响。社会德育以其固有的广泛性而对人的品德发展产生巨大的影响力。相比之下，学校德育的目的性、计划性、系统性等更强，因而对人的品德发展能起主导作用。所以，这里我们主要探讨学校德育在人的品德发展中的作用。学校德育之所以能对人的品德发展起主导作用，原因如下：

第一，学校德育具有明确的目的性和方向性。它能根据一定社会政治、经济制度及其体制变革的需要，按照一定的方向，选择适当的德育内容，采取有效的德育方法，对人进行较全面的品德教育和品德行为训练，从而形成一定的政治品质、思想品质、法纪品质和道德品质。

第二，学校德育具有较强的计划性和系统性。学校德育是在各种严格的规章制度的制约下进行的。它保证了教学的良好秩序，把人的品德发展所需的时间和空间全部纳入可控的程序之中，保证了德育得以顺利地进行。同时，学校德育又具有系统的学习内容，这些内容不仅考虑到了社会政治经济制度对人才的品德需求，而且也考虑到了德育内容的逻辑顺序和学生的品德心理发展特点与接受能力。这就保证了学校德育的高效性。

第三，学校德育具有高度的组织性和专门性。学校德育主要是通过专门的教育机构——学校进行的。它有比较完整的组织机构，如班、团（共青团）、队（少先队）、会（学生会）等，又有经过教育与训练的"闻道在先，术业有专攻"的学高为师、身正为范的专职或兼职的德育工作者，把受教育者按照一定的德育要求，组织在专门的德育过程和教育过程中进行品德教育与训练。因而，它对青少年儿童的品德发展所施加的影响和产生的作用，比其他任何环境和先天因素都要大得多、有效得多。

第四，学校德育可控制和利用遗传、环境等因素影响人的自身发展。学校德育可以对环境加以取舍，发挥和利用环境中的有利因素，减少或消除环境中的不利因素，以确保个体品德发展的方向，它还可以根据人的遗传素质，有意识地发挥他的长处，克服和弥补其短处，从而使先天的遗传素质向有利于青少年品德提高的方向发展。

综上所述，德育在人的品德发展中起着主导作用。但是，德育的主导作用不是万能的，也不是无条件的。德育既不能超越它所依存的社会条件，凌驾于社会之上去发挥它的作用，也不能违背青少年儿童品德发展的客观规律去任意主导人的品德发展。德育思想史上曾有过教育和德育万能论的观点，如18世纪法国唯物主义哲学家爱尔维修断言"教育是万能的"；美国心理学家华生声称，"给我一打健全的儿童，我可以用特殊的方法任意加以改变，或者使他们成为医生、律师，或者使他们成为乞丐、盗贼……"这些说法过分夸大了教育的主导作用，显然是不对的。

（四）个体主观能动性在人的品德发展中起重要的推动作用

在人的品德发展过程中，人不是消极地完全被动地接受遗传、外部环境和德育的影响的，不是像镜子那样对外界作出机械反映，而是具有主观能动性。环境和教育等只是学生品德发展的外因，而根据辩证唯物主义观点，"外因是变化的条件，内因是变化的根据，外因通过内因而起作用"，没有学生接受环境影响和品德教育的内在需要、动机、兴趣，没有其品德认识和品德实践的自觉能动的参与，任何环境因素和学校德育等外部条件都是无从发挥作用的。因此，从这种意义上讲，个体的主观能动性在其品德的形成与发展过程中起着十分关键的作用。

事实上，环境影响和学校德育等之于学生的品德形成与发展来说，不是简单的"授予与移植"，而是在个体主观能动性与遗传、环境和德育的交互作用下而使其主动地向前发展。这主要表现在两个方面：一是品德认识。学生总是以已有的经验和认识能力、兴趣和需要、立场和世界观等去感知、体验，有选择地接受各种环境和学校德育内容的影响的。学生已有的种种经验和认识能力是接受各种环境影响和学校德育的认识基础；兴趣和需要对品德认知有重要的动力性作用；个人的立场和世界观则对个体的品德认知的发展具有一定的调节和定向作用。此外，学生个体的自我意识也对品德认识产生重要影响。二是品德践行。品德践行不仅受到个体品德认识的支配，还受到个体化的品德情感和品德意志的调节。没有个体自主的品德认识的支配，没有个体发自内心深处的品德情感的激发，没有自觉顽强的品德意志努力，是不可能产生任何真正意义上的品德行为的。如果有，那只能说是一种假象，看似高尚的品德行为极有可能是包藏个人不良动机的反道德行为。平常人们所斥责的什么"表里不一""人面兽心""金玉其外，败絮其中"等，实际上就是指的这种情形。总之，真正的品德行为，"都一定要经过他的头脑，一定要转变为他的愿望的动机，才能使他行动起来"。

需要特别说明的是：第一，长期以来，我国教育学界和德育理论界，总是有意或无意地把人或人的品德看成是遗传、环境和教育三个方面影响的消极产物。这种观点较之遗传、环境或教育的单一因素决定论是有一定进步意义的，但也有"五十步笑百步"之嫌，因为这种认识不符合辩证法和现代系统论的科学观点，也不符合人的品德发展的客观实际。第二，为了较好地阐述遗传、环境、学校德育和个体主观能动性在人的品德发展中的不同作用，我们采用了分析的方法，以便人们对这些因素有一个较清晰的把握。实际上，以上四个因素始终是一个相互共同作用的整体，就某一个体人的品德形成来说，很难对四个因素进行孤立的分析。四者之间性质的差异、力量的强弱、各种不同比例的组合、此消彼长的变化等，最终使人的品德发展表现出不同的方向和水平。因此，我们一定要用马克思主义的辩证唯物主义观点和现代系统论的观点，对它们进行整体理解和动态把握。

思考题

1. 德育功能研究的主要内容是什么？
2. 德育功能的分类方法有哪些？
3. 阐述德育与社会意识的关系。
4. 阐述德育的相对独立性和继承性。
5. 德育在人的品德发展中起什么样的主导作用？

第三章　德育方法论

导　读

　　德育方法是教育者与受教育者相互作用的中介，是架设社会品德要求与个体品德生成的桥梁与纽带，它在社会品德规范转化为个体品德的过程中具有极其重要的枢纽作用。因此，本章将对德育方法的含义、分类，我国现行德育方法存在的问题，德育方法的国际借鉴，中国传统德育方法的启示，现代德育方法的创新等一系列问题进行全方位和立体式的探讨，最后结合社会主义市场经济新的时代背景提出德育新方法的一些构想。

学 习 目 标

1. 学习德育方法。
2. 了解德育方法的历史发展。
3. 掌握德育方法的创新。

第一节　德育方法概述

　　德育方法的内涵是什么，如何对德育方法进行分类，德育方法的运用要注意什么问题，这是德育方法论中的一些基本理论问题，必须首先作出回答。

一、德育方法的含义

　　为了弄清德育方法的含义，首先有必要对方法一词进行简略考察。

　　"方法"一词，在英文中为"method"，而英文"method"一词又是来自希腊文"methodos"，其大致意思是做事或采取行动的步骤或手段。列宁曾经指出："方法也就是工具，是主观方面的某种手段，主观方面通过这个手段和客体发生关系。"由此可知，方法是人们认识世界或改造世界（包括人类自身）的工具与手段。同时方法又是人们在长期认识世界与改造世界的实践过程中基于人脑对现实世界的客观反映而从实践中总结出来的行为方案或方式。"工欲善其事，必先利其器"，良好的方法作为实现目的的手段，其积极意义是显而易见的。

何谓德育方法呢？人们对这个问题的认识和表述并不完全一样，但概括起来大致有以下三种。

第一种是从教育者角度立意去定义德育方法的。比如，苏联凯洛夫主编的《教育学》认为德育方法就是"教师为了达到德育的某种任务而采取的一切措施，就是教育手段"。华中师范大学等六院校合编的《德育学》对德育方法也作了大致相同的表述："德育方法是指教育者用以培养、形成和巩固受教育者品德所用的方式和手段。"这种定义看不到学生在德育活动中的地位与主体作用，从单纯的"教"的角度立意，明显地带有赫尔巴特"教师中心论"的色彩，因而存在着非常明显的理论缺陷。

第二种是命题式定义。比如，胡守棻主编的《德育原理》所下的定义为："德育方法是为完成德育任务所采用的手段。"冯文全等主编的《教育学》给德育方法下的定义是："德育方法是指为了实现一定的德育任务所采取的各种方式和手段。"此种定义较之第一种教师中心论式定义无疑具有进步意义，但隐去使用德育方法的行为主体，给人一种比较模糊的感觉，加之言辞过于简略，失之语焉不详。

第三种是"双边活动式"定义。我国德育理论界权威人士鲁洁教授认为："德育方法是为达到既定教育目标，教育者、受教育者参与德育活动所采取的各种方式的总称。"胡厚福所下的定义是："德育方法是为达到德育目的，实现德育内容，在德育原则指导下，运用德育手段进行的教育者和受教育者相互作用的活动方式的总和。"该定义把德育方法理解为师生双方的活动方法，这是具有进步意义的一面，也是其较具科学性的一面。但是，与此同时，第三种定义无论是用鲁氏的"总称"还是用胡氏的"总和"来充当"德育方法"的"邻近的属概念"，显然都是严重违背了逻辑学上关于"实质定义法"（又称"科学定义法"）的基本要求的。正如本书在"德育本质"部分所作的分析一样，实质定义法的公式是"被定义项 = 种差 + 邻近的属"。因此，根据该公式，若将充当被定义项的"德育方法"作为一个整体概念，其邻近的属概念则无疑是"教育方法"；若只将"方法"当成一个被定义项，把"德育"看作"方法"的定语，那么"方法"的邻近的属概念或意义大致相等的概念则有"方式"或"手段"，但无论如何不会是含义广大无边而又捉摸不定的"总称"或"总和"。如果从语法上进行分析，其错误也是非常明显的。为了清晰地呈现上述两个定义的句子基本结构，我们把鲁氏和胡氏定义项中的定语成分去掉，得到的句子基本结构是，"德育方法是……总称"和"德育方法是……总和"，显而易见，上述两种说法句子中的主谓搭配是很不恰当的。此外，鲁氏定义中的"为达到既定教育目标"的状语修饰也太失之宽泛，因为"教育目标"还包括智育、美育、体育等目标，而德育方法显然不可能是为了实现如此宽泛的目标，它的目的只是为了德育目标的达成。胡氏定义中的"实现德育内容"更为明显地犯了"动宾搭配不当"的语法错误，而且，定义的语言表达不简练也违反了定义要求用简短语句揭示概念的本质属性的基本要求。

综上所述，根据德育有关理论和逻辑学关于定义的规则和基本要求。我们认为，对德育方法可以做如下表述：德育方法是指为了实现一定的德育目标，在德育活动中教育者和受教育者所使用的方式与手段。

二、德育方法的分层与分类

正如事物的本质有层次之分一样，我们认为，德育方法按照其抽象概括的程度不同，也是可以进行分层的（即层次有高低之分）。在此基础上，又根据一定的划分依据，对不同层次的德育方法再作具体的分类，以便研究更为具体与深入。

我们可以把德育方法分为宏观层次、中观层次和微观层次三个层面。宏观层次的德育方法是指作为行动原则或指导思想的方法；中观层次的德育方法是指具有比较明显的操作方式的方法；微观层次的德育方法则是指在具体的德育实践活动中所运用的极有针对性的具体方法。

（一）宏观层次的德育方法及其分类

宏观层次的德育方法是作为指导思想或行动原则的方法，它具有哲学方法论的意义。这一层次的德育方法比较深刻地反映了德育规律，同时也是人们在长期的德育实践中对经验的总结、概括与提炼，它的抽象化程度最高，是对中观层次德育方法的宏观统御。这一层次的方法在传统的教育学和德育学理论中常被称为"德育原则"。宏观层次的德育方法具体包括：方向性和现实性相结合；知行统一；说理疏导和纪律约束相结合；发扬积极因素克服消极因素；尊重热爱学生与严格要求相结合；集体教育和个别教育相结合；德育影响一致性与连贯性；等等。

（二）中观层次的德育方法及其分类

中观层次的德育方法，其抽象概括程度上比不如宏观层次，下比又胜过微观层次，是介于两者之间的带有明显可操作性的方法。这一层次的方法在运用上要受到宏观层次方法的影响与制约，同时，它又对第三层次的具体方法产生影响与制约作用。这一层次方法常常高频率地出现在教育学和德育学的理论描述中，它们是说服教育法、榜样示范法、实际锻炼法、情感陶冶法、自我修养法（又称自我教育法）、品德评价法等。

（三）微观层次的德育方法及其分类

微观层次的德育方法是在德育实践中具体操作的方法，它受到宏观方法和中观方法的双重统御，是直接施诸实践的方法。因此，在三个层次的德育方法中，它的抽象概括的程度是最低的，同时其具体化程度又是最高的，它对德育活动的效率具有最为直接的影响。这一层次的德育方法，具体包括讲解法、报告法、谈话法、讨论法、参观法、访问（调查）法、示范法、常规训练法、活动锻炼法、奖励法、惩罚法、评比法、操行评定法、阅读指导法、人格感化法、环境陶冶法、艺术熏陶法、自我约束法、自我完善法，如此等等，不一而足。这些具体方法的实施，一般都有具体的步骤、实施要领和一系列的操作程序，具有技能性、技巧性和技术性等特点。

此外，根据德育方法对受教育者品德形成是产生立竿见影式的直接影响还是水滴石穿式的渐进性与间接性影响，又可将其分为明示方法（显性方法）与暗示方法（隐性方法）。如以进行直接的品德知识灌输的说服教育法，以培养学生品德行为习惯的常规训练法，以引导学生见贤思齐的榜样示范法等，这些都属于显性（明示）方法；而对品德产生间接影响的环境陶冶法、人格感染法、艺术熏陶法等则属于隐性（暗示）方法。

以上三个层次的德育方法共同构成了德育活动的方法体系，分别对德育实践产生了不同性质的影响。

第二节　德育方法的历史发展

社会主义市场经济的建立，使人们的主体意识日渐觉醒，人的主体性得到充分的张扬。然而，纵观学校德育实践中所采用的方法，有些还是缺乏生气活力的"授—受"式方法。这些都是与时代精神格格不入的，极大地阻碍了德育内容的展现与学生的内化，特别是对新的内容、活的内容、精的内容的传播与宣传起到了消极的抑制作用，造成德育效果欠佳、作用不明显的不良后果。因此，为了提高德育的科学性与实效性，必须要进行德育方法的改革和德育方法体系的建构。

一、对我国现行德育方法的反思

我国现行的诸多德育方法，层次不一，形式多样，但其宗旨只有一个——把社会所要求的品德规范"传授"给受教育者。这是一种典型的"内容中心模式"。它往往只限于向学生传授一套固定的品德规范。但改革开放以来，特别是市场经济新体制的建立，传统的价值体系遭遇了严峻挑战，其内部范畴之间的历史地位和作用发生了更新或逆转，而一时又谋求不到适应时代的、为大多数人承认的、相对稳定而又内部协调的价值体系。因此，在德育目标的价值取向上，依然是从社会需要角度出发，强调德育是培养能接受或继承既定社会秩序与道德规范的个体，而作为个体的人的价值问题及人格独立问题依然没有得到应有的关注。反映在德育功能上是片面强调外在功能，而忽视德育本身的育人功能。正如有学者指出："中国自古以来的教育传统，其主导的一面是强调教育的适应性，我们今天似乎还在继承这个传统。"受其支配的德育方法是一种以整体与社会秩序为价值取向的方法。在这种观念的支配下，德育方法的作用更多被定位在实现维护整体利益与社会秩序的目的上，所以，教育者只限于用一和单一品德规范体系和道德价值观去影响受教育者，把某些品德规范的掌握等同于德育的全部。说服教育法、榜样示范法、行为训练法、奖励与惩罚等方法基本上都是为了这种单一品德规范体系的传授，从而使这些方法"具有明确的规定和必须服从的强制性"，以致使这些方法都具有程度不等的灌输味道。

这种"不顾品德内化规律，否定道德学习主体化，用规范宣讲、取代心性修养的纯外缘过程，成为中国德育的现实的主流特征"。这种强制性与灌输性的德育方法，片面强调以整体或社会价值为取向，而忽视了作为社会与历史主人的价值和主体能动作用。

传统的德育方法有其特定的社会背景、历史与文化根源。如果说在高度统一的计划经济时代它还多少有点道理的话，那么在弘扬人的主体性和实行市场经济体制的今天，是明显有违时代精神的，因而必须要进行变革。

二、德育方法变革的基本设想

基于传统德育方法的弊端，我们认为，应当从以下几方面去寻找变革的突破口。

（一）变训斥式为疏导式

在现行的学校德育中，一些教师忽视市场经济条件下学生思想的新情况与新特点，不去研究学生思想的新变化，在教育中仍坚持传统的训斥式教育，认为对学生的要求越严，学生的品德效果也就越好。殊不知，这种对学生的压服式教育因没有师生间的民主式情感沟通，没有学生发自内心的主动参与，效果是极差的。比如，教育者口若悬河、津津乐道，学生则是充耳不闻、兴趣索然，甚至心猿意马、昏昏欲睡。因此，教师在德育过程中应注重以情动人，循循善诱，给学生以人格感化。只有这样，才会使德育真正取得实效。否则，教师无论出于何种目的，对学生进行挖苦讽刺，实施体罚、心罚，都会使学生产生反感与对立情绪，不利于学生的品德培养。

（二）变封闭式为开放式

在长期的计划经济模式影响下，学校德育一直处于自我封闭的状态。学校总是把学生束缚在校园里，禁锢在课堂上和书本中，让学生不加思考地接受既定的政治思想与价值观念。极个别学校甚至开历史"倒车"，实行所谓的"封闭式"管理，关起门来"育人"。

这种德育方法严重脱离丰富多彩的社会实际生活，剥夺了学生的社会生活和道德实践经验的积累，不给学生创造认识社会、自我判断与思考的机会。这种封闭性德育方法不利于学生形成科学的世界观、人生观、价值观，不利于学生的品德成长和成熟。因此，在改革开放与实行社会主义市场经济的新形势下，学校应从现实出发，把学生从学校的禁锢和书本的束缚中解放出来，让学生走出"世外桃源"，自己去亲历社会、观察社会、思考现实问题。这即是说，对于社会现实问题，不搞回避式的消极防范，不掩饰社会矛盾，而是实事求是地去引导学生观察、分析、比较与判断。在开放的德育环境中使学生真正产生免疫力，形成辨别真善美与假丑恶的本领。

（三）变包办式为自治式

包办式是传统德育方法特点之一。许多教师只注重对学生外在影响作用，置学生的主观能动性于不顾，企图用一边倒的德育代替与包办学生的自我教育。事实上，德育过程与学生思想品德形成过程不是完全同一的，因而还必须经过内化与转化环节，这就必然要求学生的积极参与。否则，即使学生能高谈阔论仁义道德，也未必真正具有相应的品德情感与行为。因此，在德育过程中，教育者必须注重培养学生的自我教育能力，最大限度地调动学生的主观能动性，改变家长式的德育方法，在充分尊重、信任学生的前提下，平等地对待他们，引导学生主动参与德育过程，并在德育实践活动中培养学生形成自主、自强、自教、自学、自治、自理等自我教育的能力与行为的习惯。

（四）变单一式为综合式

受传统的德育观念与思维定式的影响，一些教育者只会按常规走路，习惯于单独运用某一方法，存在着单一化的倾向。德育综合化的发展趋势要求教育者具有多视角，运用多种德育方法，全方位地影响学生。德育有多种模式、多种途径，运用的方法也不尽相同，对哪一种方法都不能绝对肯定或绝对否定（错误方法排除在外）。因此，教育者既要重视每种方法的特有功能，更要重视多种方法的最佳组合，以发挥教育方法的整体功能。

（五）变保守式为创新式

传统的德育方法墨守成规、唯书唯上，存在着求"静"怕动、求"稳"怕变等不足。实际上，德育方法的生命力同所有事物一样在于创新，当社会条件、教育对象、德育内容等发生深刻变化后，德育方法必须要随之进行相应改革。德育方法创新没有什么固定模式，但要遵循德育的基本规律，坚持实事求是原则，从教育对象等的实际出发，处理好继承与创新的关系。当前，德育正朝着综合化、科学化与信息化的方向发展。运用现代化手段实施德育，是德育工作走向现代化的重要标志。我们要学习、借鉴古今中外的一切有益经验，结合实际，大胆实践，在德育方法上有所创新。

三、德育方法变革的基本原则

德育方法的变革虽无固定模式，但从方法变革的指导思想来看，它必须遵循以下原则。

（一）德育目标和任务的实现最为有效的原则

德育目标是整个德育实施的归宿所在。因此，是否能有效实现德育目标，是抉择实施方法最重要的尺度和依据。因而，此方法是否能有效地实现德育目标和任务进行衡量，是德育方法变革的最基本的原则。

实施的方法对于实现一定的目标是否有效，从事物展开的程序来看，需要在德育实施展开后，其实际过程已经显现出来的情况下才能证实。因而在实施之前就确定最有效于德育目标和任务的方法似乎不太可能。但人的思想是有能动性的，凭借既往的经验和客观的预测，是可以达到正确估计的。为此，要求教育者要进行以下分析、判断与预测。

首先，要求教育者对德育的目标和任务进行认真分析。认识德育目标和任务的性质、特点，找出它对方法的具体要求；其次，要求教育者根据以往经验（可以是自己的，也可以是他人的），从方法体系中提取若干与其目标和任务的性质特点要求有相通之处的方法，从中选出一个或几个与其相符合的有助于德育目标与任务实现的方法；最后，需要预测选择出的方法对德育目标与任务的实现中能产生的作用。如果分析预测出所显示的方法的作用越理想，确定的方法对其德育目标与任务实现就可能越有效。经过这样一番判断与选择，最后确定的方法就可能达到对德育目标与任务的实现最为有效的程度。

（二）与德育内容最为协调的原则

德育实施过程中，德育方法不仅受制于德育的目标及任务，而且还受制于德育内容。德育方法必须与德育内容相结合，达到一种协调状态，才能对教育对象产生思想与行为的积极影响。脱离一定教育内容的方法只是一组单纯的行为方式，达不到教育目的；脱离一定教育形式和方法的内容，不可能同教育对象发生思想与行为的联系，当然也就谈不上对教育对象的影响和作用。二者配合得越好，德育实施过程的整体效能就越高。为此，要求德育工作者在选择和设计方法时，必须把与教育内容相协调作为考查评估方法的重要尺度与依据，从而做到两者的协调。

一般来说，德育内容规定着实施方法的特定要求，不同的教育内容要求有不同的实施方法与之相配合。判断某种方法与一定的教育内容是否协调一致，主要靠教育的内容来分析与判定。所谓教育内容的分析，就是剖析教育内容的结构、性质、特点和形式，明确教育内容对特定工作方法的要求。比如，开展社会主义教育活动，从内容的性质和特点上看，要求教育者向教育对象提供具有一定理论深度的抽象信息和较为直观、生动的现实信息。两种不同性质和特点的信息材料，显然需要两种不同特点的方法为载体。抽象而深刻的内容，需要灌输与说理的方法与之配合；而生动、直观的现实信息，则可用实地参观、访问等方式与之配合，以强化其真实性、感染性。由此可见，对德育内容的性质、特点认识越深刻，越容易找到与之相符合、相协调的方法。

（三）教育对象最能接受与最为满意的原则

德育方法从受教育者的角度看，它实质上是影响教育对象态度、思想和行为的方法。要使教育对象接受影响，必须采取为教育对象所能接受和满意的方法。所谓为教育对象满意，是指教育者采用的方法符合教育对象的认识水平和心理发展规律，它既有助于教育对象接受教育要求，理解教育内容，又为教育对象所喜闻乐见，有较强的吸引力。教育对象对教育方式方法越满意，就越能够激发他们的参与动机，他们的主动性、积极性发挥得越充分，教育活动取得的成效也越好。这就要求教育者在设计、选择和使用方法时，把方法是否为对象接受与满意作为衡量的重要标准。

要使设计、选择和采用的德育方法最为教育对象所接受与满意，教育者应当从以下两方面入手。其一，要充分了解教育对象的思想特点、品德水平、兴趣爱好、个性倾向，根据这些特点来设计和选择方法；其二，要让教育对象也参与方法的拟定、选择和使用，教育者要不耻下问，虚心征询教育对象对方法的意见、看法和建议，研究他们对使用过的方法的体验，根据他们的要求和意愿选择方法。

（四）与教育主体最相适宜的原则

心理学研究表明，人们只有从事他最适宜的活动时，其身心潜能才能得到充分的发挥，取得优异的成绩；当他从事不相适宜的活动时，即使付出很多努力，也难收到理想的效果。所谓相适宜的活动，是指工作性质、过程和技巧等，适合个人的知识、经验、兴趣爱好、能力、气质和性格等特点。从施教者角度看，德育方法是教育者的教育方法。教育者在运用某种方法进行德育时，不仅复制着这种方法所包含的一系列动作方式，而且展示着他的知识经验、兴趣爱好和能力气质等。只有当实施方法最适宜教育者的个性优势，为他驾轻就熟，教育者才可能取得预期的教育效果。因此，在设计、选择德育方法时，还要考虑方法是否与教育者相适宜。

要做到德育方法与教育者相适宜，首先要求教育者提高自身的教育能力，丰富自身的知识，使自己具备适应多种方法的能力与知识。比如，需要运用灌输方法时，自己能纵横古今，既有深刻的理论，又有喜人的幽默；需要运用寓教于乐的方法时，自己能歌善舞，能弹会画；需要运用个别的谈话方式时，自己能善解人意，敏锐抓住要害，抚平对的伤痛与不满。其次，要求教育工作者在设计、选择和使用具体方法时，能发挥独立性与创造性，利用自身优势，创造新的方法。

（五）与教育环境保持和谐的原则

德育总是在一定的环境中进行的。这里的环境包括宏观的政治经济和文化思想环境，也包括微观的工作条件、团体气氛和人际关系等。环境因素制约着德育实施的全过程，德育方法只有同特定环境保持和谐平衡状态时，才能发挥应有的效能。适应环境变化，根据时间、地点、条件的转移而进行德育方法的不同设计、选择与使用，使德育方法与环境保持和谐状态，是变革德育方法的又一重要原则。

总之，从我国当前的基本国情、德育内容、德育者、德育对象等实际情况出发，对德育方法进行变革或创造性地运用，并遵循一些基本原则，是德育方法论中的一个重要课题。

四、现代德育方法的重心转移

当前，我国已经从计划经济转向了市场经济，而市场经济特别强调人的主体性、能动性，突出人的个体价值。人的主体性，一方面表现为人对客观世界规律的能动掌握；另一方面表现为人的自觉能动的创造，集中体现为人的独立性、主动性、创造性上。因此，市场经济在为人的独立、平等与自由创造现实基础的同时，不可避免地带来了道德观念的转变，同时也带来了德育改革、发展与进步的契机。因为市场经济造就的是多样性的社会，这大大拓宽了人们的生活空间。社会的信息化、价值的多元化，促进了政治的民主化，这必然使学生的自觉性、自我意识增强。因而，传统的德育方法就需要变革，把"教"的单向运行变成"教"与"学"的双向运行，并将重心由"教"转向"学"，关注"学"的主体性，甚至以"学"为教学的主旋律。这种德育方法变革的核心思想就是对学生个性、主体性的重视。

应该说，德育方法的重心由"教"转向"学"，既是对受教育者主体性的关注和培养，也是社会发展的必然要求。现代社会完全改变了传统单一的社会文化体系，使受教育者有比以往任何时候都多得多的选择，因而，要使他们形成统一的、清晰的价值观念显得越来越困难。这就必然引发人们对价值教育的关注，即对价值的选择与判断能力的关注。因为在品德形成过程中，受教育者既要解决自身与客观事物之间的认知关系，又要解决自身与客观事物之间的价值关系。从某种意义上说，人们的行为往往更多地受价值判断的支配。

20 世纪 70 年代，价值教育、价值判断能力的培养被提到了德育的首要地位，出现了价值澄清模式、价值分析模式、体谅模式、道德认识发展模式等（这些在后面将有专章论述）。这些模式的共同点是：它们都强调在多元、多变的社会形势下加强学生自主意识、认识能力的培养和参与实践精神的塑造，帮助学生在对各种价值观审慎思考的基础上作出正确的、理智的选择并鼓励他们亲自实践。总之，重视教育对象的主体地位，重视教育对象在德育活动中的自主能动性已成为人们的普遍共识。

无论是从社会现实需要出发，还是从人的品格完善的需要出发，德育方法的重心都应该从只注重教育者的"教"（迫使受教育者接受、服从具体的品德规范），转移到受教育者的"学"上来，重视学生的自主性、能动性与创造性，提高他们的道德判断能力与道德选择能力。这种重心转移向学校德育提出了新要求：在德育过程中向学生传授的道德价值应当是有用的，与他们的生活相关并能指导他们的生活，有助于解决所面临的道德问题；在品德行为的养成实践中，要发展学生的批判性思维和自主意识，而德育方法的运用必须是基于理性的。在全部德育活动中，应坚持对学生自由、自治的尊重，体现自律品德教育精神。它要求行为者主体自我立法、自我调节、自我践行，而不是依附抽象的道德法典，或受外在标准与外部力量的支配，从而最大限度地实现自己的道德价值。这种重心转移的德育方法是以培养学生的自主人格、独立思维能力、批判性意识，促进学生品德自律、发展理解能力及尊重真理、热爱知识为特征的。它既不是灌输式注入，也不是塑造或打磨，而是启发与构建。比如，以说服教育为例，不仅要向学生说明道德规范，使其遵守，更为重要的是向学生提供广泛的信息，让其自觉地、自主地进行甄别与选择。只有把教师的疏导和学生的自觉选择有机地结合起来，才能把教育者的教育要求内化为学生的需要，进而生成新的品格。所以，同样是说服，要使限制性说服与开放性说服有机结合起来，同样是行为训练，要把遵守与选择两种方式结合起来，以达到他律性与自律性的有机结合与统一。

第三节　德育方法的创新

"由于教育的不当与学生学习方法的错位，不仅使学生产生了视'学海如苦海'的苦学体验，而且使不少学生产生视'考场如刑场'的紧张心理；不仅使学生的知识接受与智力发展没能齐头并进，而且知识与技能的形成也远未同步。"这段话虽然原是针对我国学校教育活动中的智育方面存在的教学方法不当而讲的，但它所揭示的道理和反映的问题同样适合我们对德育方法的思考。因为在我国现在的学校德育领域中，依然是存在着类似问题的。比如，一些学校把德育课变成了智育课，在德育内容的处理上，重概念分析，重知识传授，搞死记硬背，不注重学生的内化，不注重情感渗透，导致知行脱节；德育方法的运用呆板、单一，甚至用智育方法代替德育方法；心中有"书"，照本宣科，然而目中无"人"，无的放矢；如此等等，导致了学校德育的低效、无效甚或负效。

一、利益调节法

所谓利益调节法，是指在学校德育工作中，把利益作为驱动器，教育者根据学生所追逐的利益目标，积极创造实现个人正当利益的环境条件，激发学生完成各项任务的积极性，并在这个过程中形成符合社会需要的品德的德育方法。

这一方法的提出是基于如下依据。

第一，伦理道德依据。"道德一开始就是一种调节个人利益与社会利益的行为规范，道德原本的用意在于维护社会共同利益的尊严。实际上，道德的崇高价值就在于它是共同利益的维护者。"也就是说，道德的核心问题是利益问题，正如恩格斯所指出的那样，道德不是什么别的东西，它是从各阶级的"利益"中引申出来的。而我们过去在这个问题上所犯的认识论错误是极大的，总以为道德的根本追求就是人无止境的、无条件的、毫不关心个人利益的"自我牺牲"。试问：这种彻底否定个人利益的正当追求的所谓"德育"又怎么可能使人产生道德需求和激起人接受德育的动机与热情呢？

第二，市场经济体制的客观要求。"今天，我国实行的是市场经济，而市场经济的实行无疑靠的是利益驱动，因此，不可不讲求功利，不能不注重个人利益。这种变化，有助于为经济和道德生活注入生机，使人们的义利观发生变革。"中国的经济改革之所以能取得举世瞩目的成就，社会主义市场经济新体制之所以大快人心而使中国经济驶入"快车道"，其根本原因就在于它把人们的"责、权、利"高度地凸显了出来，最大限度地激发了人们的劳动热情和劳动潜能。这不能不使我们的德育方法创新引以为鉴。

第三，马克思主义唯物论的"义利观"。马克思主义认为：道德作为一种意识形态，它是建立在一定的物质基础之上的，"都是当时的社会经济状况的产物"。中国古代唯物主义思想家都认为义与利具有统一的关系，如墨子说："义，利也。"荀况认为："义与利者，人以所两有也，虽尧舜不能去民之欲利，然而能使其欲利而不克其好义也。"在荀子看来，人们对利的追求是无可厚非的，教育的作用就在于使人不要见利忘义。汉代的唯物主义思想家司马迁更是把人们对利益的正当追求放在首位，他说："天下熙熙，皆为利来；天下攘攘，皆为利往。"在司马迁看来，对利益的追求是人类行为的原动力，而且他的话还揭穿了那些"荒淫无耻、唯利是图但又'口不言利'的统治者"的伪善面目。马克思主义经典作家继承和发扬了人类历史上一切优秀的思想成果，马克思指出："人们奋斗所争取的一切，都同他们的利益相关。"马克思主义者认为，人不是出于自私自利的本性才去追逐个人利益，而是由于历史的客观条件决定了个人要追求自身利益（只有到了共产主义社会，个人利益与社会利益才会高度融合而表现为一个统一体）。当这种追逐不适当地表现为个人利益的过分追求时（只顾自己，不顾他人与社会），才显示出一个人的自私心。人为什么会有利益的追求呢？这是由人的生存和发展的历史条件决定的，马克思认为，"现实的人，作为个体"，他总是"从自己出发"。"各个人的出发点总是他们自己，当然是处于既有的历史条件下和关系中的自己"。在马克思主义者看来，人是全部人类活动和全部人类关系的本质、基础，历史不过是追求着自己的目的的人的活动而已，并且这种目的总是和利益联系在一起。"'思想'一旦离开'利益'，就一定会使自己出丑"，所以，马克思的结论是，"正是自然的必然性、人的特性（不管它们表现为怎样的异化形式）、利益把市民社会的成员彼此连接起来"。如果我们运用马克思主义的观点对"义"与"利"做一下理论分析，我们会发现："利，一般是指人们物质需要与精神需要方面获得的某种好处（不过更多地强调的是前者，后者的需要与满足常称为'名'，所谓'图名图利''名利双收'）①；义，是指个人应当承担的社会责任与义务，这种责任和义务的落脚点，实际上是在满足个人需要的同时也要考虑到社会和他人的需要。义，只不过是利的另一种说法而已。"一句话，义与利是辩证统一的，任何将二者割裂开来或厚此薄彼的义利观都不是马克思主义的义利观，都是错误的义利观。

由此可知：重视个人利益的"利益调节法"，是我国社会政治经济发展的客观要求，是德育之道德教育的应有之义，也是马克思主义义利观在社会主义学校德育方法领域的正确体现。利益是人的行为的原动力，满足人的利益需要既是人的行为的出发点，又是人的行为的最后归宿。运用利益调节法，应处理如下两对关系。

一是处理好个人利益与社会整体利益的关系，人们的道德行为每时每刻都存在着个人与社会、个人与集体、个人与他人之间经济利益上的矛盾。教育者要帮助学生分析各种利益关系，既重视对个人利益的关怀，又强调以社会整体利益作为关怀个人利益的前提，使其树立国家、集体、个人利益三者兼顾的利益观。当个人利益与集体利益、他人利益和国家利益发生矛盾的时候，要以大局利益为重，以个人利益服从大局利益。人在应该的情况下，作出一点利益的自我牺牲不仅是必要的，也是品德高尚的重要标志。当然，我们绝不提倡无原则的个人利益的自我牺牲，个人利益的正当追求是应该得到提倡的。

二是处理好物质利益与精神利益之间的关系。人们的利益需要既有物质方面的，也有精神方面的。物质利益的需要是最基本的需要，它是精神需要产生的前提与基础。学生都是物质财富的消费者，而非生产者，因此，他们的物质利益的需求与满足常常是低水准的

---

① 施乐，王力. 马克思主义基本原理概论［M］. 成都：电子科技大学出版社，2017.

和基本性的。这就要求教育者严于律己、以身作则，要着装简洁、朴素而又不失典雅；学校和老师更不可巧立名目乱收费以损害学生的物质利益，相反地，学校和老师都应当对学生在校的衣食住行等物质利益问题给予最大限度地保障与关怀。此外，还要告诉学生如何正确地看待物质利益等。这样才能给学生在物质利益方面以正确导向。在此基础上，教育者要积极引导学生对高尚的精神需要的追求。比如，对那些能正确处理个人利益和他人利益或大局利益的学生，要大张旗鼓地宣传与表扬，歌颂他们的先进事迹，并给予适当的物质奖励；对那些不能正确处理个人利益与他人利益或大局利益的学生，甚至损人利己的学生，要给予严肃的批评教育甚至惩罚。做到奖惩分明，创造一个有利于实施利益调节法的德育环境——让学生切身感受到利人也利己，损人也损己。这样，坚持不懈地实施利益调节法定能使学校德育质量大为提升，使学生形成正确地处理个人与他人、与集体、与国家之间的利益关系的品德意识和品德行为。

二、登门槛技术法

所谓"登门槛技术法"，是指在学校德育工作中，教育者运用心理学中的"认知协调"理论，在学生普遍认可的"基础道德标准"的前提下，循循善诱，逐渐提高受教育者品德水平的德育方法。

"登门槛技术法"是依据两位心理学家的一个心理实验提出来的。弗里德曼和弗雷泽做了一个有名的实验，即无压力的屈从——登门槛技术。实验是这样的：实验者让助手到两个居民区劝说人们在各自的房前竖立一块写上"小心驾驶"的大标语牌。他们运用了两种不同的劝说方法——直接方法和间接方法。在第一个居民区，他们运用了直接方法，即直接向人们提出竖牌要求，结果遭到居民的普遍反对，赞成者仅为17%；在第二个居民区，他们运用间接方法，先请求居民在一份赞成安全行驶的请愿书上签字——这是很容易做到的小小要求，大多数的居民都照办了；过了数周，再去向他们提出竖牌的要求，结果赞同者高达55%，为什么会产生两种不同的结果呢？原因在于：人们往往拒绝难以做到的或违反意愿的请求；但当一个人对某种小请求不便拒绝或找不到拒绝的理由时，就会增加同意这个请求的倾向；而当一个人卷入了某项活动的一小部分后，为了避免自我认知不协调，保持"前后一致"的人格形象，就有可能接受更大的要求，这就是"登门槛效应"。我们将这种方法移用到德育活动中来，便可称作"登门槛技术法"。实施该方法时要注意以下两点。

第一，以"核心道德标准"为基本要求，逐步提高道德标准。要使学生的品德进步，不能硬性地提出要求，也不能一下提得太高，而应首先提出基础道德标准，诸如诚实、公正、相互尊重、遵守社会公德等基本要求，然后在此基础上逐步提高对学生的品德要求。

切不可操之过急，企图一蹴而就。

第二，保护学生的自尊心。自尊心是自我意识中最敏感的部分，是肯定自我形象、维护自我尊严的心理需要。任何人都不允许别人亵渎、侵犯个人的自尊心。日常生活中的一些矛盾、纠纷和一些攻击性行为，往往都是因为自尊心而引起的。

三、冲突引导法

所谓冲突引导法，是指在德育活动中，教育者利用各种道德冲突情景，让学生走进道德冲突场合，间接"体验"各种道德场合，辨析各种道德的利害实质，以引导学生理性地走出道德冲突，并树立正确的人生观、价值观和道德观的德育方法。

这一方法是依据进化论的观点提出来的。进化论认为：进化的过程是一个不断出现冲突、不断在冲突中选择又不断化解冲突的过程。以此类推，人类道德的进步和人的品德的发展也是在道德冲突中理性选择的结果，诚如恩格斯所指出的那样，"历史是这样创造的，最终的结果总是从许多单个人的意志的相互冲突中产生出来的"，在经济全球化和我国社会主义市场经济的条件下，各种道德观念、价值理念的冲突，不可避免。在这种新的社会现实面前，我们不能畏缩不前，而应该勇敢地直面现实，在充满道德冲突的社会环境中开展德育工作，使学生在处理现实的道德问题、体验道德冲突的过程中加深对社会主义品德规范的认识与理解，促进学生的品德发展。具体实施时要注意以下几点。

首先，正视道德冲突现象的存在。所谓道德冲突，是指道德主体在进行道德选择时所遇到的矛盾状况，即道德主体在特定情况下必须作出某种选择，而这种选择一方面要符合某一道德原则，另一方面又要违背另一道德原则；一方面实现了某种道德价值，另一方面又牺牲了另一道德价值，从而使主体陷入举棋不定、左右为难的境地。这在现实生活中确实随时存在，是我们必须面对、不能回避的问题。其次，理性地面对冲突。在社会生活中，总是存在着新与旧、中与西、传统与现代、进步与落后等诸多道德冲突现象，并往往使人们感到眼花缭乱，甚至无所适从。在这样的社会环境中，我们不能把学生置于"思想无菌室"中，而只能帮助学生理性地面对冲突。最后，要引导学生走出冲突。柯尔伯格认为，实施这种方法，先要判断学生的道德水准，然后选择适当的道德两难故事引导学生进行讨论。此外，还可以将学生思想中的"困惑点""疑难点"提取出来让学生进行讨论，在此基础上加以引导，使学生"通过冲突，冲刷、洗涤思想上、道德上的污泥浊水，蜕掉肮脏陈腐的东西，吐故纳新，超越自我，实现自我完善"，使他们在冲突的道德现实中形成正确的道德价值观。

四、情感激励法

所谓情感激励法，是指在德育活动中，教育者运用真挚感人的言语、举止、表情、情景及其他情感因素作为教育手段来调动学生的情感活动，使学生的心灵受到感化的一种德育方法。

这一方法是根据心理学上的"罗森塔尔效应"提出来的。美国心理学家罗森塔尔曾经在一所学校进行了一次类似于智力测验的"发展预测"实验。实验之后，他向老师透露说有几个学生"智商过人"，将来会在学业上大有作为。其实这几个被他说成"智商过人"的学生也只是智商一般的学生。过了一段时间后，他又去该校调查，发现向老师暗示过的"智商过人"的学生，其学习成绩有了普遍的进步，而且情感丰富、求知欲望很强。是何原因呢？原来这几个学生自从被老师告知"智商过人"后就一直受到老师的"另眼相看"，并且因此而始终处于一种良好的环境之中。由此可见，教师若对受教育者进行积极的情感投入，并为此创造良好的外部环境，会产生一种常规教育难以达到的理想效果。这一实验充分说明了情感激励在德育工作中也具有重要作用。运用情感激励法要做到以下两点。

一是满腔热情地对待学生。心理学研究表明，感情是一只无形的手，它能促使人们产生某种行为倾向。在现实生活中，有些事情并非十分顺理成章，也并非完全符合科学要求，但由于有情感的介入，事情也做得很成功，这就是情感的魅力。所谓"人非草木，孰能无情"，教师要以饱满的热情和诚挚的关爱去对待学生，给学生以一种积极的情感引导，以激起学生的情感回应与共鸣。二是"晓之以理，动之以情"。在德育过程中，理论的讲解、理性的疏导是完全必要的，但若教师只是板着一副面孔生搬硬套、照本宣科，则会大大降低德育内容的教育力量。如果教师不仅是晓之以理，而且还饱含激情，做到声情并茂，则会使学生在愉快的心境中领悟知识、培养情趣和升华个性。

五、自发对称破缺法

所谓自发对称破缺法，是指在德育工作中，教育者首先将品德规范固化在一些先进分子身上，再通过这些学生的行为示范以影响和扩散到其他同学的品德形成上的一种德育方法。

这一方法是依据物理学中的"自发对称破缺"原理和心理学上的"从众心理"而提出来的。"对称"是自然科学中使用的一个普通概念。当系统状态发生变化时，若从无序均匀分布状态变化为有序结构，对称性则降低，物理学上称之为"对称破缺"；而那种由于自身原因导致对称性降低、有序度增加的情况则被称之为"自发对称破缺"。物理学上自发对称破缺的现象很多。比如，海森堡研究过的磁矿石的例子：在一种带磁物质中，假设我们能够安排使无数个磁针指向任意方向，混乱之后不久便井然有序了——在某个地方，一堆磁针就会或多或少地指向同一方向，而且它们会"劝使"相邻的磁针最后指向同一个方向。这种自发对称破缺现象在社会领域中也经常表现出来。比如，假设在某一时间人们对他们说的话并不在乎，就可能由于群体压力的作用，两个人在同样场合说同样的话，所以，"人们并没有他们自己的喜好"。这就是俗话中所说的"随大流"，心理学上称之为"从众心理"。运用这一方法时，要注意以下事项。

首先，选择好作为导向用的"初始影响对象"。这种对象包括各方面的先进典型和非正式群体中的"意见领袖"（"意见领袖"原是新闻传播学中的一个术语，意指在信息传播过程中的富有影响力的普通人物，这里借指在学生群体中有一定威信和感召力的人）等受人们关注的人物。然后，对初始影响对象的教育和导向内容要积极健康，方法要得当。耗散结构理论认为，系统从无序状态向有序状态的演化是系统不断对称破缺的过程。同理，人的品德结构作为一个系统，也是一个不断从无序状态走向有序状态的过程，因此也是一个不断对称破缺的过程。一个人品德的形成具有连贯性，如果初始影响具有积极健康的因素，就会有利于一个人品德的不断提升。

六、无意识教育法

所谓无意识教育法，是指在德育活动中，使学生通过无意识的心理活动，在轻松愉快和无须意志努力的情境中内化教育者提出的品德要求，以提高思想品德的德育方法。

无意识教育法是依据心理学中的"无意识"理论提出来的。弗洛伊德认为："意识活动所包含的内容是极少的，在大多数情况下，大部分自觉性认识都长期'潜伏着'，换言之，都是无意识的，不为我们的意识把握和理解。"也就是说，无意识心理活动在人的认识活动中占有极其重要的地位，在德育过程中运用无意识德育法，有利于打破传统的灌输方法，避免正面说教引发的逆反心理。心理学研究表明，在某些情况下，教育目的越明显，就越容易引起人们的逆反心理或对抗心理，德育尤其如此。人们对于越是得不到的东西越想得到，越是不能接触的东西越想接触，这就是所谓的禁果效应（也称为"潘多拉效应"）。因此，要像政治社会学家莫里斯·迪韦尔热所说的那样："思想意识的传播不能采取直线的方式，只反复灌输一些无意识的行为方案，这些方案决定着人们必须按照意识的方向行动。"实施无意识教育法，要做到以下几点：首先，要精心组织活动。无意识教育法的关键是要寓教于乐，寓教于积极的活动之中。各种校园文化活动一方面可以满足学生的表现欲；另一方面，又在无意识中对学生起着自我教育的作用。所以，组织各种校园活动或社会实践活动是很重要的。其次，要充分发挥各学科教学的德育功能。中国自古就有"文以载道"的优良教育传统，而且各科本身就有丰富的德育因素，正如作者在德育方面曾分析过的那样，"如语文课，可以通过对英雄人物和先进事迹的介绍分析，提高学生的思想觉悟；历史课可以通过讲述我国五千年的文明史，树立起学生的民族自豪感；即使像数学、物理、化学这样的纯客观知识的学科，也可以通过数学上正负数的教学，物理学上'同性相斥、异性相吸'原理的教学，化学上'化合与分解'的教学，使学生建立起最初的辩证唯物主义的观点；音乐、美术课可以陶冶学生的情操；体育课可以锻炼学生的意志，使学生养成遵守规则等好品质"。尤其是一些学识渊博、人格高尚的老师，他们在学生心目中享有崇高的威望，他们的话语常被奉为金玉良言，他们的行为往往成为学生效法的楷模。最后，要优化校园环境。无意识教育法注重的是启发和诱导，强调的是直觉和灵感，追求的是一种"此时无声胜有声"的效果。因此，它要求德育要在良好的环境氛围中进行。良好的环境能使人在情感上产生共鸣，在理智上受到启发，在行为上趋向一致。例如，在一尘不染的现代化超级商场，在清洁如镜的城市中央街区，为什么没有人随地吐痰、乱扔纸屑？是因为一位无形的优美如画的"环境管理者"在监督、约束着他，使他不能也不忍那么做。此外，整顿校风、净化班风、改进学校教职员工的工作作风等都是无意识教育法的重要内涵。

思考题

1. 什么是德育方法？影响德育方法的因素有哪些？
2. 常用德育方法如何分类？可以分成哪几类？各类德育方法的关系是怎样的？
3. 如何运用常用德育方法取得良好的效果？
4. 选择德育方法的依据是什么？

第四章　德育目标论

导读

德育目标是学校德育活动的基本出发点和归宿，是德育的中心问题，它规定了把受教育者培养成具有一定政治思想道德品质的人；同时德育目标既规定了年轻一代品德发展的基本方向，也规定了年轻一代预定的品德发展结果；它集中反映了一定社会的政治经济和教育对年轻一代的品德要求。德育目标对于确定德育任务、规定德育内容、选择德育方法和组织全部德育活动，都具有决定性的影响。为此，本章将对德育目标的内涵及分类、确立德育目标的依据及我国社会主义市场经济条件下的德育目标进行探讨。

学习目标

1. 学习德育目标。
2. 了解德育目标的分层机制。
3. 明白德育目标的价值取向。

第一节　德育目标概述

一、德育目标的含义

德育目标这一术语是德育学在我国 20 世纪 80 年代成为一门独立科学后才逐渐开始使用的，此前，一般是使用"德育任务"这一说法的。就逻辑关系来讲，德育目标是教育目的在德育方面的一个子目的。因此，德育目标的内涵可以在与同属教育目的所包容的智育目标、美育目标或体育目标等的比较中去寻找和揭示。基于这样的思考，可以说，德育目标是德育实践预先设定的所要达到的目的和标准，是对所要培养的学生在品德（政治、思想、道德、法纪）方面的具体质量规格与要求。简而言之，德育目标是对德育对象的品德方面的总的要求。德育目标在整个教育体系中起着"承上启下"的中介作用。它上涉教育目的和教育目标，实际上承担着分解教育目的、落实教育目标的具体任务，下涉德育实践活动，为学校德育工作指明总的方向并提出具体要求。因此，德育目标受制于教育目的和教育目标，并指导着德育实践，具体起着对学校德育活动的统帅、调控、评价和矫正作用。

二、德育目标的分层

德育目标是一个出现时间不太长的术语，因而我国对德育目标的理论研究还是一个较为薄弱的方面。至于对德育目标的解剖与分析就更是欠充分与深入。其直接的后果之一便是导致德育目标理论的笼统和德育实践的错位，使学校德育功能大为削弱、效率不高。因此，很有必要运用逻辑方法对德育目标进行分层研究。

所谓分层，顾名思义，是进行层次的划分。要对德育目标进行层次划分就要首先确立一定的划分依据（又称标准），这样才能使其层次透明。因此，可以根据德育目标的从属层次、学段层次、内容层次、对象层次等对其进行分层研究。这种研究就我国德育理论与实践的现状来看，不仅具有理论价值，而且具有很强的实践意义。

（一）德育目标的从属分层

以德育目标的从属关系为依据，我们可以把德育目标分为总目标（上位目标）和分目标（下位目标），总目标为属，分目标为种，它们是属种关系。各分目标虽作为种来说彼此是并列的，但它们彼此之间还是存在着差异性的。德育总目标与分目标的辩证关系如下。

1. 德育的总目标决定德育的分目标

德育的总目标是德育实践的总方向和总要求，它一经确立，就决定着德育的根本内容、措施、步骤与方法等。所以无论是制定具体的德育分目标，还是确定德育内容等，都必须建立在对德育总目标的充分理解和准确把握的基础上，并且始终要以德育的总目标为核心和灵魂。这清楚地表明，德育的分目标只有以总目标为中心，才能显示出价值。德育总目标决定德育分目标，要求学校德育活动始终如一地贯穿德育总目标的思想，真正用德育总目标统帅德育工作，从而提高育人规格的品位，培养出高品质的人才。在这方面，需要排除把德育分目标视为德育总目标的倾向，那种认为德育的分目标是德育活动的核心与灵魂、是德育实践的归宿的错误观点，实质上是降低了学校德育的培养规格，在实践中是有害的。

2. 德育分目标服务于德育总目标

德育总目标是德育实践所要生成或培养的学生品德规格，具有高度的概括性与抽象性。在德育实践中，只有将其分解成具体的、可操作的、有标准的、分层次的目标体系，才有可能得到实现。在这里，德育分目标又成为德育实践的具体方向，实际地体现着德育总目标在某一方面、某一阶段、某一水平上的具体要求。所以说，德育分目标反映并服务于德育总目标。德育分目标服务于德育总目标，要求学校德育实践要努力完善德育目标体系，尤其要制定完整的、可操作的、具体的德育分目标，使德育总目标得以落实，并顺利实现。以往在制定德育目标时，往往以总目标代替分目标，而未制定具有操作性的具体的德育分目标。这样一来，德育培养的人才的品德规格缺乏具体标准，结果是德育只有高度而无梯度，德育总目标得不到贯彻落实。这是我国长期以来学校德育实效低下的主要原因之一，应引起人们的高度重视。

为了进一步厘清德育总目标与分目标的关系，有必要将两者的基本特征进行比较分析。总目标较之分目标来说具有如下特征：第一，唯一性。我国尽管学段不同，学生的品德发展水平也不尽相同，但德育均朝着相同的方向发展，总目标是一致的，即培养"四有"（有理想、有道德、有文化、有纪律）新人，具有明显的统一性。所以，德育总目标是学校德育的根本指针，是德育的总方向。第二，超越性。德育总目标是着眼未来，高于学生的现实思想道德水平的，反映的是社会发展对未来新人的品德期望和要求。它属于一种价值目标，因而它能为学校德育实践指明根本方向。第三，现实性。德育是培养人的品德的教育，它理所当然要为现实服务。这要求德育总目标应积极适应现实社会和德育对象对品德的要求，并充分有效地发挥其现实功能。

德育总目标是学校德育的灵魂和核心。对德育工作者来说，具有导向、调控功能；对于学生而言，具有引导性与规范性作用；对于德育的最终效果来说，具有评价功能。它是整个德育工作的出发点、总方向与最后归宿。但是由于总目标具有概括性、抽象性和笼统性，不便于在实践中直接操作，所以总目标都应分解成分目标，通过分目标去逐一地实现。

一般而言，分目标都是一个包含使命、对象、指标、数量和时限等在内的系统。它表明人类活动的最终期望和期望结果的可考核性的有机统一，是人类活动总目标的具体化。因此，学校德育分目标相对于总目标而言，它也具有如下的基本特征：第一，具体性。从德育分目标结果来看，学生所力求达到的品德状态和境界必须具体、明确、可考核。分目标的这种具体性，在实践中一般表现为德育指标的确定性。指标既是分目标的表现形式，又是分目标的具体实际内容，其最大特点是具体明确。所以，没有具体化的多种特征，德育分目标就显得空洞和抽象，成为难以把握和捉摸不定的东西。而德育指标一经确立，它又成为更具体一级的分目标，即是某方面所要实现和达到的具体目标，它实际地承担着确定德育内容、手段与方法的作用，成为衡量某方面实际德育工作成效的标准。德育分目标和指标的上述关系表明，分目标均是通过指标得以体现的，是一个由指标构成的系统。第二，明晰性。从分目标实现的过程来看，在什么时候，人们所期望取得何种德育状况与结果，在目标体系中都必须清楚明白。德育分目标的这一特征，在学校德育实践中，表现为时限（如各学年段）和指标（如在各年级水平、各种具体的品德达成等）的统一。德育分目标的明晰性还指其层次分明，总目标与分目标的关系分明。第三，综合性。首先表现为德育分目标体系的完整性。现代德育目标体系可大致分解为纵向分层递进，从小学到大学的德育分目标；横向贯通渗透，从思想教育分目标、政治教育分目标、法纪教育分目标到德育分目标；内部结合有序，德育目标的内部结构是由认知分目标、情感分目标、意志分目标和行为分目标所组成的，共同构成学生的品德规格。其次，德育目标制定的多依据性。德育目标制定从形式上看好像是主观的，是一种对德育活动结果的主观预期，但它反映的内容和制定的依据却是客观的。它既要考虑社会政治经济制度对人才的品德要求，也要考虑教育目的的规定，还要考虑青少年儿童的品德发展规律和需要，这样制定出来的德育目标才切实可行，易于在实践中实现。

（二）德育目标的学段分层

以学校德育学段的不同为标准，可以把德育目标划分为小学德育目标、中学德育目标和大学德育目标三个阶段。

1. 小学阶段

小学阶段的学生处于儿童期，这一时期，儿童品德发展的主要特点有：在品德认识上具有表面性、具体性、肤浅性的特点。对品德要求还没有比较抽象的深刻认识，辨美丑、明是非、懂荣辱的能力还较差；在品德评价方面，往往带有从众性，缺乏独立性，常以教师、家长、成人的评价为转移；在品德情感方面，带有情景性，往往不是从品德的理性认知中产生；在品德意志方面，也十分薄弱，常带有随意性（这里指随便之意）；在品德行为方面，具有一定的起伏波动性，还未养成稳定的行为习惯。鉴于这样的实际情况，小学德育目标的定位应贴近学生年龄实际、生活实际。小学阶段的德育目标应是侧重于形成和发展儿童的基础品德和养成良好的日常行为习惯。我国颁布的《小学德育大纲》规定，小学德育目标是"培养学生初步具有爱国家、爱劳动、爱科学、爱社会主义的思想情感和良好品德；遵守社会公德的意识和文明行为习惯；良好意志、品格和活泼开朗的性格。自己管理自己、帮助别人，为集体服务和辨别是非的能力，为使他们成为德智体全面发展的社会主义建设者和接班人，打下初步的良好的思想品德基础"。这一德育目标的规定中使用了一个"基础"、两个"初步"，是一个符合儿童品德发展实际的"小、近、实"的切实可行的德育目标。

2. 中学阶段

中学阶段的学生正处于青（高中阶段）少（初中阶段）年时期，这是人生品德发展的一个迅速成长期。在初中阶段，少年生理与心理的突变，使他们的品德认识表现出明显的积极性、主动性和独立性，并且认为这是他们品德尊严的表现。这使他们在品德认识上逐渐摆脱情感冲动和游戏的色彩，增添了意识的自觉性；逐渐减少儿童那种稚气、孩子气，开始具有对他人、集体和社会的义务感；在品德践行中也表现出一定的意志努力的特征；与此同时，性意识也开始萌芽。到了高中阶段，学生开始进入青年时期。在这一时期，学生品德思维能力达到成熟水平，他们的抽象概括能力、辩证思维能力都得到较好发展，品德思维的独立性、深刻性与批判性开始呈现，能够独立地评价自己和他人的品行；由于知识的不断加深，人生阅历的日渐丰富，他们逐渐形成一定的世界观、人生观和政治观，并且具有把自己的学习同自己的未来、同社会的发展结合在一起的理性思考；同时，又由于性发育的基本成熟，学生已有谈情说爱的生理冲动和心理意象等。基于以上中学生品德心理发展的实际情况，可以认为，初中阶段的德育目标应侧重于国民基础品德的建构，高中阶段应侧重于学生世界观、人生观和政治观的初步确立。

3. 大学阶段

大学生已具有较高的知识水平、较深刻的抽象思维能力，较中小学生丰富得多的人生经验，以及身体与心理的成长与发育的完全成熟，加之他们已经在中小学受过比较系统的品德基础教育与训练等，这些决定了他们进大学时就一般地具有了国民的基础品德，世界观、人生观、政治观已初步确立。因此，大学阶段的德育目标应侧重于科学世界观、人生观、价值观和政治观的建构。中共中央对我国高等学校的德育目标提出了明确要求："高等学校培养出来的大学生、研究生，应当有坚定、正确的政治方向，爱祖国、爱社会主义，拥护共产党的领导，努力学习马克思主义；应当支持于改革和开放，有艰苦奋斗的精神，努力为人民服务，为实现具有中国特色的社会主义现代化献身；应当自觉地遵纪守法，有良好的道德品质；应当勤奋学习，努力掌握现代科学文化知识，还要从他们中间培养出一批具有共产主义觉悟的先进分子。"这一大学德育目标的表述符合党和国家对高层次人才的品德要求，也符合大学生和研究生自身的品德发展规律与需要，具有现实性、未来性与先进性。

（三）德育目标的内容分层

以学校德育内容的不同为依据，可以将德育目标分为思想教育目标、政治教育目标、法纪教育目标和德育目标。按层次结构来看，思想教育目标处于最高层次，依次为政治教育目标、法纪教育目标和德育目标。

1. 思想教育目标

思想教育目标主要包括培养学生具有辩证唯物主义和历史唯物主义的观点，具有正确的人生观与价值观，能正确认识个人、集体与社会利益三者的关系；具有艰苦奋斗、为人民服务的思想；具有与社会主义市场经济、改革开放相适应的思想观点；具有实事求是、追求新知、独立思考、勇于创新等思想品质。

2. 政治教育目标

政治教育目标主要包括培养学生具有坚定正确的政治方向和社会主义、共产主义信念，拥护党和国家的路线、方针、政策，坚持四项基本原则，坚持改革开放，在重大政治原则问题上，是非界限分明，能站在党和人民的立场上，对各种错误思潮有一定辨别和抵制能力。

3. 法纪教育目标

法纪教育目标主要包括民主与法制教育、自觉纪律教育。民主法制教育目标，主要是通过对青少年儿童进行民主与法制的陶冶与训练，养成爱民主和遵守法制的基本观念，懂得二者的辩证关系。自觉纪律教育目标，是指通过自觉纪律教育，使年轻一代养成自觉遵守纪律的习惯和品质。

4. 德育目标

德育目标主要包括社会主义人道主义和社会公德两方面，基本要求是：通过社会主义人道主义教育和社会公德教育，使学生热爱人、尊重人、信赖人、同情与帮助弱者，平等友好地与他人相处，遵守公共秩序，尊敬师长，尊重人的地位、价值，弘扬人性，有人的尊严等。

上述四个方面的德育目标，既有各自特定的内容，又是一个不可分割的、有着内在联系的有机整体。一方面，较低层次的德育目标是较高层次德育目标的前提与基础，不可逾越；另一方面，较高层次目标又对较低层次的目标起统帅和导航作用。它们互相制约、互相渗透、互相依赖、互相补充。

（四）德育目标的对象分层

这里所讲的对象是指广泛分布于不同学段的大、中、小学的学生，由于这些学生的思想基础、心理特点及环境条件的不同，其具体的思想表现、进步程度也存在较大差异。这里需要特别说明的是，就学生总体的品德进步而言，是随知识的增长、思维的发展、人际交往经历的丰富而呈同步上升趋势的，但是，就具体的学生个体而言，却未必都是如此，有的品德发展缓慢，有的停步不前，有的甚至出现严重的倒退。这也是一条客观规律。这符合哲学的观点，哲学世界观认为，有规律就有反规律，如物理学上"热胀冷缩"是一条客观规律，可是水在零度以下时，却越冷越胀。逻辑学早已注意到了这种现象，逻辑学认为：以群体为反映对象的集合概念所具有的属性不一定为以反映个体为对象的非集合概念所共有。比如，"人是会说话的动物"中的人是个集合的概念，意指人类，但并不等于每一个个体人都会说话，如聋哑就不会说话。因此，切实可行的德育目标还必须依据学生个体的品德水平差异而定，否则，难以实现。

就学生的思想品德状况而言，可分为后进生、中等生和先进生三个层次。我国现阶段的德育目标是教育总目标的一部分，它是在共产主义德育理论指导下以社会主义德育为主体的德育目标，具体分析，它包含三点：一是共产主义德育目标，是理想的、先进的目标；二是社会主义德育目标，是现实的、全民的德育目标；三是人类社会德育目标，是基本的、互利的德育目标。因此，我们应当依据不同品德水平类别的学生的实际，确立相应的德育目标，做到因人而异，有的放矢。唯其如此，才能真正使德育工作有效、有序。

1. 后进生的德育目标

根据后进生的实际情况，应注重实现人类社会德育目标，进而实施社会主义目标导航，其最低要求是：使学生具有人的基本道德。据有关资料的调查和笔者对许多教师的访谈以及自身的观察，后进生约占在校生比例的10%，这类学生对马列主义理论和时事政治不太感兴趣，厌倦集体活动，常爱发牢骚、泄怨气、讲怪话，有时是非不分，作风散漫拖沓；学习上能混则混，考试蒙混过关，信奉"60分万岁，多一分浪费"，能毕业就万事大吉；一些学生甚至有比较严重的思想认识问题，缺乏精神支柱，对前途信心不足，极个别，甚至还有反社会、反人类的心理与行为倾向。对这部分学生如果用共产主义目标进行教育，就类似于给婴儿讲高等数学，不但不会收到良好效果，还极易引起反感，徒劳而无功。后进生虽然人数极少，但往往影响极大。对他们应多用人类公德教育他们，使他们做到能遵守社会公共生活规则，讲文明礼貌，尊重劳动，友爱主动，有同情心，具有做人的基本准则。在此基础上，逐步诱导和激发学生的品德进步要求和动力，争取最终将他们培养成合格的公民。

2. 中等生的德育目标

中等生是指那些品德合格或基本合格的学生，对他们的要求是社会主义德育目标，并用共产主义德育目标作引导。中等生约占学生总数的70%，他们对人生目的和理想追求有积极的一面，但也存在一些错误的品德观念和消极因素；他们大多不甘落后，希望上进，但有时又缺乏战胜困难的信心、勇气和毅力；他们渴望祖国繁荣，经济发达，但有时又表现出过于讲求实际、崇尚自我或"两耳不闻窗外事，一心只读圣贤书"。总之，他们思想波动较大，心理上、思想上的矛盾与困惑是他们的特点。这类学生人数多，涉及面广，德育工作是否见效会直接影响集体的整体风貌。对于这些学生的品德教育若贯彻共产主义德育目标，看似层次高，实则效果差。共产主义德育目标代表了社会主义德育目标的方向，但两者的具体要求又存在较大差异。共产主义德育目标的实施对象应是具有较高思想境界和道德觉悟的学生。对一般同学而言，在社会主义初级阶段，特别是在社会主义市场经济条件下，德育目标应该是培养"有理想、有道德、守纪律"的献身中国特色社会主义事业的建设者和接班人。

3. 先进生的德育目标

先进学生的基本特点是：在政治上积极要求进步，努力向党团队组织靠拢，坚持四项基本原则，拥护改革开放政策，有较强的明辨是非的能力，有理想、守纪律，先人后己，乐于奉献，热心集体活动等。这部分学生虽人数不太多，但他们都是学生中的佼佼者，在学生中有威信，有影响力，是学生自我教育、自我管理、自我服务的骨干力量。对他们，可确定高层次的共产主义德育目标，提出更高的共产主义德育要求，使他们成为具有马克思主义世界观、共产主义道德品质的一代新人，使他们努力成为大公无私、公而忘私、全心全意为人民服务、为共产主义事业不断开拓进取、毫不利己、专门利人的乐于自我牺牲和奉献的共产主义先进分子。

这里需要进一步阐明的是，在我国过去的计划经济条件下，由于实行的是纯而又纯的公有制经济，加之教育的高度统一性，因此，当时的德育目标只有一个——培养共产主义事业的接班人。现在我国已经由计划经济转向了市场经济，形成了以公有制经济成分为主、多种经济成分并存的格局。这种格局导致了多元价值观的并存。因此，原有的不分层次的唯一性德育目标已缺乏现实的社会基础，若硬要推行，则只能算是一种一厢情愿的美好愿望（况且过去那种唯一的德育目标实现的实际情况也不理想）。实事求是地讲，对多数人来说，应该首先把他们培养成合格的社会主义公民；一小部分先进者可造就成共产主义接班人；另外的一小部分后进生只能用人类一般的道德标准去要求他们。

提出多层次德育目标，看来似乎是降低了要求，其实不然，无论多么崇高的德育目标，如果到头来绝大多数人都达不到，这又有何意义呢？西方心理学界曾做过的"跳跃摘桃"的儿童实验也能够说明这个问题——高度太高的桃子勾不起儿童跳跃摘桃的积极性。根据马克思主义的历史唯物史观，道德的最终决定力量是生产力的发展水平。因此，实事求是地从多角度提出多层次德育目标说，这既适合现阶段我国多种经济成分和生产力水平的客观实际，又能减少学生"逆反心理"的产生，还能避免"假、大、空"的不良现象，同时还能使这些多层次的具体的德育目标对我国学校德育产生切实可行的指导作用，从而增强德育的实效性，进而使绝大多数学生都能在自己已有的品德水准的基础上获得进一步的提高。

第二节　德育目标的分层机制

德育目标作为一个完整体系，其内在要素的规定性并非随心所欲，它有充分的客观条件为依据。因此,我们完全可以说,德育目标就其反映的形式来说,是主观的人脑对德育实践活动的一种先在预期;但就包含的客观内容来说,它又是客观的——对社会需要和青少年儿童品德发展需要的概括反映。德育目标是主观与客观的统一体。从根本上说,德育目标是人类行为的目的性在德育实践领域里的具体体现。为了深入地分析德育目标产生的机制,我们有必要首先把人类行为的目的性与德育目标的形成作一个比较,然后再论述确立德育目标的依据。

一、目的性是人类实践活动的重要特性

恩格斯曾经说过:在社会历史领域内进行活动的,全是具有意识的、经过思虑或凭激情行动的、追求着某种目的的人。任何事情的发生都具有自觉的意图。由此可知,目的性是人类活动的重要的基本特性。

所谓目的,就是实践主体在活动之前预先有意识设计的活动结果,是人的主体需要和客观事物发展规律整合后产生并存在于人观念之中的一种预期。作为实践活动的起点,目的是主体活动的意向,体现了主体活动的自我驱动机制;表现于实践活动中,目的意味着主体对自身活动的规范,规定和指引着行动的方向和方式,体现了主体活动的自我支配机制;作为实践活动的终点,目的是主体活动的结果,是预期目标的实现,体现了主体活动的自我实现机制。概括起来,目的的基本特征体现在以下几个方面。

第一,主观性。目的作为实践主体在行动前的一种设计和期望,反映了主体的需要,是主体的一种理想追求,所以,目的是主观的。当然,这种主观性必须以客观必然性为前提,否则目的很难变成现实。

第二,预见性。目的是实践活动的预期结果,一旦确定,对活动中的各种因素,就有预先的设想,并以此确定行动方案,以克服和减少实践的盲目性。

第三,概括性。目的是对实践所要达到的境地的构想,它不可能具体详细,而只能提出一个概括性的要求或方向。因而,它需要在实践中加以具体化,以便一步步地达到目的。

总之,目的是人的自觉活动和行动的基本要素之一。在实践活动前,实践主体总是先在头脑中形成目的,而后再根据目的去确定措施、选择途径和方法、实现目的,由此改变着外界物质和精神环境。主体的目的对象化到客体里,使客观世界打上主体活动的烙印。在这一过程里,目的既成为实践活动的起点和终点,又表现了实践活动的全过程。

二、德育目标是德育活动预先设定的结果

教育是通过培养社会所需要的人来为社会服务的,它从根本上体现了社会对年轻一代的期望和要求。作为教育组成部分的德育,不仅是一项建立在对因果必然性认识基础上的

目的性活动，更是塑造学生灵魂的系统工程，直接影响到为社会输送的人才质量和规格。因此，为学校德育设定目标，以使德育朝着有利于为国家培养合格人才的方向发展，理所当然地成为国家义不容辞的职责。这是德育目标除了具有人类行为目的性的一般特征外的特殊性所在。

三、确立德育目标的依据

确立德育目标的依据是多方面的，但概括起来，主要有以下三点。

（一）德育目标以社会发展为依据

教育是通过培养社会所需要的人来服务于社会的，它从根本上体现了社会及其未来发展对年轻一代的要求，是一项时代性与永恒性兼具的事业。德育目标必须以社会发展为依据，必须兼顾现实与未来两个维度，并求得二者的有机统一。这是因为：其一，德育目标总是受一定社会政治经济制度的制约，受社会生产力和科技发展水平（这一点我们过去认识不够，过分夸大了人精神的能动性一面，这是我们要记住的历史教训）的制约，此外，它还要受社会意识、社会心理及传统文化的制约，因此，它必然要反映当今社会政治经济文化等的现实要求。其二，教育是为未来社会培养人才的事业，诚如《学会生存》一书所指出的那样："现在，教育在历史上第一次为一个尚未存在的社会培养着新人。"，因此，只有以面向未来的先进政治思想、道德法纪教育人，才能培养出"站得高，看得远"的高品德素质的人才，为此，德育必须面向社会未来的发展。

（二）德育目标以主体需要为依据

学生是学校德育的对象，同时又是品德形成与发展的主体。德育是一项对象性活动，德育目标作为教育主体对培养对象品质规格的设计和期望，它就不能不依据主客体的辩证统一体——学生自身的品德需要和身心发展规律。

德育实践一再表明，德育目标若与学生品德需要及发展规律不大契合，德育的效果就不会好。可惜，传统的德育目标"缺乏一种发展的眼光，把学生单方面看成是社会规范的产物，德育是完成这一任务的工具，所以视野局限于学生被动地接受和继承既定的社会道德规范体系，总认为掌握了这些规范或按规范行动就意味着达到了德育的全部目的。在这种'就范式'德育的指导下，学生循规蹈矩唯命是从，不清楚自己的需要，成为没有自主行动能力的客体"，"心理学的研究揭示了主体道德接受的心理机制：道德需要是学生道德行为得以发生的心理动力和主要归因"，"道德需要是基础，道德认识、道德情感、道德意志均由道德需要产生"。因此，德育目标的确立，要以学生现有品德发展水平、学生心理需要，特别是品德发展需要和规律为依据，以对学生品德的未来发展趋势的科学预测为前提。这样，德育目标就能适应学生的主体需要，并引导学生品德的健康发展。

（三）德育目标以教育目的为依据

我国的教育目的集中反映了社会需要和个人需要及年轻一代的身心发展规律。因此，教育目的是制定德育目标的一个理论根据。我国教育目的的最新理论表述是"造就'有理想、有道德、有文化、有纪律'的德智体美等全面发展的社会主义事业的建设者和接班人"。在这一最新的教育目的的理论表述中，完全属于德育方面的规定性的有"有理想、有道德、有纪律"和"德"四个方面的内容，学校德育目标必须从中进行分析和提取，从而制定出内容完整的德育目标。

从品德的发生机制上讲，文化知识与人的道德品质的形成有着天然的不可分割的联系。事实上，古今中外，许多进步的教育家、思想家，都把人们知识的积累与道德品质的形成看作一个有机的统一体。世上没有不包含道德的知识，也没有不具备知识的道德。正是因为如此，古希腊三大哲人之一的苏格拉底提出了"知识即道德""知德合一"的著名论断。后来18世纪的教育家赫尔巴特则从心理学方面立论，认为在知、情、意三者中，知是主要的，并提出了教学的教育性原则。在我国，自古以来就有"文以载道"之说。可见，知识与道德的联系十分紧密，而且互相渗透。我国古代儒学大师、宋代著名理学家朱熹也曾研究过品德的知行问题，他的观点是颇具辩证思想的："知与行工夫须着并列。知之愈明，则行之愈笃；行之愈笃，则知之益明。二者皆不可偏废。"文化知识是对客观现实的正确反映，它意味着真理，因而它有着内在的教人"学做真人"（陶行知语）的德育功能。反之，无知便无德，这也是教育实践所证明了的真理。"四有"德育目标的规定是十分科学的。

第三节　德育目标的价值取向

众所周知，我国现阶段处于生产力不发达的社会主义初级阶段，而且现在实行的是当今世界上绝大多数国家都普遍采纳的市场经济。在这种特定历史条件下，德育目标应该如何定位，应该怎样审视人与社会的关系问题，怎样看待义与利的辩证关系问题，等等，这些问题从根本上说都取决于人们对德育目标的价值取向，而价值取向又是由价值观决定的。因此，本节首先对价值与价值观作多学科视角的简要分析，然后在此基础上讨论人的价值与德育价值，最后结合我国现阶段的基本国情对德育目标进行价值定位，以便使德育目标在德育实践中最大限度地发挥其作用。

一、价值概述

德育的价值问题，是一个重要的理论问题，也是一个颇为复杂的问题。何谓价值，什么东西有价值，价值有无高低之分，价值是主观的还是客观的，是内在的还是外在的，是相对的还是绝对的，如此等等，不司的人基于不同的认识有着不同的回答。表现在对德育的评价上，又有社会价值与个人价值、现实价值和理想价值、内在价值和外在价值等不同主张。

"价值"，是一个很古老、使厏极其广泛的概念。价值问题，很早就引起了人们的重视，在哲学、经济学、伦理学、美学、教育学等著作中，大都涉及此问题。但它成为一门学问却是在 19 世纪中叶后的事。最初是由法国哲学家 P. 拉皮埃和德国哲学家 E. 哈特曼所采用，而后致力于该方面研究的学者越来越多，主要著作有拉皮埃的《愿望的逻辑》、哈特曼的《价值论概论》、经院哲学家赫森的《价值哲学》和实用主义者杜威的《价值的学说》等。这些著作虽对价值做讵较为系统的探讨，但大都具有唯心主义色彩。比如，他们许多人认为：价值不属于"真"的范畴，在"真、善、美"中，价值只是对善与美的评价。其典型代表是德国哲学家赫尔曼·洛兹，他把宇宙划分为三个范畴："①是普遍规律、必然有意义的王国；②现实的事物、物体和形象的世界；③对善、美和神圣的思想作价值确定的世界。因而，价值被确定为同真和现实相对立的特殊世界。"按照这种观点，自然科学属于真的问题，不属于价值判断；只有像道德、艺术等人文科学才可作价值判断。这种把真、善、美截然分开的观点是错误的。事实上，我们对真、善、美三者都能作出价值判断，而真更是对善与美作出判断的客观基础。以康德为代表的哲学家又提出了绝对价值与相对价值、客观价值与主观价值的绝对区分，其观点是形而上学的。此外，杜威还提出了"内在价值"与"工具价值"的区分问题，并且认为工具价值更为根本，提出了"有用即是真理"的工具主义（实用主义）口号。由于该观点抹杀真理的客观标准，所以是错误的主观唯心主义的价值观。马克思主义经典作家认为：价值并不是不可捉摸的神秘之物，它实际上反映的是主体与客体（常表现为人与物）的关系问题。马克思在《评阿·瓦格纳的〈政治经济学教科书〉》一文中十分正确地指出："'价值'"这个普遍的概念是从人们对待满足他的需要的外界物的关系中产生的。"他还在《以李嘉图理论为依据反对政治经济学家的无产阶级反对派》一文中作了进一步的说明：价值是"物的对人的有用或使人愉快的属性"。上述两段话揭示出了价值的基本含义，同时也指出了在价值中反映着主客体的关系，是客体对主体需要的满足。价值不完全属于具有能够满足人们生存与发展需要的属性的外界物，也不是单纯产生于自身，而是产生于具有一定需要的人与具体能够满足人的需要属性的外界物的相互作用。价值具有主体前提和客体基础，人是价值关系中的价值主体，而具有能够满足人的需要的属性的外界物是价值关系中的价值客体。价值评价即是对事物的意义评价，换句话说，价值取决于客体，但又不单纯指的是客体，是客体之于主体的效益，是主体对客体需要所产生的一种主客体相统一的关系。马克思主义经典作家关于价值和价值论的观点是我们审视人的价值、德育价值及德育目标价值定位的理论基础和方法论武器。

二、人的价值与德育价值

人的价值问题，如同物的价值问题一样，也包含了自身和社会两个方面及它们相互间的关系，即社会对个人的满足和个人对社会的义务。探讨人的价值问题，也就是探讨人对满足自身生存和发展的需要和满足社会存在和发展的需要所具有的意义。将二者如何辩证统一和有机结合，是研究人的价值所要解决的中心问题。

德育价值，是指具有一定需要的主体与德育发生相互作用而产生的、符合主体目的和满足主体存在与发展需要的意义、作用与功效。在这里德育价值面对着双主体——人与社会，但人更为根本，社会首先是人的社会，社会的发展是通过人的发展来实现的。这一点，恐怕谁不能否认。

（一）人的价值

人的价值同其他事物的价值有很大差别。人不是绝对的主体或客体。人既是主体，同时在特定关系中又表现为客体。比如，特定的人作为认识主体时，在他之外的人都是他认识的客体；与此同时，他又成为别人的认识客体。人的价值就是作为客体的人对作为主体的人有什么积极效能。人既是自然的人，又是社会的人；既是自然实体，又是社会实体。人不同于别的自然物的最大特性是：人能够按照内在的尺度和自然界的一切物种尺度来从事活动与生产，并在此基础上组成了社会。因此，考察人的价值应从两个方面着手。

第一，人的社会价值。作为主体的人，其社会价值是指在多大程度上对社会和他人的物质与精神生活做出了贡献。人的价值的实质是他能从事创造价值的活动。创造价值的基础和基本途径是劳动（包括脑力与体力两个方面的劳动），劳动是一切社会财富的源泉，甚至"在某种意义上不得不说：劳动创造了人本身"。社会也是人在劳动的过程中和基础上形成的，因此，劳动也是人的价值的源泉。一个没有为社会进行创造劳动和贡献的人，是不能说他有价值的。

第二，人的自我价值。作为人的自我价值包含以下几点含义：①人是人，人一生下来就有特定的价值：一是因为他是劳动的结晶，他是万物之灵；二是因为他的发展可能给社会带来效益，所以，人一生下来就有生存权、接受抚养权和受教育权。②人应该拥有属于人的一切，如人格、个性、尊严、自由、生存与发展等，以及由此带来的对物质财富和精神财富的享受，无视这一切就是对人的价值的漠视，是非人道的和反人性的。③人的才能的充分自由全面的发展是人的主体价值的最高表现。恩格斯在《共产主义原理》中指出："根据共产主义原则组织起来的社会，将使自己的成员能够全面地发挥他们各方面的才能。"④我们国家是按共产主义原理建立起来的社会主义国家，理所当然地要把人的各方面的才华充分施展看成人的最高主体价值，因而，应当为人本身的各方面的发展创造种种条件。绝不应该把它看成是个人的事而不屑一顾，更不能采取扼杀或限制人的才能发挥的反马克思主义做法。

为此，要正确理解人的价值，必须深刻把握以下几个基本命题：首先，人是主体和客体的统一体。人来源于自然界，人是社会的人，从这个意义上说，人是自然环境和社会关系的产物。但是，人不是像动物那样消极地适应自然界，人在按照自己的需要和意志去改变着自然界，并在自然界深深烙上了人类意志的印记——自然已经在相当程度上成为"人化"的自然，使自然为人服务，从而人成了自然的主人；人也不是社会关系的消极产物，人总是一直在凭借自身的主观能动性去积极地改变和改造着社会关系，把社会不断推向前进，使社会越来越成为人的社会，从而使人成为社会的主人。因此，人是主体和客体的辩证统一体。所以，那种仅仅把德育看成是社会对人的意识和行为的外在规范和限制的德育观是荒唐的。

其次，人是手段与目的的统一体。人与社会的关系问题，历来是政治家、哲学家、教育家、社会学家和伦理学家等关注的重要问题。社会本位论者认为：人是手段，社会是目的，人是因为社会而存在的。拿其典型代表法国社会学家孔德的话来说就是"真正的个人是不存在的，只有人类才存在，因为不管从哪方面看，我们个人的一切发展，都有赖于社会"。这一观点历来受到各种统治阶级的高度赞赏。个中缘由是：社会是统治阶级的社会，说"人是因为社会而存在"实际上差不多等于说"人是因为统治阶级而存在"。依照这种逻辑，人从生到死都得为被统治阶级赋予普遍形式的"社会"服务，而且应当是绝对的、无条件的，正所谓"正其谊不谋其利，明其道不计其功"。这种观点显然是反动而荒谬的。个人本位论者则认为：人是作为目的而存在的，人就是人自身。用这种观点的典型代表法国存在主义哲学家萨特的话来说，就是"人不外是自己造就的东西，这就是存在主义的第一原理"。公开鼓吹无政府主义和道德虚无主义，也是错误的。

再次，人既是推动社会进步的最终力量，也是社会发展的根本归宿。马克思和恩格斯指出，"任何人类历史的第一个前提无疑是有生命的个人的存在"。这充分肯定了人是推动社会历史发展的前提条件，没有人的体力与智力的付出，也就没有社会的发展。从这个意义上讲，人是推动社会发展的重要手段。但人本身也是目的，共产主义社会的实现不是为了别的什么，正是为了全人类的每一个个体得到充分的、自由的、全面的发展，正如马克思所指出的那样："个人的全面发展只有到了外部世界对个人才能的实际发展所起的推动作用为个人本身所驾驭的时候，才不再是理想、职责等等，这也是共产主义者所向往的。"因此，我们有充分的理由认为，人是目的与手段的高度统一体。那种仅仅把人当作手段或工具的德育观是错误的。

最后，人既要奉献，也要索取。这个问题涉及每个社会成员的权利和义务的关系问题。价值既然表现为人们对待满足他的需要的外界物的关系，那么，在人的价值中就该包含索取和给予两个方面的内容，二者是缺一不可和辩证统一的。

因此，人生的价值在于奉献必须建立在正确认识的基础上，而且不能将奉献与索取割裂开来，看不到索取与奉献的辩证关系。如果只一味地强调奉献，奉献者主体得不到相应的尊重、关怀和回报，他就不会也不可能继续奉献。这是人作为客体不同于自然客体的根本所在。所以，只有建立公正合理的社会主义政治经济新体制，在充分关怀和尊重劳动者的物质和精神生活，在平等交换劳动的基础上，奉献越大劳动越多，人才越有价值。奉献与索取的关系实质上反映了"大写的人"（群众或社会）与"小写的人"（个体人）之间的关系，二者是一对辩证统一体。因而，任何片面强调奉献或片面强调索取的厚此薄彼的观点都是错误的，它既不利于社会进步，也不利于个人发展。两者的完整结合，才是全面的人的价值观。

（二）德育价值

通过以上分析，我们可以这样认为，"德育价值就在于提高、扩展人的价值，就在于使人活得更有意义，能最大限度地发挥他的创造才能，更有人的尊严"，进而使他的人格更高尚，真正意识到自我存在的意义。德育的最高价值是使人达到"慎独"的品德自由境界。为此，德育的价值应当把落脚点放在年轻一代的正确的人生价值观的确立的基点上。

人的价值受制于价值观，价值观又取决于世界观与人生观。对人的价值的评价取决于对人生目的、态度、理想的理解和追求。有什么样的世界观、人生观就会有什么样的人生价值观。学校德育的核心和目标就是通过使学生树立正确的世界观，进而构建正确的政治观、道德观和法纪观，形成良好的思想政治道德法纪品德，并最终实现人的价值。前者是基础和前提，后者是前者发展的必然结果。总之，德育的价值，最重要的是让学生正确意识到自己的价值和存在的意义，提高学生的思想觉悟，发展学生的品德"对象意识"（对他人和社会等的正确看法）和品德"自我意识"（对自己的正确看法），使学生形成良好的品德。

需要补充说明的是，我们这里讲人的价值和德育价值，并不意味着忽视德育的社会价值。德育本身是一定社会的德育，德育的对象是人，可人并不是脱离具体历史条件的抽象的人。因此，我们这里讲的人的价值和德育价值，已经先在性地、内在性地包含了社会对德育的制约和对人的价值的制约。任何撇开人类历史进程去单独地、抽象地谈论人的价值和德育价值，不仅是无益的，而且可能是有害的。这里之所以把人的价值放在突出位置来加以研究，只是缘于德育应当是为进步的社会服务的，然而德育的对象是人，德育的社会价值是通过弘扬人的价值来实现的。长期以来，我们的学校德育，只是"心中有社会"，但却"目中无人"。因此，这里作了十分必要的理论纠偏，以使学校德育最大限度地发挥它服务社会和人的双重功效。

三、我国社会主义市场经济条件下的德育目标的价值定位

德育目标是目的与标准的统一，由于其反映形式是主观的，所以，有时较难与德育实践的客观现实保持一致，为了尽可能地使德育目标的主观设计与客观现实相符合，必须对德育目标的价值取向进行正确定位。

（一）个人目标与社会目标的统一

德育不仅是建立在对因果必然性认识基础上的目的性活动，它更是塑造学生灵魂的系统工程，直接影响学校为社会输送的人才的品德质量与规格。在不同的社会、不同的时代，德育目标的性质和内容是不相同的。这种差异性在德育目标性质上，总体表现为社会本位目标与个人本位目标的对立。

社会本位的德育目标是以社会利益需要为出发点来设计的。这种目标认为：社会价值高于个人价值，个人的存在与发展完全依赖于所属的社会。德国教育哲学家、社会学家纳托尔普认为，"在教育目的的决定方面，个人不具有任何价值，个人不过是教育的原料，个人不可能成为教育的目的"。依照这种观点，作为受教育目的统帅的德育目标也肯定只能根据社会需要来制定，培养符合社会准则的公民，使受教育者社会化，以确保社会秩序的稳定。至于个人的品德发展需要，完全可以置之不理。这种德育目标确认了德育的重要使命就是促使个体社会化的价值理念，但它完全无视个体自身品质发展的内在之需，极易把德育实践引向"驯服教育""奴性教育""见物不见人"的教育之路，其消极后果是所培养的学生主体意识泯灭，甚至丧失主体性。

与社会本位论的德育目标相反，个人本位的德育目标强调受教育者个人价值的重要性，认为德育的目的在于提升个人的生存价值和生活质量，使之成为自主、自由的道德主体。比如，存在主义者就强调，每个人都有自己的特殊存在，它不受社会关系的制约，因而每个人都有绝对的自由去进行"自我发现""自我设计"和道德的"自我完善"。按照此种观点，德育目标只能依据人的本性和道德需要来设定。由此观之，个人本位的德育目标具有反对德育的强行灌输和纯粹规范式的"就范式"德育目标的积极意义，但极端强调

个人价值追求和自我实现，则会削弱德育的社会影响和作用。

实际上，在人类社会中，个体发展与社会发展是辩证统一的关系。人的发展是社会发展的前提和基础，又是社会发展的目的与归宿；社会发展是个体发展的保障与手段。个体发展与社会发展不仅紧密联系，且互为条件、互为因果。就个人目标与社会目标的统一关系来说，在消灭了阶级对立与剥削的、有着共同利益基础的社会主义社会里，二者是完全一致的。所以，制定德育目标必须以马克思主义人的全面发展学说为指导，既满足社会发展的需要，又适应个体思想品德发展需要，实现社会目标与个人目标的有机统一。

（二）理想目标与现实目标的统一

德育目标一方面要立足于社会现实，着眼于学生的生活实际；另一方面，又要面向未来，把握时代发展的趋势，在价值定位上达到现实性与理想性的统一。德育是着眼于未来社会而培养具有一定品德的人的教育活动，其目标首先便要表现出理想性与超越性。所谓理想的德育目标，是指从社会发展对未来新人的品德要求与期望而确立的。它不同于那种不考虑学生年龄特征与接受水平，以及现阶段国民思想觉悟、道德水平和文化素质等现实情况而高不可攀的空想性德育目标。理想的德育目标虽然也具有前瞻性，往往超越现实生活，但这种"超越"是以社会进步和人的品德发展趋势为前提，它通过人们的主观努力完全可以实现，因而具有人格上的提升作用，能为德育实践指正方向。

现实的德育目标是比较接近社会生活实际和人的实际精神境界的，是从当前社会和人的发展需要角度确立的目标。德育目标是一种对德育对象品德生成的一种主观预期。而德育影响作为德育主体道德建构的价值环境能否有效实现，关键在于德育目标的设计能否与主体的接受状态联系起来。不进入主体接受的阈限，德育目标就成为空想。因此，正视社会现实与学生思想品德实际，是制定德育目标的又一基点。

在德育目标的价值定位上，实现理想的目标与现实的目标的有机结合，体现了德育超前性和现实性的统一。德育的现实性制约着德育的超前性，使德育目标的这种超越性不能脱离现实的基础和发展的可能，不能变成无本之木；德育的超越性又反过来制约着德育的现实性，使德育目标的现实性不能脱离德育目标的发展理想，从而使德育具有一种不断鼓舞人品德上进的功能。这样，德育目标既面对现实，又指向未来。否则，不是导致德育要求过高，目标也最终落空，就是把德育实践引向庸俗化境地，从而使德育目标的功能丧失殆尽。

（三）外在目标与内在目标的统一

外在的德育目标是指向学生提供一种德育环境和追求统一的品德规范与要求，具体表现为对品德知识的理解与掌握（甚至可以通过笔试来进行这方面的评价）及学生个人行为方面表现出的对社会政治规范、法纪规范和道德规范的服从。这种外在的德育目标依靠的主要是"灌输"的德育方法和颇具强迫性的外在德育环境和品德规范对人的"刚性"要求。外在的德育目标较容易强制性地形成人的品德行为，但如果失去外在控制，则品德行为很可能失控和失范。因此，仅有外在的德育目标还难以使人的品德行为成为稳定的品德行为倾向，因为它还不是一种自觉的品德行为，而仅是德育的一种表面效应。

内在的德育目标则不相同，它追求的是德育的"内化"效果，它致力于学生内在的知、情、意、行各要素在发展方向和水平上的平衡和适应，重视学生内在稳定的思想道德素质的形成。尤其是把落脚点放在学生思想品德养成的自主性上，强调学生品德的自我修养和自觉意识，从而引导学生主动地、自觉地发展自己的思想品德。

学生思想品德的形成是德育内外共同作用的结果，其中德育内因是学生品德形成的根本动因，德育外因是重要条件。"从哲学的观点来看，任何事物的变化和发展都要依据内外因素的有机组成，而内因是事物变化的根据，外因是事物变化的条件，外因必须通过内因而起作用。"从这个意义上说，以强调外因为主的外在德育目标必须与以强调学生内部动因的内在德育目标有机结合，方能使学生的品德得到良好的发展。

（四）基础品质目标与素质发展目标的统一

一个人的素质高低取决于这个人政治、思想、道德品质及智力、知识、才能、体质等的综合水准。可见，高素质的人才，不是某方面或几方面的教育所能培养的。学校德育面向每个学生，面向学生的每个方面，素质教育的这一主旨，客观上要求德育目标朝着基础素质目标与素质发展目标综合的方向发展。德育的基础品质目标与素质发展目标的具体要求表现在以下两个方面。

其一，从社会要求角度看，中共中央发布的《中国教育改革和发展纲要》第28条指出："德育即思想政治和品德教育。"这清楚地告诉我们，我国学校德育是政治教育、思想教育和道德教育等的总称。为此，德育目标的基本追求就是"通过国史、国情、国格的教育以增进国民的爱国意识；通过学风、党风、政风、民风的教化以改进社会风尚；通过择业、敬业、创业的训导以增进国民的职业道德；通过民气、民心、民魂的塑造以重振民族精神"。

其二，从学生品德的心理结构看，德育是塑造学生知、情、意、行的灵魂工程。因此，德育目标内容还是一个由认知要素目标、情感要素目标、意志要素目标和行为要素目标构成的统一体。

尽管在市场经济条件下，学生的"内部思想道德环境"比较复杂，但学生毕竟是长学识、积品德的成长中的人。他们内在的品德期待十分强烈，具有很强的可塑性，是接受良好思想品质和行为习惯养成教育的最佳时期。基于此，学校德育目标内容必须实现基础品质和素质发展的综合，以使德育的重心趋向学生学会做人、学会做事、学会生活与交往合作，真正促使学生形成良好的思想道德品质和养成文明规范的行为习惯，最终把学生培养成在政治、思想、道德和法纪品质方面都符合现在和未来社会所需要的人。

思考题

1. 什么是德育目标？
2. 德育目标是根据什么确定的？
3. 我国新时期德育的具体目标是什么？

第五章 德育过程论

■ 导 读 ○

　　德育过程是德育理论与实践研究的一个重要问题。这是因为，德育过程是社会外在政治思想、道德、法纪规范转化为学生思想品德的必由之路。我国德育实效不够理想的原因固然不少，但是，许多德育工作者对德育过程的本质、特点，对德育过程的特殊规律及德育过程中的师生关系缺乏深刻认识和理性把握，是其重要原因。因此，本章就围绕这些问题进行全面的探讨。

学 习 目 标 ➤

1. 了解德育过程。
2. 学习德育过程的生成机理。
3. 掌握德育过程的规律与关系建构。

第一节　德育过程概述

　　根据唯物论的观点，在事物发展中外因是条件，内因是根据，外因必须通过内因而起作用。因此，考察德育过程的本质离不开对德育过程的构成要素、德育过程的基本矛盾、德育过程的基本阶段与德育过程特点的全面分析。

一、德育过程的本质界说

　　德育过程本质是深深隐藏在德育活动过程这一现象之中的，为了准确把握德育过程的本质，我们有必要首先确认以下关于德育过程的一般现象性描述命题。

（一）德育过程是一个"双主体"的互动过程

　　从一般意义上讲，教育者是主动的，受教育者是被动的。但在德育过程当中，教育者与被教育者是相对的，并常常在相互转化着角色。所谓教学相长，也说明了德育工作者与受教育者在德育过程中的互动性。此外，德育知识是对人与人、人与社会关系问题的认识，不像智育中所涉及的自然科学知识等那么高深难学。德育知识最主要的还在于不是像自然科学知识那样大多必须从书本中学习，而更多的是靠品德实践中的感悟与内省，德育知识更多地来自社会生活与个人践行这本"无字书"。这些方面更加说明了德育过程是一个"双主体"的互动过程。

（二）德育过程是一个有目的、有组织的教育过程

这表明，德育过程是一个按社会要求与受教育者品德发展规律与需要而组织起来的对受教育者品德形成施加影响的教育过程。品德规范的传输与接受、受教育者品德行为的调节与控制（纠偏扶正）是德育过程的根本宗旨。

（三）德育过程是一个真、善、美战胜假、丑、恶的过程

真与假、善与恶、美与丑的斗争源远流长，社会上的这种斗争必然会反映到教育者与受教育者的内心世界中。德育是无法回避也不能回避这种现实的对立与争夺的。这种对立和斗争在任何人身上、在任何时候、在任何地方都会存在，从而造成人们对社会现实的困惑，这时候就需要思想教育以帮助学生确立正确的价值观。

（四）德育过程是一个动态的过程

从整体上看，德育过程具有三个基本要素：教育者、被教育者和德育内容。但对德育内容的理解不应局限于书本，从广义上理解，德育环境也算得上是很重要的德育内容。德育环境是指国内外政治思想、道德、经济、文化等状况。政治、思想、道德、文化是属于社会意识范畴的。对于每个人来讲，这就是一个现实社会环境，它对人的思想品德的形成具有重大影响。经济制度决定着社会的政治和意识，它通过政治、社会意识对人们的思想道德产生着很大影响。从这个意义上讲，德育的客观社会环境对德育过程具有决定意义。它既决定着德育要求，也决定着德育效果。

二、德育过程中的几组矛盾关系

在德育过程中存在着许多矛盾，正确处理这些矛盾是获得德育效果的基本条件。

（一）德育的客观要求和学生思想道德品质现状的矛盾

思想道德素质是学生综合素质的主要方面。国家和社会对学生的德育要求要高于普通公民，不仅要求学生具有坚定的社会主义信念、理想，具有科学的世界观、人生观和创业

精神，还要培养一批坚定的马克思主义者，成为社会主义事业的可靠接班人，这是社会主义事业提出的客观要求。可是，在部分学生中，在政治观、人生观、价值观等方面还存在着一定程度的混乱，就是教师，有的人对一些重要的政治理论和社会问题也存在着模糊甚至错误的认识。现实的经济环境的多元化必然会导致思想意识的多元化，再加上社会错误思潮的影响和干扰，社会主义社会对学生的德育要求与学生思想品德现状之间还存在较大的差距。从教育的视角看，就是要解决校风、教风和学风的问题，即小环境、小气候的问题。校风的基础是教风。良好的教风必然会形成良好的学风。学校教师对学生的影响是广泛的、潜移默化的。作为德育过程的主导者，教师的道德水准是具有一定的决定性作用的。

（二）教育者与学生主体之间的矛盾

学生是德育的对象。从教育关系来看，学生是客体，但又不同于其他客体，是有主体性的客体。德育过程是教育人、提高人的思想品德素质的过程。思想道德素质的提高，关键在于受教育者自觉进行内心思想的斗争。德育是否有效取决于教育者与受教育者之间能否找到思想上的沟通点。德育工作者不仅要了解受教育者的思想倾向，更重要的是要设身处地从受教育者的角度来思考，并同自己思想转变过程的经历结合起来，切忌以教育训人的姿态出现。不能认为教育者一贯正确、永远正确，要与受教育者一起讨论问题。德育过程是一个以理服人、以情感人的综合过程。如果教育者对教育的内容，自身就不甚了解，缺乏亲身的经历，也不敢进行自我解剖，那么德育内容就会变成枯燥的条条框框，就会变成言不由衷的东西。这样不仅不能起到应有的教育作用，反而会引起被教育者的逆反心理。教育者与被教育者身处在同一社会环境下，必定有思想上的共同点，寻找这些共同点，再结合教育者的自身的体验、感受，对学生循循善诱，才能取得德育的成效，以调动学生主体性的发挥。

（三）学生自身需求与社会要求的矛盾。

在现实生活中，个人的需要是多方面的，有物质的需要，也有精神的需要。对于学生来讲，不仅有基本生活条件的需要，更重要的还有交往的需要、发展的需要、选择职业的需要、成就的需要等。学生采取何种形式获得这种需要，则表现出对个人和社会关系的处理是否恰当，也表现出自身的人生观、价值观和道德观。人的思想觉悟与人的正当需要的满足是密切联系的。人的需要的产生、需要的满足及其实现的手段与动物有着本质区别。

三、德育过程的几个阶段

（一）学生思想与社会现实矛盾引起的思想困惑阶段

已具有相当感性认识和一定理性认识的青少年学生，不再像幼儿时期那样，对老师的教育深信不疑。他们面对纷繁复杂的社会现实，往往会把老师对他们的德育要求同社会现实中的种种现象（人和事）相比较。特别是社会的消极现象，往往使他们在思想上产生极大的困惑，理想社会与现实社会的差别常常令他们陷入沉思或迷茫。教育者要充分认识到在困惑阶段德育的重要性，充分估计到德育的艰难性和采取针对性教育的重要性。实施有效影响，是使学生度过思想困惑阶段的重要途径。要引导学生辩证地看待社会现实中的东西，尤其是要正确把握现实社会中的主流和未来发展的趋势。

（二）学生主体理性思考阶段

困惑、疑虑是理性思考的前提。德育过程要积极引导学生进行理性思考，"我说你做"的"就范式"德育难以使学生成为德育过程中的品德形成主体，因此，随着青少年年龄的逐步增长，要逐渐引导他们学会透过现象去看本质。德育工作者有义不容辞的职责去引导学生在他们与社会的交往中，逐步形成科学的世界观、人生观、价值观和道德法纪观。在中学以上阶段，还要引导他们用马克思主义的观点去分析判断各种社会现实问题，树立科学道德、科学精神和科学方法三个层面的科学理念。

（三）学生个体意识转化为自身行动的阶段

政治思想、道德法纪领域里的真善美概念的形成必须要经过社会实践。毛泽东在《实践论》中讲道："人的社会实践，不限于生产活动的一种形式，阶级斗争、政治生活、科学和艺术的活动，总之，社会实际生活的一切领域都是社会的人所参加的。"学生在同校内外各类人群的接触中，在学习、社会实践的实际生活中，运用所学的基本理论观点解决问题的过程，是一个由感性认识上升到理性认识，并由理性认识指导行动的过程。从认知到认同，从认同到行动，是感性认识和理性认识的统一，是认识和实践的统一，也是学生个体思想意识内化、外化而不断矛盾运动的过程。

四、德育过程的特殊性

学校德育过程与其他教育过程相比，有着不同的自身特点，主要表现在以下几个方面。

（一） 德育过程的 "特殊双主体结构"

学校德育过程的 "特殊双主体结构" 不同于一般知识技能习得过程的 "双主体结构"，主要表现在德育过程中 "特殊双主体结构" 的复杂性、变动性与微妙性。德育过程是教师主体和学生主体共同参与的修身过程。在德育过程中，学生在一定价值环境和道德价值的引导和推动下，其统一的自我意识会分化为主体的我和客体的我、理想的我和现实的我，并能够用主体的我、理想的我分析、评价客体的我和现实的我。这是推动学生进行品德建构的根本动力。在德育过程中，教师是组织价值环境、引导价值取向的主体；学生是自我意识分化和同一、建构品德价值理念和实践能力的主体。德育过程的这种 "特殊双主体性" 充分体现了德育过程的本质。

（二） 学校德育过程中的多端性、复杂性与重复性、引导性和整合性

苏联巴拉诺夫等主编的《教育学》指出：知、情、意、行具有相对的独立性和相互渗透性……这就为德育过程多种开端提供了可能性。所谓德育过程中的多端性，是指德育过程可以从知、情、意、行任何一个环节开始。而一般来说，智育主要从认识开始，美育主要从情感出发，体育往往从形体训练开始。德育则不然，根据德育心理学的理论，品德概念的内化一般要经过认识的三种发展水平，即具体的品德概念水平（对品德概念的认识与具体的品德行为结合在一起）、知识性的品德水平（品德概念、理论作为知识掌握，但没有内化为学习主体的内心价值观念）、内在性品德观念水平（对品德概念的掌握达到理性水平，而且已成为学习主体品德评价的依据和品德行为的准则）。一般的知识的教学达到第二种发展水平就基本完成，而德育必须达到第三种发展水平。德育过程中的复杂性向德育工作者提出的一个要求是：在德育过程中坚持教育与再教育的统一，坚持反复性原则。德育过程是品德学习主体的品德建构与品德教育主体价值引导的统一过程。引导性是指品德教育主体组织、创设适合品德学习主体的价值链，引导品德学习主体的价值取向。整合性是指品德教育主体的价值引导和品德学习主体的价值建构的有机统一。德育过程中的引导性和整合性要求德育工作者在德育过程中坚持教育与自我教育的统一。

（三） 德育过程环境的渗透性、隐性

与其他的教育过程相比，德育过程的环境更具有渗透性。智育、体育、美育的过程在很大程度上都渗透了德育的成分，对于这一点人们早已达成共识。隐性环境（在学校里称为隐性课程）与学生品德教育有着天然的联系，因为隐性课程从本质上看是一种价值观的影响。它的优势在于它的作用方式是间接和潜在的，具有真正的 "诱导" 特性。

（四） 活动效能的充分发挥是品德学习主体进行品德建构的充分保障

强调现实的感性活动在社会各领域中的决定作用，是马克思主义的观点之一。学校德育过程亦如此。学校德育过程中的活动，具体来说，是指在德育过程中由学生自主参与的，以学生的兴趣和品德需要为基础的，以促进个体的品德的整体发展和社会和谐为目的的现实的社会交往活动。它具备能动性、外在性、社会性三个特征。活动是个体品德形成、发展的根源与动力。通过活动，可以发展学生相互了解、相互评价的能力，在互惠的基础上培养"批判的态度""客观的行为方式"，从而使学生能够摆脱成人的和外在的强制而自主地进行品德建构。同时，活动是学生自我教育的真正基础。因为认识和评价自我的一个重要前提，是主体必须走出自身，把自我当成与主体对立的客体来加以认识。而这只有在主体的对象化的活动中，在主体间的交往中才能实现。学生在交往中不仅学会了评价他人，而且也学会了评价自己，学会通过别人对自己行为所产生的评价，调整对自己的认识。从这种意义上讲，没有活动就没有学生的品德建构。

（五） 情感效应是德育过程的基石

情感是一种特殊的意识形态，它具有独特的主观体验色彩和外部表现形式。情感效应是指人的需要是否得到满足而产生的内心体验，对人的思想感情与行为构成深层影响。缺乏情感性是现行德育的机能性缺陷，现行德育并没有把情感作为其核心目标，而德育的深层本质应该是德育主体间的情感交融。情感是促进学生进行品德建构的催化剂，而现行德育没有对情感的品质给予足够的重视和激发，往往以教多少知识为满足而缺乏情感沟通。德育过程是"主—主"关系，在德育过程中，教育者缺乏情感的投入，有的教育者甚至以冷若冰霜的面孔向学生例行公事式地讲授品德规范，这样又怎能激发学生产生强烈的品德情感并进而形成良好的品德行为呢？

第二节　德育过程的生成机理

德育过程是促进学生品德的发展的过程，因此，德育过程与学生品德发展过程之间具有内在联系，但是两者又有区别。教师组织与引导的德育过程，只是学生品德发展的一个外在重要条件，而不是学生的品德发展本身，品德的发展过程是学生自身的品德的生成过程。德育过程的根本目的是为了生成德育对象的思想品德，为了生成新的思想品德主体。这就内在地要求德育过程必须尊重对象的品德形成发展的实际。德育过程中德育对象思想品德形成发展的向度，既取决于德育影响的有效性，又取决于德育对象自身的接受状态。

不承认前者，实质上是否认教育的意义与功能；不承认后者，就会导致教育万能论。若要全面把握这种内、外的相互作用关系，仅仅承认德育过程的"内因"的决定性作用是不够的，我们还必须探明"内因"是如何接受外界影响的，接受的环节与机理是什么。

一、德育过程中的教化与内化机理

教化是指教育者按照一定的社会需要，把一定的教育内容、行为准则转化于对象的过程。教化按字面理解是教育和感化，就是教人如何做人。内化是外部事物向人的内部精神（即心理）转化的过程。法国社会学家迪尔凯姆最早提出"内化"概念。他认为，"内化"就是将社会价值观、社会道德转化为个体行为习惯，"内化即对象的心理化，实践行为的意识化，实体的主体化，也是心理的对象化"。内化的基本过程是从"纪律"发展到"自主"的过程。

德育过程中的教化与内化，是一个问题的两个方面。如果说两者有所区别的话，则在于教化强调德育者如何使社会的思想道德要求转化为德育对象的行为；内化则体现着教育的对象或主动或被动地接受社会的思想道德要求并把它变成自己的信念和行为。理想性的运行状态是教化和内化表现在同一过程中。教化要以内化为目的和基础，内化则可选择接受教化的内容。在这里，教是手段，化是目的。教化一般表现为三个步骤：教人如何做，授人以如何做的道理，为社会所认定所认同的教化内容在现实中实现。这三个步骤可以反映在对人的教育的不同阶段，也可以反映在同一对象的同一阶段。例如，少儿教育多半是告诉人如何做，并且都是生活规则小事；而到青少年时期则重在明理，即告诉人为什么要这样做的道理；"社会肯定"无论在哪一个阶段都可以进行，这是一种情况。还有另一种情况，即在德育对象达到既可接受，又能理解的前提下，教化既可以告诉人们如何做，又可以告诉人们如何做的道理，并且直接传达"社会肯定"，如社会奖赏、选拔人才的条件约束等。

追溯古代的思想德育，其实它就是一种教化，或者说，教化就是特指思想德育。周王朝在总结夏商王朝灭亡的教训后，提出了"以德配天"的理论。西周的德育就是一种教化，就是"以教育德"。西周不仅是我国历史上最早单独进行德育的朝代，而且它的教化手段也非常现实。它把社会的道德规范具体化为"礼"，让人们奉行，接受德育首先就体现在对礼的奉行上。春秋战国时期的孔孟，发展了西周以来的教化理论，他们将教化理论建立在人性分析的基础上，即人有可教之性、可塑之性，才需要也才可能进行德育。在强调德育与政治教育相结合的基础上形成了比较完备的伦理纲常体系。宋朝朱熹把德育的最高目标确定为"存天理去人欲"，认为教育就是教人做人，目的是为了使人懂得做人的道理，修己治人。

教化和内化机制是德育实施的基本形式。德育无论是要明辨是非，还是知其礼，教化和内化过程都是不可缺少的。因为没有内化，就不能真正实现德育目的和产生效果；而没有教化，德育对象就无法系统接受德育影响而真正达到内化。

二、德育过程中的体验与体认机理

德育的接受和内化过程，一般需要三个方面的支撑：一是经验事实的比照性支撑；二是情感信念的导向性支撑；三是理论思想的逻辑性支撑。但这些方面的实际效应，都需要体验机制在其中发挥一种穿针引线、融通化合的作用。"体验"，就一般意义上说，是指直接实践的反思性心理过程。体验具有直接感受性和个体独特性，它是他人在任何情况下都替代不了的。体验与经验都来源于实践，但两者又不是一回事。体验的必要条件和切近基础是体验者必须直接参加实践活动，而后才有情感、心态、理智上的反思感受。经验则不同，经验中的直接经验可以来自自己的实践活动，但经验中还有间接经验。间接经验，在他人那里为直接经验；在我这，则可以通过某种形式或某种载体学习获得。但真切的体验，只能是"自我"的。它可以表达，却无法习得和感受。比如，我们生活中有很多经验都是间接经验，科技文化知识就是一种间接经验的体现，这无疑是可以学习的。但生活体验却无法教授。在一般意义上，体验也是一种认识形式和过程。虽然深切体验了的东西，往往以潜意识的形态储存在头脑中，但也内含着一定程度的理性梳理，并成为人们认识的重要方面和基础。德育过程中的体验机制与一般意义上的体验又有所不同。这里的体验除有认识价值这一层意蕴外，更多的是德性修养和道德情感方面的体验，即如何做人方面的体验。一则，就道德主体与道德生活不可分离方面看，人们每天都会获得某种道德体验。所谓"三省吾身"，是一种很重要的反思道德体验的形式。因为，每一个人都是社会生活，同时也是道德生活的参与者，他必然自觉不自觉地对生活中的道德现象、道德实践有所体悟，对道德生活会有所感悟。在这个自然流程的社会生活中，他会通过诸多道德的、不道德的现象比照，主流社会和周边人们对道德的肯定和否定态度，在自己的道德图式上建构一定的心理模式，形成某种心理状态。而这种新的"建构""形成"，由于可能与主体原来的德性修养图式有补进或者差异甚至冲突，所以出现一种互相矫正的过程。这是一个非常重要的德育体验机制。二则，道德生活中的体验机制，是德育者通过有意识有计划的德育工作，带领和指导德育对象参加道德实践，不仅传导和灌输德性修养理论、思想和知识，而且使德育对象认识德育过程是怎么回事，指导德育对象参加实践后有意识地进行德性修养体验。这种体验的目的，是使德育对象以一种正确的态度来对待和体验德育行为实践的内容、过程和所思所得，进而把它融入自己的思想道德图式中。这个过程应该是自觉的。比如，一个人在德育行为实践过程中接受了助人为乐的教导，他把这个教导付诸行动实践并产生某种结果，然后依据社会的各种思想道德"参数"进行反思、过滤与整合，就会获得较为深刻的德性修养体验。这种体验的生成，有逻辑的和理性的重要作用，但更多的是具有情感的和信念的性质。德育实践表明，这种情感和信念体验一旦进入潜意识状态，就会是坚定和持久的。它总是自觉或不自觉地发挥作用，特别是在一些关键时刻，就会呈现出坚如磐石的力量。

德育过程的体验机制，既符合教育规律，也符合德育对象思想品德的发展规律。特别是对于青少年学生来说，他们的思想品德正在形成之中，这种体验教育会更加有效。

"体认"，是指体验的某种选择性结果，是对这种"结果"的心理认同。同体验机制相比，它是人的意识和认识的进一步深化，同样是形成完整的较深层次意识不能缺少的环节。人是一个能动性的动物，能动的表现之一就是他要经过体认机制才能选择接受外来的信息。这个过程，作为德育对象要对所接受的指令、信息分析整理，对社会的德性修养规范和行为规范进行筛选、认定、进而决定自己的取舍。从意识的组织机制来说，德育过程要想实现根本的内化，仅有体验是不够的。因为，体验只是提供了内化的某种可能，提供了内化的可选择的对象的存在，还没有达到内化的终极目标。所以，只有经过体认过程，才能使德育对象牢固地接受德育的原则内容。如果说在德育某一过程中忽视体验的话，德育效果固然要受到影响；但如果没有体认机制，既不会收到良好的效果，也不是一个完整的德育过程。一般说来，体认是发生于教化和体验之后的事。只有在进行教化且产生了某种体验之后，才会有体认。否则，"体认"就成了"无米之炊"。应当说，体认机制的客观效果是使德育对象对教化的内容、体验的内涵得以认同并接受。没有这样一个过程，德育就不会真正实现自身的价值。当然，德育对象的体认走向也并非都是按照德育者的意愿发展的；如果那样，德育也就简单和容易多了。但不可否认，体认机制是德育过程中一个不可缺少的机制和环节。体验体认机理告诉我们：德育过程中绝不能满足一般的品德规范的教授，必须使学生在理解和体认的基础上接受我们的德育内容。

三、德育过程中的情境机理

这里所说的"情境"，是指人们在学习和生活中的实际境遇。它可以从两个方面去理解：一是从宏观意义上讲，指人们所处的客观环境，如自然环境、文化环境、生活环境、教育环境等。这些环境因素对人的成长和发展有很大影响。历史上的"孟母三迁"择邻而居的典故，"近朱者赤，近墨者黑"的名训，强调的都是环境对人的影响作用。这里我们要侧重论述的是微观环境，即教育过程中的直接环境，它包括德育对象直接面临的思想道德氛围、相互感染的情绪境遇及某些理论信念主导的倾向所造成的思想文化状态，等等。天安门升国旗仪式，那种庄重、肃然起敬的情境，无疑给每一个参加者以爱国主义熏陶和启迪；参观革命传统教育展览馆、祭扫烈士墓、考察历史文化遗址等，都能形成一种德育情境。实际上，好的课堂教学也能创造出某种德育情境，收到好的德育效果。这已为许多德育工作者的实践所证明。而就情境的两层含义讲，后者更贴近情境的本意。通常情况下，德育情境机制易于使人直接作出正确的思想道德选择，也更易于促进人的思想道德水准迅速提升。在德育过程中恰当地设置情境，能够使对象加深对德育思想内容的理解，也有助于人们把道德原则践履在实践中，固化在自己的思想品德结构中。德育情境说到底是人们形成思想品德的一种特定的背景条件。可以说，人们的思想品德实践和选择，人的品德行为无论是善举还是恶行，都是在一定的情境中进行的。没有情境，品德行为既无法表现也无法评价。这充分说明，德育过程确需情境机制的设置。

我们强调德育过程的情境机制设置，之所以不仅说自然发生的情境，主要在于德育是一种自觉活动。设置德育过程的具有确定导向意义的情境，目的是使德育对象直面确定意义的思想品德情境时，作出一种符合德育设计目标的选择。还需进一步说明的是，德育情境的设置必须考虑德育对象的实际情况，包括年龄阶段、心理发展程度、已有的品德基础及可能接受的情境内容和方式，以避免产生逆反心理和相反的效果。一般来说，对于少年儿童的德育过程运用情境机制，往往效果会更好；而对于青年学生来说，创设具有广泛社会背景的情境机制，则效果更为理想些。例如，把学生带到贫困地区作考察，人们由于置于特定的情境，就会萌发同情心而援助捐献。把学生带到劳教所或监狱，让曾走上犯罪道路的人用他们的反面事例和深刻悔悟，来激发学生的道德良知、增强法制意识，等等。总之，情境设置要考虑青少年儿童的实际情况，方能收到最佳效果。

四、德育过程中的固化机理

德育过程通过教化、体验、体认及情境机制等若干环节和阶段，使德育对象接受了德育内容，并内化为对象的思想道德品质，一般来说，便告一段落。但巩固和发展这一成绩，仍需要进一步的艰苦努力。其中，"固化"机制就是一个重要环节。德育过程的机理作用在某种程度上说，是从教化、体验、体认到固化的过程，然而，这也并非是一个自然流程。因为，思想过程尤其是思想的心理过程是极其复杂的，思想认识的反复是经常发生的；同时，无论是教育者还是受教育者，都可能改变这种顺序。所以，固化的前提是接受品德教育所传授的种种品德规范，但接受之后尚需不断强化与巩固。客观地讲，教化、体验、体认及情境机制等也都具有固化作用。但是固化作为一种相对独立的环节，又必须具有自己的独特要求。德育过程的固化机理包含以下三个方面的内容与条件：第一，通过反复躬行实践，形成行为习惯。躬行践履不仅能够使德育对象体验体认到德育的思想内容，而且还可得以实现强化与巩固。践履某一思想道德规范的次数越多，那么它的固化程度也会越深，久而久之便转化和内化为人的行为习惯。以道德品质的形成而言，道德信念就是通过反复的践行环节而固化于行为主体的道德品质中，形成一种道德思维走势，从而转化为人们道德行为和道德习惯的。当然这里最难把握的是如何使德育对象把道德观念或信念付诸实践，尤其付诸日常的道德生活实践中，"哲学史、心理学史和教育史告诉我们，德育过程的基本问题就是政治、道德知识如何转化为相应的行为习惯问题。现代教育科学研究已经证明，政治、道德知识的形成基本属于智育的范畴，而由知到行的转化才属于德育范畴的问题。德育过程的各种具体规律无不受由知到行的转化这个基本规律所制约。所以揭示德育过程的特点和规律，必然首先揭示由知到行的转化规律"。可见，德育过程的固化机制与"由知到行"，是一种相互作用关系。如果一种观念或信念能反复躬行践履，就能达到固化效果。反过来说，固化了的观念或信念也才能持久地在实践中实现。第二，获得社会正面评价和赞扬及舆论支持。人是社会中的人，人在社会中生活，他不仅要在社会生活中摄取物质营养，而且还有自己的丰富的精神需要和精神生活。因而必然关注社会对自己的评价。一般来说，当社会对自己的行为进行肯定性评价时，那么他就容易把这种思想行为巩固下来。因为社会的评价不仅体现在精神方面，而且在它背后还关联着物质利益。即使与物质利益关联不大，单在精神生活方面被社会肯定，也会使人得到某种满足，从而会继续践行自己的思想行为。社会评价可形成某种舆论导向，表现为一种强大的舆论氛围。这是一种无形的力量。它既可制约不良的思想行为，又会对社会认可的思想道德发生重要的固化作用。社会评价的实质是要把社会的需要转化为对象的需要。当然，社会需要并不是在任何时候都会变成个体需要。因为社会评价中肯定的内容能否变成德育对象的追求，取决于多种因素。一方面，社会的肯定评价，要体现出社会对"应该"的行为作出公正回报，或物质的或精神的；另一方面，社会的肯定评价也不能超越于现实，脱离现实的生活背景和人们的觉悟水平。过去一些"左"的口号或思想，看起来是美好的，但为什么在现实生活中却难以得到人们的践行呢？原因就在于此。第三，对于已经接受的思想道德观念或信念，创造和给予其反复"表达"的机会、场合和条件，也具有重要的固化作用。古人云：大丈夫一言既出，驷马难追，言必信，行必果等，都说明了这一点。表达出来的东西，一般是经过深思熟虑的。这本身就是一个强化和固化的过程。表达出来的东西，又会受到舆论和社会评价的制约。表达出来的东西，特别是多次表达出来的东西，如"言为心声""信誓旦旦"，也具有自我约束的意义。

固化机理在德育过程的诸环节中非常重要，具有目的性价值。因为，固化机制是前面各个环节、各种机制作用的集中体现和落脚点，因而万万不可忽略。否则，极可能使德育过程中前几个环节取得的阶段性成果"流产"而前功尽弃。当然，固化本身具有两重性：一方面，固化是一个艰苦的过程，它要通过一系列努力才能实现；另一方面，人的思想道德结构又是一个开放体系，即它应当不断接受新的内容。当它接受的内容固化后，要想改变就会非常困难。但这并不能否定德育过程追求的目标依然是思想德育内容的固化，因为新的德育内容仍然需要固化。

德育过程的固化机理，所强调的是受教育者的自我调节、自我教育、自我管理的内部机制作用。巴拉诺夫根据苏联学者的调查研究和分析，描述了个性形成的内部机制，概括了人的精神世界在外部因素作用下思想道德内化与外化的运行过程。这对于我们研究德育过程中的固化机理是有启发意义的。巴拉诺夫描述的运行过程包括：一是刺激。这可能是某个人的活动或他的个别特性，以文字概括或固定下来的道德规则、概括的文学形象、组织好或设计好的教育典型及具有积极内容或消极内容的偶然影响。但在所有情况下，刺激总要被接受并被反映到受教育者的内心世界中去，获得这样或那样的评价。二是动机。它是在认识和刺激的基础上形成的，并能促使动机主体产生外部动作。三是行动纲领的行为选择。在这种背景情况下，如果动机能找到相应的行为形式，它就会在正在形成的个人特性中起着作用。可是在这个阶段中，动机与行为的结合是在理想的形态中即在心理层面上实现的。四是动机变成行为并使行为成为习惯。这是在实际的实践情况中，在完成各种活动的过程中实现的。加强和巩固所选择行为方式并使其变成习惯，这是多次相互交错的重复活动的结果。五是习惯的行为方式变成个性。习惯本身还不是个性，但在一定条件下它可以变成个性。一些性质相同的习惯结合到一起，就能达到这种转变。这种由结合所形成的习惯具有广泛的转化性，不仅在固定的、严格规定的条件下起作用，而且在多变的、自由的生活与活动情境中也会产生积极作用。巴拉诺夫的观点，对于我们深入把握德育过程的固化机理，无疑具有重要的借鉴意义。

第三节　德育过程的规律与关系建构

一、德育过程的规律揭示

德育过程是教育者根据一定社会的德育要求，遵循受教育者的思想品德形成、发展的规律，对受教育者有意识地施以政治、思想、道德和法纪等方面的影响，促使受教育者形成一定的思想品德的过程。因此，要揭示德育过程的规律，首先应当分析构成德育过程的一些基本要素，然后再结合有关德育与人及社会的规律性联系及人的品德形成发展规律（这些我们在前面的有关章节均已做过分析和阐述）进行思考。这样，我们就有了一个揭示德育过程规律的逻辑的和方法论的基础。

（一）影响德育过程的基本要素

1. 德育者

在德育过程中，作为以培养受教育者品德为其活动指向的德育者，客观上成为"传递"社会品德规范的教育主体。德育者主体作用发挥得如何，直接关系德育工作的成败。所以，在整个德育过程中，德育者始终居于主导地位。

首先，德育者是在用社会品德规范影响德育对象，这就要求其自身必须掌握社会品德规范，并能按品德规范所体现的原则身体力行，做德育对象的表率，以自身的品德行为去影响德育对象。能否做到这一点，直接关系着德育的效果。其次，德育者必须全面了解德育对象，并对其思想品德现状有全面的了解，将各种信息进行加工整理、层层筛选、去伪存真、综合分析，然后评估思想信息的价值，科学地判断某一思想活动的深层原因，从而采取相应的对策。这样可以避免口若悬河却不着边际的空洞说教，增强教育的针对性。其次，教育者要对不同对象实施不同的教育方法，如感化法、内化法、启知法、导行法等。总之，根据德育对象的各种实际，因势利导，激发受教育者学习、实践品德规范的积极性和自觉性。

2. 德育对象

德育对象是教育的客体，同时又是德育过程中的主动参与者，是品德规范的能动载体，具有主体性，因此，德育对象在德育过程中是受动与主动的统一体，具有主客体的双重身份。

从德育的目标来看，德育对象必须接受社会品德规范并成为社会所需要的品德主体。具体到学校德育工作，学生是德育过程的客体，同时，他们又是活生生的人，在接受德育的过程中，他们并不是消极被动地"我讲你听""我授你受"，而是在接受教育信息时，充分发挥其主观能动作用。他们把从教育者那里接收来的品德规范进行能动的处理，在其原有的基础上，内化为自己的品德，而不是作简单、直接、照相式的全盘接受。所以，教育者工作效果如何，并非单方面取决于德育信息的科学性和教育者的德育艺术，更重要的是取决于受教育者是否积极接受和在多大程度上接受与践行。从德育过程及其最终的结果看，受教育者始终表现出主体性，而且受教育者在德育过程中的主体状态并非一成不变。一般来说，随着年龄的增长、知识的增加、阅历的丰富及品德心理的不断成熟，受教育者的主体作用会越来越大，主体性会越来越强。

3. 品德规范

品德规范是联结教育者和德育对象的纽带。品德规范是否正确、是否科学且合于情理，直接影响着德育的效果。衡量一种品德规范的正确性和科学性，主要看它是否反映了一定社会对人的品德的客观要求。因此，在德育过程中，要想充分发挥品德规范的作用，一方面要求这种规范必须如实反映现阶段社会政治经济对人们品德发展的要求，在此基础上，由教育机关根据教育对象的年龄、性格特点，将品德规范具体化，这样才便于受教育者理解、接受与遵守。另一方面还要求教育者必须结合受教育者的品德实际，对品德规范进行科学而有针对性的具体阐释，从而提高德育过程的实效性。

（二）德育过程的基本规律

1. 德育过程的统一性和多端性规律

学生思想品德的形成，由知开始，沿着知、情、意、行的顺序发展，最终形成行为习惯。因此，作为德育过程的一般程序，可以分为提高认识、丰富情感、锻炼意志、培养行为几个基本环节。同时，它们之间又具有内在统一性与多端性。

知行统一是衡量思想品德形成的标志。"言行一致""言行不一"就是人们对一个人思想品德作出的肯定或否定的评价。由知到行的统一不是自然实现的，离不开情和意等因素的中介作用。知、情、意、行是品德心理结构的最基本要素。

知，即品德认知，是人们对社会政治观点、思想准则、道德行为和法规规范等观念体系的认识及在此基础上形成的对是非、美丑、善恶等的评价。知是品德形成与发展不可缺少的。一般来说，品德知识越丰富、认识越深刻，就越有助于形成坚定的思想信念和品德行为。对思想道德毫无认识的人，在实践中其行为表现常常是不自觉的。正是在这个意义上，列宁强调"只有用人类创造的一切财富的知识来丰富自己的头脑，才能成为共产主义者"。虽然知在思想品德形成与发展中有如此重要的作用，但知并不直接等于行。品德知识的多少、认识的高低并不能充分说明一个人思想品德的真实情况，知识在没有转化为行为习惯之前，是不能单纯以此作为衡量思想品德水平高低的标志。难怪世界上绝大多数国家从不把品德知识作为笔试来评价学生的品德水准。因为品德知识或认识不是行为，更不能自发地转化为个人相应的行为习惯。但品德知识毕竟是形成一个人品德的基础与前提。

情，即品德情感，是人在思想道德等实践中评价自己或他人行为时，对一定的政治观点、思想准则、道德与法纪规范等所产生的内心体验。思想道德情感是伴随思想道德的内心体验而产生的。反过来又常表现出以好恶的态度驱使人主动接受、追求或拒绝、舍弃一定的思想准则和品德要求。当人的内心体验与外在的思想品德方面的要求产生共鸣或对思想品德方面的要求产生肯定的情绪体验时，就能促进认识的升华，形成稳定的行为习惯，并以坚定的信念进行不断的追求。

意，即品德意志，是指人的内心思想道德意向向外部稳定行为转化过程中克服困难与挫折时的顽强不懈的努力。在人的思想道德活动中，意志能推动人坚持从事达到预定目的所必需的行动，制止不符合达到预定目的的行为，从而使人的思想品德表现出稳定性、坚毅性与专注性。一个人的意志品质如何，对由知到行的转化影响是极大的。意志顽强，会使人无论在怎样艰苦困难的条件下都不会改变有明确认识的行为。相反，意志薄弱，在困难和挫折面前就会改变初衷、放弃努力。因此，意志在人由知到行的转化过程中，起着重要的"定向器"的作用。

行，即品德行为，是人的品德的外在表现。行是思想品德形成和发展的重要标志。但受思想品德认识和情感所驱使的行为，在没有形成习惯以前，还不能说明一个人已形成了良好品德。黑格尔指出："一个人作了这样或那样一件合乎伦理的事，还不能说他是有德的。只有当这种行为方式成为他性格中的固定要素时，他才可以说是有德的。"

2. 德育过程的实践性与社会性规律

德育过程并不是简单的施教与受教的过程，受教育者不可能静止地、被动地接受外部影响，而总是在参与实践活动中接受德育的。任何活动都是主观与客观相统一的过程。环境及其影响是外部客观世界，思想是内部主观世界，活动与交往把两个世界联系起来。人在社会中生活，必然要进行多方面的活动与交往，即多方面的实践，如政治的、经济的、道德的、文化的、生产的、教育的活动等。人的社会生活就是多方面活动与交往的过程。人正是通过多方面的活动与交往才认识社会、认识自然、认识他人和认识自己的，并同时形成自己的世界观、价值观、人生观和道德观等。离开了活动与交往，人就无法深刻认识自然、认识社会、认识他人与认识自己，因而也就谈不上思想品德的形成与发展。人们已经形成的思想品德也总是通过多方面活动与交往表现出来的，并在多方面的活动与交往中得到检验。这种社会性的活动与交往，既是人的思想品德形成和发展的基础与源泉，也是衡量和检验人思想品德的试金石。正因为如此，活动与交往成为德育过程培养人的思想品德的重要途径，从而使德育过程具有很强的实践性与社会性。

德育过程具有实践性，为此，德育过程应充分重视和坚持这一点，注意组织引导学生进行多方面的活动与交往。因为，多方面的活动与交往能使人获得肯定或否定的内心体验，认识来自社会的各种要求的必要性或无用性、高尚性或落后性，从而对人选择接受或拒绝外部世界的要求具有重要作用。比如，人如果在活动与交往中对外在教育要求获得积极的、肯定的体验和认识，就容易接受这种要求，就容易把这种外在要求内化成自身的品德，并给精神生活带来充实感。恩格斯在《反杜林论》中曾经指出："人们自觉或不自觉地，归根结底是从他们阶级地位所依据的关系中——从他们进行生产和交往的经济关系中吸取自己的道德观念。"因此，在德育过程中要避免那种单纯地传授和背诵某些道德条文，切忌呆板说教，因为坐而论道、照本宣科式的德育过程只能造就脱离实际的空谈家。

德育过程还具有很强的社会性。这不仅因为人在德育过程中的活动与交往具有社会性，而且还因为德育过程中的教育要求与目的直接反映社会的要求，从而使德育过程成为促进个体社会化的过程。德育过程的实质就是把外在的社会政治思想准则、道德法纪规范内化为受教育者个体的品德。德育是促进人的社会化、满足社会需要的重要手段。根据社会性的特点进行德育，不仅要坚持按照正确的社会要求来教育学生，还要注意形成学校、家庭、社会相结合的综合教育网络。因为学校德育虽然对学生品德的培养起主导作用，但学生品德的形成与发展绝不是单靠学校德育就能完成的。要有效地对年轻一代实施德育，不仅要重视学校德育的主导作用，还要密切学校与家庭、社会的联系，从而形成教育合力。

3. 德育过程的促进矛盾转化及教育与自我教育相结合的规律

由于社会生活的复杂性与多变性，人的主观世界与客观世界之间常常产生或这或那的矛盾。比如，正确思想与错误思想的矛盾，知、情、意、行之间的矛盾，不断增长的物质生活、精神生活需要与满足这些需要的客观条件之间的矛盾，"理想的我"与"现实的我"之间的矛盾，学生已有品德水平与教育者提出的德育要求之间的矛盾，等等。有矛盾就有斗争，斗争使矛盾得以激发并不断发展直至最后解决。人的思想品德的不断变化和发展就是通过思想内部矛盾斗争来实现的。思想内部矛盾的不断斗争导致思想品德的质与量及发展方向不断变化。没有思想内部的矛盾斗争就不会有思想品德的形成与发展，因此，思想内部的矛盾斗争是思想品德形成与发展的动力。

德育过程就是不断激发、促进学生思想矛盾发展的过程。在德育过程中，对学生思想矛盾的激发和促进是有组织、有目的的。各种制约学生思想品德发展的因素，都被尽可能地组织成为与教育目标相协调的教育影响，通过多种形式有计划地作用于受教育者，使思想矛盾中的积极因素不断被强化，成为支配矛盾发展的主导力量，在矛盾激发的过程中向着预定的方向发展。这里应当指出的是，学生思想矛盾向着预定的方向发展并不完全是通过外部教育而自然实现的，它还与受教育者内因是否产生相应的变化密切相关。在德育过程中，受教育者的活动不是被动机械的，他们往往根据自己的生活经验、价值观念、思想立场、情感好恶、心理定式、思维方式等来对外在教育进行审视、评价和筛选。受教育者的这种审视、评价与筛选至关重要，是影响德育效果的根本所在。不同的审视、评价和筛选，会导致思想品德发生不同的变化。当受教育者自身的各种因素与外在教育要求一致时或与外在教育要求产生共鸣时，就能促进思想矛盾的正向转化，使品德得到发展。这种与外部教育要求相一致的思想品德一旦形成，就会变为自我教育的力量，促使受教育者自觉进行思想转化和行为控制的活动。在德育过程中，外部教育正是与受教育者的内因相结合，与受教育者自我教育相结合来有效地促进学生思想矛盾的变化，并使其朝着预定的方向发展，从而使德育过程呈现出教育与自我教育相结合的规律。在德育过程中，要注意从多方面激发和促进学生思想内部的矛盾斗争。首先，要全面地分析学生的思想实际，摸清学生的思想矛盾，使思想矛盾的激发具有针对性。其次，在运用各种方式激发学生的思想矛盾时，要重视学生的内因条件。要注意调动学生内在的积极性，使其主动促进思想矛盾的正向转化。最后，在激发学生思想矛盾时，应重视引导学生进行思想矛盾自我激发和自我转化，使教育与学生的自我教育结合起来。

自我教育主要包括个体为形成、巩固和发展良好的思想品德而自觉进行的思想修养、思想转化和行为控制等活动。要使学生有效地进行思想矛盾的自我激发和自我转化，必须培养学生自我教育的能力。学生自我教育的能力不仅表明他们要求上进的自觉性和新的思想道德需要的增强，而且还能配合外在教育，提高教育的效率和效益。自我教育能力的形成与发展离不开教育的培养；而教育要达到教育的目的，获得良好的效果，也同样需要自我教育与之相配合。教育和自我教育，二者互为条件、相辅相成，但又不可相互代替，二者必须有机结合。

4. 德育过程的反复性和渐进性规律

德育作为培养人的品德的重要手段，它总是以其目的性、计划性和组织性连续不断地给人们多方面的正面影响，从而使人的思想品德不断发展与提高。德育过程就是促进学生思想品德不断提高的过程。但学生思想品德的提高并不是直线式上升，而是呈现一种螺旋反复、逐步上升的轨迹。这种情况说明，德育过程具有反复性、渐进性。这一规律是由如下原因决定的。

第一，人的思想品德的形成不是一朝一夕、通过几次教育就可完全实现的，而是一个长期的、反复的过程。一种外在的品德规范，并不单是通过教育等手段几次作用于人，就能轻易被人理解、认同、接受并把它内化为自身思想品德的。个体对外在社会要求的内化，并不是简单进行的，而是通过自身思想、实践、心理、情感和意志等方面的复杂的活动，有时是通过反复的矛盾斗争来完成的。这就是说，一种思想品德的形成、一种信念的确立，离不开反复的认识、生活实践的不断验证及情感体验的不断积累等。

第二，人的生活环境和条件（包括自然的和社会的、物质的和精神的）的多变性和复杂性，常常对人的思想品德的形成产生积极或消极的制约作用。由于积极因素和消极因素对人的思想品德的制约程度有所不同，所以人们思想品德的发展也经常表现得时央、时慢，有时对外在思想品德要求表现出肯定的行为，而有时又表现为无动于衷或否定的行为，有时在一定条件下个人品德上的缺陷被抑制或克服，而有时在另外一种条件下又旧病复发或以新的方式表现出来。这种情况必然导致德育过程的反复性与渐进性。

第三，德育过程是多因素参与（有直接的和间接的）并相互影响、相互制约的过程。德育过程内在因素与外在因素不协调，教育者不能为人师表，受教育者对教育者缺乏肯定的情感倾向，受教育者对教育者教育方式的不适或反感，教育内容的失真或不科学，等等，都会制约德育过程的发展及其有效性，带来德育过程的反复。

二、德育过程中的新型师生关系的建构

（一）师生关系的社会制约性

教师与学生的关系既受德育过程的制约，又是一定历史阶段社会关系的反映。师生关系也是人的社会关系的组成部分，不同社会的师生关系具有不同的性质与特点。

18世纪法国的卢梭极力强调儿童的自然发展，主张改变教师的地位；瑞士的裴斯泰洛齐亲自实践教师对学生充满爱的教育；19世纪末美国实用主义教育家杜威，则认为应该从儿童的兴趣和需要出发，建立以"儿童为中心"的师生关系。杜威的师生观无疑具有进步意义，但同时它也由一个极端走向了另外一个极端——由"教师中心"转向"学生中心"。这种观点以实用主义为其哲学基础，强调在师生关系中以学生为中心，教师的任务是在学生的"做"中给予帮助。其不足之处是老师为了和学生维持好关系，获得感激或尊重，竭力消除与学生之间的距离，把自己混同于学生，一切围绕学生转、由学生支配，表现为纵容姑息和宽恕一切。这样往往会导致老师的师表形象受到破坏及老师威信的降低，因而也会影响德育工作的效果。

面向21世纪，现代德育发展的趋势应当是建立师生之间的人道关系，把德育目标有机地融入师生人道关系中去。为此，应当建立一种全新的师生关系——对话型师生关系。因为对话型师生关系既顺应了现代德育发展趋势和现代市场经济的要求，也有利于达成师生关系的平衡，促进德育工作的顺利开展及学生主体性品德的形成。

（二）对话型师生关系建构的必要性

中国有着悠久的"师道尊严"的教育传统。这种传统，即便是在今天，也还在教育的许多方面表现出来，它严重阻碍了新型师生关系的建立。而在社会主义市场经济条件下，人与人之间的关系是民主平等、彼此合作的同志式关系，这种政治、经济上的关系必然反映到学校德育中来，就是教师与学生的目标一致、利益一致，在法律上、人格上完全平等。因此，建立对话型师生关系，作为对传统的"师道尊严"的反叛，以及对社会主义市场经济条件下的新型的人际关系的顺应，其必要性是显而易见的，具体表现在以下几个方面。

第一，对话型师生关系是建立在平等民主基础上的新型师生关系。"对话"本来就是人谈话的一种方式，也是一种语言现象。这种现象揭示的是对话双方以语言为中心的精神交流关系。对话型师生关系是学生完整人格与教师完整人格相互交流而形成的。这里的对话不仅指师生之间狭隘的语言对接。在对话型师生关系中，老师与学生完全以平等的身份

出现。师生在交往中，不仅是指双方知识层面上的交往，而且是指双方的"敞开"与"接纳"，是指相互吸引、相互包容、共同参与的关系。学校德育过程，是在教师与学生的共同作用下，将社会品德规范转化为学生思想品德的过程。这种转化是在师生互动交往过程中实现的，而这种互动交往过程实质上就是一种师生之间对话的过程。

第二，传统的德育过程是单向训导、垂直传递的师生关系，它不利于学生自主人格的形成，而对话型师生关系可以使师生之间得到沟通和理解，消除师生之间的隔阂与对立，形成共同的协调行动，从而顺利实现德育目标。传统的"训话""讲话""谈话"已被实践证明常常是低效和无力的，甚至还造成学生对德育内容、德育本身及教育者的反感，直至造成师生之间的对立与紧张关系。与此相反，在德育实践中"对话"式德育却能够一改传统德育的僵化、无力、低效的状况，并显示出巨大的效能。在德育实践中，我们可以看到，成长中的莘莘学子是那么渴望沟通、理解、支持和帮助。

第三，人类历史发展的每个阶段，都有其与政治经济形态相适应的伦理范型。在社会转型时期，传统伦理学不能及时、全面说明和解释市场经济活动中的诸多伦理问题，必然要有与市场经济相适应的新的伦理观念和规范。而德育作为特殊的社会活动，折射着社会的一般伦理规范，师生之间的伦理关系便反映着这种折射。师生之间的伦理关系，是指在教育活动中，老师与学生各自承担一定的伦理责任，履行一定的伦理义务而构成的一种特殊的道德关系。因此，市场经济条件下的伦理观念和规范的形成与确立必然对学校师生的伦理关系起到关键作用。具体表现为：在市场经济体制下，人们的价值取向趋于经济化和功利化，人们的行为和观念趋向个体化和多样化，同时，市场经济制度下的交换活动以生产者和交换者双方的独立和主体人格为基础，以经济化为原则。因此，市场经济体制下形成的这种价值观和伦理观必然会融入社会生活的方方面面，进而影响到学校德育活动中师生伦理关系的调整，即追求师生双方的平等互惠与人格独立。不难看出，"对话"能够满足和适应这种调整，达到师生双方的平等、民主和人格独立。因而，对话型师生关系也就自然而然地成为一种新型师生关系。

第四，从教育法学的角度看，法律作为人际关系的调节器，随着社会的进步，越来越多地渗透到社会生活的各个领域，教育也毫不例外地被纳入其调节范围之列。这促成了教育法的诞生，也使日益复杂的学校德育活动、校内外各种复杂的关系有法可依，学校德育过程中的师生关系也不例外。在今天，受教育权已被国际社会视为一项基本人权而在宪法中拥有一席之地。与此同时，学生基本人权的保障问题也成为许多国家教育法学研究的重要内容。它要求国家的教育政策必须以培养和造就健康人格为基本出发点。这不仅意味着学生就学权利和教育条件的平等，也意味着在受教育过程中受到社会、学校、教师的同等及公平对待的权利。我国宪法也规定了我国公民享有受教育的权利。国际教育立法的发展及我国教育法制建设的不断完善，都要求广大教育工作者增强教育法制意识，树立教育法制观念，依法行使自己的权力，履行自己的义务，自觉转变师生关系中残存的家长制作风，从遵守教育法的角度处理好师生关系。显然，以"对话"为特征的新型师生关系不仅符合当前教育法律的需要，而且也将符合教育法律发展的未来趋势。

（三）建立对话型师生关系的构想

通过前面的分析不难看出：只有建立在民主、平等基础上的对话型师生关系才是真正符合人性的师生关系，才能真正促进德育乃至整个教育的高效化。但是，真正实现对话型师生关系并不是一蹴而就的。而且，传统的师生伦理观念、教育模式及"对话"自身的复杂性都为德育过程中对话型师生关系的建立带来重重阻力。为此，我们认为应当采取以下具体举措。

1. 教育者要树立现代人文观与正确的学生观

在德育乃至整个教育过程中，老师作为在年龄、知识、经验上处于优势地位的主导者，能否树立科学的人文观和学生观对于师生关系的建立起着十分重要的作用。社会主义市场经济是一种充分张扬人性的经济，因此，师生关系也应该是充满人性的平等关系。现代人文观主张对人的价值的多元化的尊重和对人性的弘扬，因而，建立在民主平等基础上的对话应该是我们社会主义市场经济时代师生关系的主要特征。也正是在这种对话中，老师和学生是作为"人"相遇在一起并建立起一种人格平等的关系。老师重视自己作为"人"的价值，正所谓孔子的"己欲立而立人，己欲达而达人""己所不欲，勿施于人"。教育者在与学生的平等对话中给学生以智能和情感的影响，从而使师生双方得到相互尊重、相互理解，在共同追求真、善、美的德育过程中，充分昭示着人性的光辉。

学生观是指教育者对学生的总体认识和看法，树立正确的学生观是建立和谐师生关系的前提。它要求教育者要真正尊重学生的独立人格。在德育过程中，教育者要认识到每个学生与自己一样都是社会的一员，都是有思想、有感情、有个性的活生生的人。在品德发展方面，学生不一定永远是学生，学生的思想道德境界有时会超越他的老师。韩愈在《师说》中讲得非常透彻，"弟子不必不如师，师不必贤于弟子"，反映的就是这种辩证关系。尤其是在当今社会价值体系失衡、价值多元化冲击、与社会主义市场经济相适应的新的伦理道德正在形成中的社会转型期，教育者应时刻保持清醒的头脑，不断学习和加强自我修养，而不能时时处处以德高望重者自居，更不能对学生在品德进步方面所表现出的"青出于蓝而胜于蓝"视而不见。

2. 深化德育改革

当前，我国在德育改革方面已作了许多有益的探索和尝试，并取得了不少成果。但由于受整个大教育环境的影响，当前的德育领导与管理体制、德育模式、德育方法等仍然滞后于时代的发展。具体表现是统得过多、管得过死，命令主义、主观主义、形式主义还在相当范围内盛行。而所有这些又都把师生关系通过各种不同形式或途径强加上一种不平等的色彩，这就使得对话只能成为形式上的口号，难以真正落实。因而，深化德育改革显得至关重要。

在德育过程中，往往存在着知识与经验的对立，而这种对立又常常是知识排斥经验。经验包含着师生的理性、情感、直觉、态度、信念、举手投足等各个层面，师生的经验就是师生生活的现实精神世界的表现。在德育过程中，对话将品德知识、经验与学生联系起来，引导知识向品德的转化，因而经验具有十分独特的意义。德育内容的改革就是要将经验列入其中，这样，就为师生之间的对话找到了一个载体。德育方法也要不断革新，我们主张在德育过程中要注意道德实践，从对话到实践，再从实践到对话，再到更高一级的对话、实践。如此周而复始，师生共同参与，共同实现德性与人性的升华。

3. 保持师生关系的恰当距离

建立对话型师生关系，绝不意味着师生之间的距离为零。因为，这样往往容易造成教育者的威信降低，师表形象遭到破坏。一旦与学生的交往超出了正常的工作关系，这时的"对话"也就不是师生之间的对话了，它反而会影响德育工作的有效开展。当然，对话型师生关系更不能把师生距离拉得过大。因为，这样又往往会造成老师不能全面、及时、深入地了解学生的思想等状况，同时也易于使学生感到老师高高在上，很难接近，"对话"也就无从谈起。因此，如何保持对话型师生关系之间的恰当距离就显得举足轻重。

把握师生之间的距离应注意以下三点：第一，要把师生友谊与朋友关系区别开来。师生友谊是建立在师爱生、生尊师，教学相长、人格平等基础上的一种理想的师生关系境界。朋友则是指彼此有交情的人。可见，朋友之间的友谊要比师生友谊的范围大得多。那种以为做学生工作需要与学生交往越多越好，甚至与学生无话不谈，构建起师生间通常意义上的朋友关系的想法是不对的。我们提倡师生友谊，但不赞同把社会上朋友关系的思想规范与行为准则引入到师生关系中去。第二，要认清打成一片与一团和气的本质界线。打成一片是指老师深入到学生中间，放下架子与学生推心置腹、交心结友，以便真实地把握学生的思想脉搏，了解其困难与迷惑，有的放矢地开展德育工作。一团和气则是缺乏原则性和组织纪律性的放纵迁就，表现为过多地放权，让学生看着办，对学生的不良行为、缺点、错误不加以严肃批评，而是蜻蜓点水般无关痛痒地泛泛而谈，不去自觉抵制某些不正之风的滋生与蔓延，一句话就是放弃教育责任。第三，要正确区分严格要求、树立威信与脱离学生、高高在上之间的差异。俗话说得好，严师出高徒，没有规矩，不成方圆。依法管理、按章办事是保障学生德育工作顺利开展的前提。只有严格要求、严格管理、严肃纪律，才能造就出具有强烈的组织纪律观念和集体意识的有品德的人。同时，在学生中树立起德育工作者应有的威信与形象，也才具有感召力和凝聚力。

4. 加强师生之间的交往与合作

在德育过程中，交往、合作是形成平等师生关系的基础与条件，对话是桥梁，实现预定德育目标是最终目的。这里，对话是交往、合作基础上的对话，交往、合作是对话中的交往、合作。

我们必须充分认识到，我们所面对的新一代青少年中蕴藏着巨大的品德发展和进步潜能，这是因为他们生活在一个比以往任何时代都更进步、更开放、更文明的社会主义社会。这表现在，新一代青少年学生是当今市场经济社会思想道德价值体系的积极探索者和创造者。市场经济的核心是平等交换、自由竞争，其思想道德体系相应来说也是主张平等、公平、公正、互惠。当代青少年学生还具有强烈的个性意识，对人的个性的自由全面发展充满渴望与热情。因而与学生平等交往与合作是德育过程的必然选择。从现代德育的使命来看，教育者也必须把学生作为德育活动中的合作伙伴来对待。在传统德育中，德育的任务主要表现为社会维护功能。在现代社会中，德育的任务发生了很大变化。今天的德育不仅具有维护社会秩序的功能，更主要的还在于它对学生主体品德能力的扶植和提升。在现代社会，没有人能对我们的精神生活负责，我们是自己的精神生活的独立主体。正像我们不可能指望由某一位精神领袖来勾画我们的心路历程一样，我们也不应该具有做学生精神领袖的心理。教育者要抛弃绝对权威的角色形象，因为现代德育的使命不是去进行道德教条的灌输和兜售，而是使学生更好地塑造自我，成为他们自己。因此，德育工作者必须调动学生的主体性，如自觉性、积极性、独立性和创造性等，在合作中进行对话。

思考题

1. 什么是德育过程？德育过程与品德形成过程是什么关系？
2. 阐述德育过程的结构。
3. 试分析德育过程中的矛盾。
4. 试分析德育过程的阶段。
5. 阐述德育过程的基础。
6. 阐述德育过程的动力。

第六章　德育内容论

导读

德育内容是指用来培养受教育者品德的政治思想道德法纪观点、原则和规范体系，主要表现为用什么样的政治观、世界观、道德观、法纪观去培养年轻一代。它是一定社会里德育目标要求的具体体现，是学校对学生施加的各种德育影响的总和，是影响学生政治思想道德法纪品质形成和发展的基本教育信息。德育目标能否实现，在相当程度上依赖于德育内容的确定是否科学、有序。因此，关于德育内容结构及其优化的研究具有重大的理论价值与实践意义。

学习目标

1. 学习德育内容。
2. 掌握德育内容的确定原则和依据。
3. 了解德育内容的结构及其优化。

第一节　德育内容概述

德育内容是由一定社会的生产力和科技发展水平及与之相适应的社会经济基础所决定的，它会受到建立在一定经济基础之上的政治制度、社会意识形态的制约。当然，德育内容的确定还要以学生品德发展规律和精神需要为依据，以使得德育内容的深度与广度能与学生品行发展的"最近发展区"相耦合，从而使德育内容不仅具备可接受性，而且真正具有发展性。

一、德育

德育是指个体与个体、个体与群体、个体与社会、个体与自然的行为规范教育，包括社会公德教育、国民公德教育、人道主义和集体主义四个层次的德育。德育主要是进行行为规范的教育，它要求受教育者内化道德规范，形成道德观念，发展道德判断力，培养道德情感，养成道德行为习惯，提高道德素养。具体来讲，应从以下几个方面入手。

第一，要加强以为人民服务为核心、以集体主义为原则的社会主义德育。使人们树立与社会主义市场经济相适应的道德观念和道德行为，克服资产阶级的拜金主义、享乐主义、个人主义的错误观念的影响，正确认识和处理国家、集体、个人三者之间的利益关系。

第二，加强社会公德教育。掌握和实行社会公共生活准则，维护公共财物，遵守公共秩序，爱护公共环境，参与公共事业，敢于见义勇为，敢于向不道德的社会现象和行为作斗争。

第三，加强职业道德教育。树立爱岗敬业、诚实守信、办事公道、服务群众、奉献社会的职业道德，克服行业不正之风，改善服务态度，提高服务质量。

第四，加强家庭美德教育，使学生形成平等和睦的家庭关系和团结友好的邻里关系。社会主义德育的重要内容之一就是促进人与人之间的相互理解、相互尊重、相互关心、相互帮助，形成平等、友爱、团结、互助的社会主义新型人际关系。

第五，进行青春期性教育。这一点我国过去一向是避而不谈的，结果产生了许多不应该有的性罪错现象。现在的青少年，处于一个改革开放的新时期，他们的性心理不再像以往处于闭关自守的时代的青少年那样封闭保守。由于信息时代多媒体的多渠道性信息传播，青少年性心理异常活跃。面对这种情况，性德育应该成为德育内容的新增内容。性德育的基本内容有：性纯洁、性文明、性义务、性理智、性责任等。性德育的作用充分体现在知与行的伦理关系上。"知"是基础，性德育的作用，首先是"传道解惑"，即帮助青少年了解和掌握青春期生理卫生知识、青春期心理卫生知识、性道德规范知识等；性行为教育应当使学生明白，人类的性行为是自然性与社会性的统一，而不是像动物那样完全受本能的驱使，性文明是人类区别于动物的主要标志之一。

德育实质上是养成教育。因此，进行德育，重点不是认知道德规范，而是内化道德规范，践行道德规范，用道德规范来约束和指导学生的道德行为，使其提高道德自律能力，形成良好而稳定的道德品行。

根据我国学校德育效果不佳的实际情况，这里有必要深入探讨一下德育内容的有机构成问题。我们认为，德育应该是道德规范、道德原则与道德价值观的并重。如果进行历史的追寻，我们会发现，自古希腊到 19 世纪末，人类所盛行的都是传统的德育，其内容是由诸如勇敢、谦恭、仁爱、友谊、贞洁、诚实和自制等这些相对固定和具体的规则或美德及绝对的、一成不变的道德原则所组成的。应该说，这是由其封闭、落后、保守的社会政治、经济、文化条件所决定的。然而，从 19 世纪末起（我国自 20 世纪 80 年代开始尤为突出），由于人类社会的政治、经济、文化和人们日常生活方式的频繁变化及人口的增加和大量流动，传统的道德规范和道德原则出现了多义性、多变性与多元化，进而人们的道德价值观念也出现了多义性、多变性与多元化，这就给现代德育提出了一个严峻问题：应该怎样来构建现代德育内容？

以反传统面目出现的"温和派"认为：现代德育内容不应该是灌输的而应该是开放的。不应该直接向学生传授特定的道德内容，而应培养道德推理的技能且通过儿童的自主选择和反省探索来确定自己的价值观念。但是实践证明：摆脱了旧的"美德袋"的学生往往背上了另一种包袱，如心理上的利己主义、道德上的极端相对主义等。所以，"尽管那种古老的直接灌输的方法在我们这个多元社会中是无效的，但是任何道德放任主义的企图也并未取得更好的结果"。西方有一种德育观点应当引起我们的关注，那就是后来渐成主流倾向的"折中派"的代表人物弗兰克纳的观点：真正的德育内容应该起到两方面的作用——一方面要维持社会正常的道德秩序；另一方面又要实现这种秩序中的个伝在道德上的自主。

事实上弗兰克纳的德育内容构想已明确地指出了现代德育内容的组成，即现代德育内容应由道德规范、道德原则和道德价值观三个方面组成。道德价值观是确定各种道德价值的根本观点，它作为现代德育内容的上位层面，是与现代社会出现的道德价值、原则、规范的多义性、多变性与多元化情形相适应的。由于人们的根本观点不同，道德价值观念也出现了多元化，这就给学校德育提出了一个问题：该如何正确看待现代德育在价值观念上的导向？在西方现代德育中，通常采用相对主义的态度，尊重学生的自由选择；也有的使用"价值澄清法"，只对学生的价值选择给以方法上的指导，尽量淡化德育过程的"教育性"。在我国一些学校的德育改革实践中，也有类似的尝试。但实践表明，这不仅违背了人类两个文明发展中存在着的进步的一元化的价值目标，而且也削弱了学校德育内容的教育功能。学校德育内容的功能就在于用代表个体的根本利益与社会公众利益的一元化价值观念调节多元化的价值观念，使人们具有更多的共同语言、共同的道德价值追求，以维护社会的道德体系并推动社会前进。所以，我们既要正视社会和受教育者道德价值观念的多元化，又要坚持一元化的价值导向。

关于道德原则与道德规范的关系问题，我们也应该辩证对待。道德规范或规则，是指只能解决一定具体的道德关系的道德矛盾或道德问题、调节一定具体的道德关系的准则。比如，"不要说谎"这个准则，一般地说，说谎是不道德的，但是对坏人说谎并非不道德，对患上绝症的朋友或亲人隐瞒其病情的真相也并非不道德；假如我们换一些更为广泛和普遍适用的具有指导意义的道德准则，诸如尊重他人、平等待人或提倡和奉行人道主义等，同样能解决问题、调节道德关系，这些准则就上升为道德原则了。所以，我们可以这样说，道德规范和道德原则实质上都是指导道德行为的行动方针，只不过道德原则更具纲领性和迁移性，而道德规范则带有明显的具体针对性。这就要求在德育内容中，不仅要有教育儿童爱爸妈、朋友、邻里、老师等具体的道德规范，而且还要有更为具有普遍意义的人道主义、集体主义等道德原则。此外，社会经济、政治、文化等历史条件的差异也会导致道德规范、道德原则的多义性、多变性与多样性，这就要求我们的学校德育内容还要处理好道德规范与道德原则的普遍性与特殊性、人类性与民族性的关系。当然，从德育内容的发展走向上看，将会更多地指向普遍性、国际性与人类性的共同的道德规范与道德原则，这就要求德育内容也要面向世界、面向现代化和面向未来。

二、法纪教育

法纪教育包括法制教育和纪律教育。法制教育主要是指对公民进行应具备的民主与法制观念和法纪规范的教育，使公民具有依法行使民主权力、履行义务、依法管理各项社会事务的素质。纪律教育的重点是教育学生正确认识纪律的性质、意义与作用，帮助他们形成正确的纪律观念，提高遵守纪律的自觉性。具体包括以下内容：

第一，自觉纪律教育。纪律是在一定社会条件下形成的共同遵守的秩序、规则、章程、制度等。在不同的历史时期，不同的阶级有着不同的纪律。社会主义社会实行自觉纪律。它反映了人与人之间同志式平等互助的关系，是人们意志和利益的体现，是建立在人们对纪律的意义有充分认识的基础之上的，是自觉纪律，也是铁的纪律。纪律是人类维护社会生活与秩序的必要条件。在学校，加强对青少年学生的纪律教育是学校顺利进行教学和教育的重要保证，并为学生将来走向社会奠定劳动纪律和岗位职责打下基础。学校德育应该把自觉纪律教育作为"切入口"，当成德育的"基础教育"，贯穿在教育过程的始终，常抓不懈。具体包括两个方面的内容：一是提高学生对自由与纪律、民主与集中的关系的认识，帮助他们形成正确的纪律观念，提高遵守纪律的自觉性，了解民主集中制的组织原则，做到个人服从集体、少数服从多数。二是教育学生严格执行纪律要求，养成遵守纪律的良好习惯。学生在校能听从老师的教导，履行学校和老师的要求，自觉遵守学校和班上的各项规章制度；在校外能遵守公共秩序，并能与无政府主义、无纪律的不良现象作斗争。

第二，民主、法制教育。民主与法制问题是我国现代化建设中的一个极其重要的问题，是青少年学生经常谈论的热门话题之一。加强民主与法制教育，不仅是批判资产阶级自由化思潮所必需的，而且也是社会主义民主政治和法制建设的基础工作和基本前提。对青少年学生进行社会主义民主教育，首先是关于民主的基本理论教育，即民主的科学含义、民主的阶级实质、民主产生的基础、民主的作用、民主的产生与发展等一系列问题。在此基础上，让学生懂得社会主义民主与资本主义民主的阶级区别。对学生进行法制教育，首先要讲解宪法和宣传有关法律基本知识，使学生做到知法守法，提高遵纪守法的自觉性，懂得法律的阶级性质；其次，教育学生不仅要带头守法而且要坚决维护法制的尊严，勇于同违法犯罪行为作斗争，此外，还要让学生明白民主与法制的辩证关系。没有社会主义民主，法制建设就落不到实处；没有法制，民主就难以保障。民主与法制建设是一个长期的过程，只有不断提高人们的民主意识和法制观念，加快社会主义现代化建设，才能最终使社会成为一个高度民主和法制健全的社会。

加强法制教育，已成为法纪教育刻不容缓的事情。只有加强法制教育，才能使学生懂得所享有的权利与义务，以及法律的约束力，这样才能使整个社会的生产秩序、工作秩序、学习秩序、生活秩序等社会秩序得到有力保障，从而使社会主义现代化建设得以顺利进行。

三、政治教育

政治教育是指一定的政治共同体（国家、社会及其所控制的学校教育）对其社会成员进行直接或间接的政治文化的传输教育，主要指对民族、阶级、政党、国家、政权、社会制度和国际关系的情感、立场和态度的教育。在我国，政治教育包括爱国主义教育、社会主义民主政治教育和社会主义初级阶段基本路线教育。

具体地讲，政治教育主要是进行政治理想、政治信念、政治方向、政治立场、政治观点、政治情感、政治方法、政治纪律等方面的教育。重点是解决对国家、政党、阶级、社会制度等重大政治问题的立场和态度。要加强爱国主义、集体主义、社会主义教育，增强学生对党、对祖国、对人民、对社会主义制度的政治共识和深厚情感。要加强党的基本路线教育，全面理解"一个中心、两个基本点"之间的辩证关系，坚持正确的政治方向。政治教育的最为核心的内容是"四个坚持"，即坚持社会主义道路，坚持人民民主专政，坚持党的领导，坚持马列主义、毛泽东思想。

四、思想教育

思想教育主要是指对事物的思想观点的教育，属于认识范畴。广义的思想教育是指有目的地形成人们一定思想观念的教育，狭义的是指有目的地形成人们一定世界观的教育。在社会主义条件下，思想教育特指科学世界观教育，马克思主义基本立场、观点、方法的教育。具体包括科学人生观教育，科学无神论教育，辩证唯物主义世界观、方法论教育和理想教育等。

在市场经济条件下，由于价值多元化和西方一些不良思潮的侵入，思想教育的主要内容应侧重世界观、方法论的教育，着重解决主观与客观相符合的问题。不仅要解决主观与客观的符合问题，还要解决主观与客观如何符合的问题。前者是加强世界观教育，后者是加强方法论教育的问题。

坚持马克思主义的思想教育，用科学的理论武装学生，这在市场经济条件下不但没有丝毫的过时，而且显得万分必要。加强马克思主义教育，对于学生树立正确的人生观和科学的世界观，树立远大的共产主义理想，具有十分重要的意义。因为，马克思主义作为人类精神文明的最高成就，不仅揭示了自然和社会发展的客观规律，指出了人类社会发展的历史趋势，也为我们提供了观察、认识和解决社会问题的基本指导思想。正因为如此，连马克思主义的意识形态死敌也不敢轻视它，甚至不得不去拜读和研究它，如美国在开出的美国高中学生必读的为数不多的人类经典著作中，就有马克思、恩格斯合著的《共产党员宣言》。这充分说明，在真理面前，连敌对者都是可以被征服的，更何况我们是以马克思主义为指导思想建立起来的社会主义国家。所以，宣扬马克思主义是我国学校德育义不容辞的神圣使命，它在思想教育内容中占据绝对的主导地位。当然，加强对学生进行马克思主义教育，不是要学生去把握马克思主义的高深理论，更不是囫囵吞枣地背条条把马克思主义教条化，而是要使学生掌握马克思主义的基本立场、观点、方法，确立科学的世界观，提高分析问题、解决问题的能力，帮助他们在激烈的市场经济竞争中经受磨炼，提高思想境界，在现实生活的实际利益交错中，确立科学的价值观，具有奉献精神。如果离开了马克思主义教育，就没有对共产主义的信仰；没有信仰与信念，也就没有思想教育的真正地位；没有思想教育的地位，德育也就会变成没有"灵魂"的愚昧说教。由此可见，加强马克思主义教育是思想教育的题中应有之义，是德育的内在客观要求。

第二节　德育内容的确定原则和依据

随着改革开放的不断深入及社会主义市场经济体制的确立，我国社会经济成分和经济利益、社会生活方式、社会组织形式和就业形式等日益多样化，由此人们的思想观念和价值趋向也呈现多元化的趋势。应该说，学校德育所面临的时代背景和文化体系已经发生了相当大的变化。德育内容所依托的各种政治、经济、文化等背景已经不是一种表层结构的变换而是深层内核的改变，德育内容怎样适应这一变化，重新作出调整，是一个事关德育成败的重大问题。本节就这些问题进行一些原则性探讨。

一、德育内容确定的原则

德育内容的确定是对德育内容的处理与选择，从而使其成为一个有内在联系的有序的结构体系。要做到这一点是需要有一些基本原则作指导的，否则，就会失去客观性与科学性而变成一种主观随意的东西。本章第一节所研究的问题警示我们：不能再蹈历史覆辙，德育内容必须与时俱进。为此，应遵循以下原则。

（一）德育内容的方向性原则

这里的方向性原则，是指德育内容的政治方向问题。它要求德育内容的选择必须以马克思主义基本理论为指导，坚持党的基本路线，把坚定正确的政治方向放在首位，以确保德育的社会主义方向。因此，马克思主义基本理论教育、社会主义和共产主义理想和品德规范教育是德育的主流内容。尽管我们今天实行的是市场经济体制，可它毕竟是社会主义制度下的市场经济，与资本主义的经济制度是完全不同的，不能把经济体制与经济制度混为一谈。因此，对年轻一代的德育，一定要讲政治，注重政治教育。

（二）德育内容的系统性与针对性相结合的原则

教育是一个系统工程。从系统论的角度看，德育内容是德育这项系统工程中的一个子系统。在对德育内容进行设计时，应考虑到体系的整体性、层次性与动态性，使之能充分发挥德育内容体系的政治导航功能、世界观方法论的引导功能、人生价值观的渗透功能、道德的内化功能、法纪的规范功能。比如，学校中德育内容在总体上要开展以社会主义教育为主线的四项基本原则教育；以党的基本路线为重点的形势政策教育；以人道主义、爱国主义教育为基础的国民公德教育；以集体主义为核心的价值观教育；以法纪作行为规范的法纪教育等。这样才会突出德育的主线条、中心和重点。同时又要根据青少年不同的年龄段和学段的理解力与接受力，确定各个阶段德育内容的深度与侧重点，形成由浅入深的内容系列，体现出教育内容的层次性与针对性。德育内容必须依据不同历史时期的不同要求和青少年不同年龄层及其不同个体的思想实际而确定不同的内容。根据形势的需要和青少年品德心理的发展实际来确定德育内容，既有利于保持德育内容的稳定性和连续性，又能紧密贴近实际使其富于动感和时代特色。依据系统性和针对性设定的德育内容，在排列顺序上应该是由浅入深、由易到难、由近及远、由小到大、由简单到复杂、由具体到抽象。比如，幼儿园着重文明习惯的养成；小学着重良好社会公德和法纪观念的确立；中学侧重科学世界观与人生观的搭建；大学则侧重马克思主义世界观与方法论的形成。这样，就体现了德育内容体系作为一个系统所具有的整体性、层次性及针对性。

（三）德育内容的传统性与现代性相结合的原则

世界上每一个国家、每一个民族都有体现自己特点和优良品格的传统道德，这些内容汇集了古今中外人类创造的精神文明的精华，形成了相对稳定的德育内容，至今仍显示出旺盛的生命力和积极的现实意义。比如，中国传统道德中提倡的"先天下之忧而忧，后天下之乐而乐""人生自古谁无死，留取丹心照汗青"的社会道义，"威武不能屈，富贵不能淫，贫贱不能移"的做人准则，"宁静致远，淡泊明志"的修身格言，"仁者爱人"的仁爱主张等，都值得我们今天的德育内容保留和继承。同时，社会主义市场经济的建立，引发了人们思想观念上的深刻变化，与之相适应的竞争精神、公平意识、效率观念、平等思想、法制规范及注重实际利益的价值取向等也应该纳入德育内容中来，以体现出德育内容的时代性与开放性。因此，德育内容既要有一个尊重传统的相对稳定的系统，又要向时代与生活开放，不断从经济社会变革和文化创新中吸纳新鲜的思想道德养分，关注人们生活中所遇到的思想道德上的新问题，做到传统与现代的有机结合。

（四）德育内容的高尚性和基础性相结合的原则

近些年来，不少教育工作者感到，德育面临着越来越大的挑战，德育效果也越来越令人失望。其中一个原因就是德育内容太高尚以致给人一种"假""大""空"的感觉，进而引发人们的逆反心理与抵触情绪，导致德育的"低效"甚至"无效"。为此，德育内容应将高尚性与基础性相结合，以满足不同品德水平学生的需要。

所谓高尚性，是指德育内容中能被少数先进分子所接受的那一部分内容，它源于基本品德规范又高于基本品德规范，它在整个社会道德生活中能够起到示范和引导作用，它代表着人类未来道德的发展方向。一方面它是一种道德现实（确有少数先进分子已践行）；另一方面，它又是一种道德理想（它超越了现有的社会存在）。共产主义道德是人类最为高尚的道德，它闪烁着"毫不利己，专门利人"的德性光辉。其基本要义是：全心全意为人民服务，大公无私，先人后己，舍己为人等，但这些内容只适合于那些可能成为优秀的共产主义分子的人。正如毛泽东指出的那样："一个共产党员，应该是襟怀坦白，忠实、积极，以革命利益为第一生命，以个人利益服从革命利益，无论何时何地，坚持正确的原则，同一切不正确的思想和行为做不疲倦的斗争，用以巩固党的集体生活，巩固党和群众的联系；关心党和群众比关心个人为重，关心他人比关心自己为重。"而对于绝大多数学生，只能用基础性内容去要求他们，这样会更容易收到实效。基础性道德是社会所有成员都应当具备的道德，包括社会公德、国民公德、法纪规范等。

二、德育内容确定的依据

德育内容是否科学，一方面依赖于确定德育内容所依据的原则；另一方面，为了使确定的德育内容具有很强的客观现实性，还应当有一系列的客观依据。这样，方能使德育内容的科学性与现实性得到有机的统一。这些依据主要有以下几点。

（一）国家法律法规

随着社会的进步，法律意识已逐渐渗透到社会生活的各个方面，"人治"为"法治"

所取代，已成不可阻挡的世界潮流。因此，学校德育内容再不能像过去那样成为政治的附庸，成为"墙上一棵草，风吹两边倒"的无根之物。依法施教，应成为教育者自觉的法律意识和理性选择。

宪法是国家最高法律，它是我们确立德育内容的首选法律依据。我国宪法第二十四条规定："国家通过普及理想教育、道德教育、文化教育、纪律和法制教育，通过在城乡不同范围的群众中制定和执行各种守则、公约，加强社会主义精神文明的建设。国家倡导社会主义核心价值观，提倡爱祖国、爱人民、爱劳动、爱科学、爱社会主义的公德，在人民中进行爱国主义、集体主义和国际主义、共产主义的教育，进行辩证唯物主义和历史唯物主义的教育，反对资本主义的、封建主义的和其他的腐朽思想。"

（二）党和政府的决议中有关德育目标和任务的决定

《中共中央国务院关于深化教育改革全面推进素质教育的决定》中明确提出："要加强辩证唯物主义和历史唯物主义教育，使学生树立科学的世界观和人生观。要有针对性地开展爱国主义、集体主义和社会主义教育，中华民族优秀文化传统和革命传统教育，理想、伦理道德以及文明习惯养成教育，中国近现代史、基本国情、国内外形势教育和民主法制教育。把发扬中华民族优秀传统同积极学习世界上一切优秀文明成果结合起来。针对新形势下青少年成长的特点，加强学生的心理健康教育，培养学生坚忍不拔的意志、艰苦奋斗的精神，增强青少年适应社会生活的能力。"

以上有关党和政府关于学校德育目标与任务的文件规定体现了党和国家的意志，也从根本上扭转了过去的"极左"思潮。它反映了我国现阶段的社会政治经济制度对人才品德方面的客观要求，同时也照顾到了青少年学生在不同的学习阶段的不同的品德心理发展水平和接受能力。因此，党和政府的有关德育目标与任务的文件规定是确定德育内容的直接依据。

（三）青少年学生本身的精神需要

传统德育内容外在的要求提得过多，思想规范、政治规范、道德准则等，都是外在的东西，很少考虑学生自身的需要、兴趣等。从受教育者的接受机制看，不需要、不感兴趣、脱离受教育者实际的东西是很难甚至是不可能为受教育者所接受的。学生进入初中以后，有人际交往的需要，有了解人生价值意义的需要，有认识自我、完善自我的需要，有保护自身利益的需要。因此，德育内容应该反映学生的种种精神需要，帮助学生解决在现实中遇到的道德问题。

(四) 人类普遍的价值观

市场经济新体制决定了我们的社会是一个价值多元化的社会。在这样的社会里，德育显然应当把传授人类普遍的价值观作为基础性内容。这种带有"类"特性的普遍价值观，应当融合东方与西方、传统与现代、物质与精神的思想精华，只有这样才能被古今中外具有一定文明水准的民族和社会普遍认同和珍爱。这种价值观具有相对恒久的生命价值，它应当符合以下条件：首先，它必须对个人和社会都有长远的利益；其次，它必须在哪里都能通行。检验它是否具有普遍适用性的一个标准是可逆性，即你是否也愿意别人以这样的价值观来对待你。比如，"己所不欲，勿施于人""己欲立而立人，己欲达而达人""欲人施于己者，己必施诸人""将心比心"等人际关系准则，显然是能经受住这种检验的。另一种检验的标准是普适性，即当一个人遵循此价值观时固然是好事，而如果每个人都如此做时是否也是好事。比如，正直、诚实、善良、爱心、尊重、谦让、宽容等，如果每个人都这样去做，就一定会促进社会风气的好转。

第三节　德育内容的结构及其优化

仅仅分析学校德育的基本内容或内容系统的基本要素是不够的，我们有必要在此基础上进一步分析德育的内容结构，并探讨德育内容结构的调整和优化组合问题，从而发挥德育内容的最佳教育影响力。

一、德育内容结构的类型分析

德育内容结构是由思想教育、政治教育、德育和法纪教育四个部分组成的，并形成了一定的系统结构。在这个结构中，各部分的地位与作用是不一样的。思想教育是先导，政治教育是核心，德育是基础，法纪教育是保障。思想教育的先导性在于，只有进行思想教育，才能为政治教育、道德教育和法纪教育提供必要的认识论基础，从而形成正确的政治观、道德观和法纪观。政治教育是核心，是指它在德育诸内容中居于主导地位，决定着思想教育、道德教育和法纪教育的性质、内容与方向。德育是基础，是因为道德规范对人具有最基本的、普遍的和经常的调节作用，而且对一个人的政治品质、思想品质和法纪品质具有广泛的扩散与迁移性影响作用。法纪教育是保障，这里是指法纪规范对人的品德行为具有最强有力的外在约束作用，它具有强制执行的威慑力量。

在德育实践中，人们基于不同的观点、不同的时代背景或不同的德育阶段，其内容系统的结构方式也不尽相同，表现出以下几种类型。

第一，道德主导型。在德育内容方面，重点突出德育内容，用德育来支配和影响其他德育内容，着眼于提高人们的道德水平和道德素质，突显德育内容的德育成分。

第二，政治主导型。在德育诸内容的相互关系中，重点突出政治教育内容，并根据政治教育内容的实施来组织其他德育内容，其他德育内容始终从属和服务于政治教育内容，形成政治教育占主导地位的内容体系结构，体现出强烈的政治性。

第三，思想主导型。在德育诸内容中，重点突出思想观点、思想方法等思想教育内容，着眼于提高人们的思想觉悟和认识能力，并通过思想教育来支配、带动和影响其他教育内容，形成思想教育内容占主导地位的内容体系结构，具有强烈的主知性。在社会伦理道德观念处于大变革时期，这种思想主导型结构是十分有效的，因为它有利于人们树立新的正确的世界观、人生观和价值观。但是，如果在其他情况下还是一味地滥用思想主导型结构，则有可能使德育内容变成空洞的说教，使受教育者形成言行不一的双重品格。我国现今的德育内容结构或多或少地还存在着这种弊端。

第四，法纪主导型。在德育诸内容的相互关系中，重点突出法制和纪律教育的内容，并以此来统御其他德育内容，着眼于强化法纪的威严和人们的法纪意识，形成以法制纪律教育内容为重点的内容体系结构，突出了法纪性。这种法纪主导性的德育内容结构在专制的古代社会曾盛行过，如以施暴政而臭名昭著的秦代就奉行"以法为教"和"以吏为师"的教育信条，这种"高压"式德育无助于人的德性的真正生成，恰如孔子所说的那样："导之以政，齐之以刑，民免而无耻。"法纪主导型德育顶多只能使青少年不敢作"恶"，但却难以培养他们的道德品质。不过法纪主导型德育对失足青少年是比较恰当的，"当头棒喝"可促使他们"悬崖勒马"或"回头是岸"。但如果不加节制地运用此种类型的德育，则有可能使德育变成一种冰冷无情的缺乏心灵沟通的教育。

以上四种结构类型，体现了德育内容上的倾向性与选择性。虽然在解决一些具体问题时各有其特殊优势和积极效果，但一定要防止其片面性与模式化。不能抽象地说哪一种类型就是最好的或最坏的类型。正确的方法应当是按照教育内容在相互关系中的地位与作用来建构其合理结构，并根据社会需要和教育对象的实际情况，在全面施教的基础上，相对地突出德育的重点内容。

二、我国现行德育内容的结构性失衡

目前，就我国德育的实际情况来看，在德育内容结构的把握上，存在着不容忽视的结构性失衡。这种结构性失衡三要体现在以下两个方面。

第一，德育内容在系统结构中的相应地位不明确，主次关系不清晰，德育内容的重点不突出，甚至主次颠倒，用相对次要的德育内容冲淡乃至代替主要的德育内容。其突出的表现就是淡化政治，少讲或不讲政治，不重视理想、信念教育，用抽象的德育来代替政治教育和思想教育。

第二，在德育内容体系中，虽然重点内容比较突出，主次关系也较明确，但在实施过程中，往往把重点内容变成了唯一的教育内容，用重点教育内容取代其他方面的教育内容，忽视了某些教育内容，造成了内容体系的不完整和内容结构的片面性失衡。有的学校虽然很突出理想信念教育，维护政治教育的主导地位，但又不大注意其他方面的德育，如社会公德、国民公德、职业道德、家庭道德的教育，至于性德育、网络德育更是许多学校德育的"盲区"。在不少学校，德育内容只停留在"纸上谈兵"的表层现象，而没有很好地要求学生将其贯穿在日常的生活、学习和社会实践活动中。这样一来，德育往往以政治立场或标准去框定道德，剥夺了德育在中小学教育中相对独立的地位与作用，使德育窄化为政治思想教育。依据思想政治教育体系进行整体设置的德育内容结构，在过去特定历史条件下（如革命战争年代、社会主义新中国成立之初），确实发挥了积极作用，这是不能否认的。但是随着时代的发展与改革开放的不断深入，党和国家早已将"以阶级斗争为纲"转向了"以经济建设为中心"，因此，这种政治主导型的德育内容结构，暴露出了明显的不足：对飞速发展的时代适应性差；其封闭的体系内容结构，因不能适应社会环境的新变化而缺乏开放性，因不能回答德育的热点问题或不能应对负面效应对德育的挑战而缺乏灵活性；因忽视对象的成长特点与需求、忽视日常生活基本德育和特殊教育对象对策而缺乏针对性。这些德育内容的结构性失衡直接削弱了学校德育的实效。因此，对现有德育内容结构进行改革完善和优化组合是提高德育实效的重要前提。

三、德育内容结构的优化构想

改革与完善德育的内容结构，主要是对现有内容做必要的调整和充实：保留现有德育内容中的基本部分，剔除那些与社会进步相背离的内容和不必要的重复内容；尽可能地压缩那些超越学生接受能力的内容，增加符合社会主义市场经济要求的新观念、新事实、新内容。比如，针对社会生活和学生实际的经济知识、法律知识、协作意识、效率观念、信誉观念、劳动观念、环境意识、人口意识、国际意识、创新思维、人际交往、网络道德等德育新内容，就应该添加到原有的内容结构中去。

德育的内容是多方面的，因此，德育内容结构的优化组合应以"三个面向"为指导。新内容结构应具备这样的特点：把满足社会需要与学生的精神发展需要结合起来；把继承优良的传统内容和吸收与借鉴富有时代内涵的国际优秀的德育成果结合起来；把当代的德育问题与人类未来的道德发展趋势结合起来。此外，它还应注重实践环节，注重学生的行为规范养成，突出做人的教育，使其既具有针对性、实效性，又具有未来性。优化的德育内容结构应包括以下几个部分。

（一）基本内容

这部分的内容主要包括爱国主义、集体主义和社会主义教育，马克思主义及其常识教育、唯物论、无神论、行为规范教育等内容。对学生来说，从小学到大学，养德修身都是永无止境的。德育是一项常抓常新的工作，也是一项永无止境的工作。比如，爱国主义和行为规范教育，小学、中学、大学都要讲，从这个意义上讲，有些德育内容是固定不变的。因此，有必要将这部分决定社会主义性质和做人基本准则的德育内容列为基本内容，使之成为小学、中学乃至大学德育的常规内容而固定不变。

（二）一般内容

德育内容中，有一部分并不像基本内容那样，需要进行高频率的和高度重复的教育，如禁毒教育、安全教育、性教育、消费指导、择业指导等。这部分内容，除具有贴近生活实际、具有时代特征以外，突出的特点是它反映了学生成长的一些实际问题，虽然不需要高频率教育，但也比较重要。

（三）新生内容

教材都具有稳定性和滞后性的一面，德育教材作为教育内容的载体也不例外，因此，在具体的德育过程中，社会上出现的一些新思潮、新道德问题应该及时地补充到德育内容当中去。这些内容包括：面对知识经济时代的到来而应突出的知识产权等科技德育，具体包括科学精神、科技价值观，科学精神侧重于人的怀疑、求实、进取、创新、严谨、公正、求真务实等精神塑造，科学价值观重在提高人对科技价值的基本看法和正确运用科技的自觉性；面对环境恶化而应突出的生态德育，具体内容是将人类的道德价值观、道德原则、道德行为扩展到动植物乃至整个自然界，增强人的可持续发展理念，养成爱护环境的良好行为；面对社会主义市场经济新体制而应突出的经济伦理教育，具体包括勤俭、公平、诚实、守信、高效、竞争等内容，旨在促进个人与社会经济活动的道德化；面对国际互联网日渐广泛而深刻地融入人们的生活、学习与工作等而应突出的网络德育，旨在提高学生在虚拟世界中的道德自制能力、判断能力、选择能力，以抵御不良信息诱惑，消除网上不良行为；面对世界经济一体化、全球化时代的逐渐来临而应突出的合作精神教育，它是集体主义精神在世界范围内的延伸与迁移，具体内容包括和平教育、人类普遍的价值观和国际理解教育，旨在消除国际间不应有的仇恨与对抗，使人类和平共处、互相关心和互相理解；如此等等。这方面的内容的一个显著特点是具有相当大的开放性。这部分内容最大限度地贴近了生活，贴近了社会，贴近了人类的现在与未来。这样的考虑也是非常符合马克思主义的观点的。马克思主义断言，人类最终是要走向共产主义的，而今天世界范围内的全球化运动正是在朝着马克思主义所指引的方向前进。而在这一运动过程当中，毫无疑问，人类共同的道德因素将会越来越多，直至最终由人类的道德取代阶级的道德。

（四）特殊内容

每个学生都有其特殊的一面。存在某方面的问题是某一阶段学生的普遍现象，但在解决具体问题时都需要针对学生个体，如青春期教育中早恋问题的解决、失身女生的教育与救助、女生日常生活中的自我保护、父母离异学生的教育、失足青少年的教育等。由于以往的德育内容缺乏针对性，学生的许多品德问题没有得到及时疏导与化解，有时甚至还因无的放矢的教育反而加重了学生原有的问题。这部分内容的教育，由于教育内容的具体和教育对象的具体而具有显著的针对性，将有效地改变以往德育工作脱离学生成长实际的弊端。

综上所述，德育内容要随着社会的变化、学生的发展实际而不断吐故纳新，使其内容结构呈现出动态性、开放性、针对性、时代性和未来性特点，从而实现德育内容结构的优化组合。

思考题

1. 什么是德育内容？
2. 德育内容是根据什么确定的？
3. 我国新时期德育的基本内容是什么？
4. 我国新时期德育基本内容安排的原则是什么？

实 践 篇

第七章 高校德育环境建设

导读

目前，我国正处在建立社会主义市场经济体制和实现现代化建设战略目标的关键时期。党中央、国务院高瞻远瞩，站在迎接21世纪知识经济挑战，实现中华民族伟大复兴的战略高度，作出了《关于深化教育改革全面推进素质教育的决定》，强调"实施素质教育必须把德育、智育、体育、美育等有机地统一在教育活动的各个环节中"。作为学校的领导层及每一位德育工作者，应当清醒地认识到，百年大计，教育为本，为使今天的青少年能够成为21世纪社会主义现代化建设需要的合格人才，加强对新时期德育工作的研究和探讨很有必要。

人的思想道德素质的形成和发展与德育环境密切相关。关于德育环境的研究是德育科学化研究的重要组成部分，同时又是德育工作者和相关人员在科学化道路上不断地自我扩展、自我更新和自我完善的过程。它作为一种内驱力推动了人与环境关系认识的科学化进程，从而促进了作为科学的德育学科的形成，也促进了德育科学体系的建构。近年来，有关德育环境的研究，学界已多有论及，但如何在新的时代背景下把德育环境的研究和建设置于整体性领域内进行系统把握，是现代德育体系建构亟须完善的重要环节。

高校德育环境作为大学生思想政治品德形成、发展和高校德育活动的外部因素，对高校德育工作产生了重要的影响。研究高校德育环境是现代德育体系自身建构的需要，同时也是对原有德育范式、手段的突破和创新。

学习目标

1. 了解高校德育环境及其对学生个体发展的价值。
2. 掌握高校德育环境的基本构成。
3. 学习高校德育环境建设的实践探索。

第一节 高校德育环境及其对学生个体发展的价值

一、高校德育环境概述

(一) 高校德育环境的内涵

目前，我国学术界对德育环境的概念界定众说不一，比较有影响的理论主要有：顾明远认为德育环境就是"教育者为实现德育目标和任务而设置或使用的具有教育因素的环境"。这里所指的德育环境是一种可控性德育环境。罗国安提出了影响品德形成的德育环境理论。他在《德育环境学》一书中指出："德育环境就是影响人形成一定品德的各种事物的总和。"戴钢书提出了对人的品德形成和思想政治工作产生影响的总和德育环境理论，他在《德育环境研究》中指出："德育环境是指影响人的思想政治道德素质形成、发展和人的德育活动的一切外部因素的总和。"邱伟光、张耀灿认为："思想政治教育环境就是指思想政治教育所面对的外部客观存在。具体是指影响人的思想政治品德形成、发展和思想政治教育活动开展的一切外部因素。那些凡是与思想政治教育有关的并对其发生影响的外部因素，都是思想政治教育环境。"

随着现代科学技术的发展，人类认识世界的能力不断增强，德育系统的环境也不断拓展且变得愈加复杂。从一般意义上说，德育环境可分为宏观环境和微观环境。宏观环境主要是指社会政治、经济、文化环境、微观环境主要是指家庭环境、学校环境、工作环境。宏观的社会政治、经济、文化环境对人的思想政治品德的形成、发展起决定性作用；微观的家庭、学校、工作环境对人的思想政治品德的形成、发展也有着极其重要的影响和制约作用。从环境构成的内容来看，德育环境又可分为硬环境和软环境。然而，德育环境是一个广泛而又复杂的系统，它是不同层次的环境因素相互联系构成的有机整体。用系统论的方法来审视高校德育环境，就不能孤立地看待各种标准的划分。合理把握、正确定位高校德育环境，我们倾向于将其分为物质性的硬环境和精神性的软环境，并兼而论及以高校为桥梁和纽带也涉及部分社会环境和自然环境等其他相关环境内容。本书将在后面着重阐述。

(二) 高校德育环境的结构系统

关于德育环境的结构系统，戴钢书在《德育环境研究》一书中做了详细的分析，他认为，依据马克思关于环境创造人、人创造环境、环境的改变和人的活动统一于实践这一辩证唯物主义和历史唯物主义的基本观点，吸收前人对德育环境、人的认知实践与评价以及人的思想政治道德素质三者之间关系进行探索研究所取得的理论成果，运用现代社会的系统分析方法，我们可以把德育环境、人的认知实践与评价、人的思想政治道德素质看作德育环境理论中的三个要素。在这三个要素中，我们可以把环境看作客体，把人的思想政治道德素质看作主体，把人的认知实践与评价看作客体对主体发生作用的中介。由这三者形成的结构就是我们所说的德育环境"三维结构"。德育环境、中介、人的思想政治道德素质三者之间的关系是，一方面，德育环境对人的思想政治道德素质产生影响作用，另一方面，德育环境也通过中介因素对人的思想政治道德素质产生影响作用。

具体地对德育环境内涵要素进行分解，理解高校德育环境结构系统中德育、环境、人三者之间的互动性关联，有助于我们对高校德育环境进行进一步深刻的把握。

首先，德育环境对人的思想政治道德素质的影响体现了人和环境的关系。德育为两者之间的和谐关系提供了关联性基础和价值性要求。环境为人的生存和发展提供了各种可能性的物质资源，并同时不断影响人的精神生活。社会的政治、经济、文化、社会生活和学校生活的各个方面，以法律、道德、习俗、其他的社会规范和学校的各种规章制度等形式表现出来，并对人们的思想行为进行导向和规约。人在受环境影响的同时，也通过自己的活动不断改造环境。人们的思想观念，其具体存在的形态表现，大到社会各种学说、思潮、多元的价值观及社会导向、社会风气、社会心理等，小到校风、班风、家风等，精芜杂陈、层次不一，并总是处于不断碰撞、交融、衍生、变化的过程中，它的变化发展过程及其趋向，都对现实环境形成冲击。

其次，德育环境通过中介因素对人的思想政治道德素质的影响体现了德育和人的关系。环境是德育活动实施以及人在德育活动中品德形成的必要的手段和中介。环境在德育过程的各个阶段都影响着个体品德的形成，对人的道德认知、道德情感和道德实践发挥着重要的作用。

再次，德育和环境的相互关系体现了人始终是联结两者的逻辑起点和现实终点。德育实施的主体、客体都是人，教育者和被教育者在德育活动的互动过程中推动着德育的建设和发展。而环境作为人的外部存在，在德育过程中，也是通过人的目的性改造而为德育服务的。

德育环境是一个由若干层次的复杂多元的要素构成的系统，根据不同的标准可以将德育环境划分为不同的类型。从德育实践的空间范围来划分，可将德育环境分为社会大环境、社区环境、家庭环境、学校校园环境和网络以及大众传媒环境。另外，从学生个体发展人际范围来划分，可以将其划分为四类人际环境，即家庭成员、社区邻里、学校老师、同辈群体。本书将在后面分别对上述各类环境的内涵、特征及其对学生的思想品德形成发展的影响进行简要分析。

（三）高校德育环境对学生个体发展的价值

环境对学生个体发展的影响与德育对学生个体发展的影响有着明显的区别与联系。从区别上来看，主要表现为：一是目的不同。环境对学生个体发展的影响是无目的性的，环境的存在不是为了影响人的思想政治道德素质，它的存在是为整个人类社会的生存与发展提供前提和基础，在这个过程中会自觉或不自觉地对人的思想政治道德素质产生影响，从而对个体发展产生促进或制约作用；而德育是目的十分明确的教育活动，德育的目的就是为了影响人的思想政治道德素质从而促进个体的发展。二是层次不同。环境不仅影响人的思想政治道德素质的性质和水平，而且也影响着德育发展的性质和水平；而德育是社会上层建筑的一个组成部分，是环境的一部分，德育主要影响人的思想政治道德素质，有时也会反作用于环境。三是性质不同。环境对人的思想政治道德素质的影响，其性质是广泛的、多样的，其中有积极的，也有消极的，有正面的，也有负面的，涉及思想政治道德素质的各个方面，而且这种广泛性和多样性是时时处处自发地产生的；而德育对人的思想政治道德素质的影响是自觉地、有计划、有步骤、有内容、有组织地，在特定时间和地点，系统地进行的。从联系上来看，二者是作用与反作用的关系，社会环境的性质决定德育的性质，德育则通过培养和训练具有符合社会占统治地位阶级所要求的思想政治道德素质的人，对环境产生反作用。

具体说来，各种德育环境对学生个体发展的价值主要体现在以下三个方面。

1. 德育环境对人的思想政治品德的形成和发展具有促进作用

德育的外部环境，无论是自然环境还是社会环境，都对人的思想政治道德素质的形成和发展具有促进作用。自然环境中，雄伟壮丽的疆土、恬静秀美的山川都蕴含着一定的教育内容，激发人们的爱国、爱家情怀。社会环境的各种因素，特别是思想层面的因素，常常是"鱼龙混杂"，有"香花"，也有"毒草"，积极向上的、高尚的、真善美的德育环境促使青年学生奋发向上，健康成长，有利于他们形成远大的理想，树立正确的人生观与科学的世界观，培养优秀的道德品质及高尚的情操。由于青年学生思想觉悟不高，缺乏社会生活经验，缺乏锻炼，意志力薄弱，各种消极腐朽的因素可能使他们迷失正确的政治方向，胸无大志，追求享乐，沾染上不良的习气，甚至道德败坏，走向邪路等。所以，德育要重视和加强对社会环境的研究，发扬社会环境积极因素的影响，抑制其消极因素的影响，为青年学生的健康成长营造良好的社会氛围。

2. 德育环境对人的思想政治品德的形成和发展具有潜移默化的影响

德育环境对人的思想影响不是强制的、有形的影响，而是无形的、潜移默化的影响。各种德育环境及其因素，以潜移默化的独特方式时时处处地熏陶、感染、引导、激励、教育着青年学生，使他们转变原有的思想观念并提高到新的思想水平。社会环境中的社会风气、社会氛围、社会舆论的教育，正是通过这种潜移默化、耳濡目染、内心的体验和情感的熏陶来实现的。对高校而言，社会文化对大学生的思想和行为的熏陶和感染更为强烈、明显。如一些大学生在流行文化的影响下，受明星的暗示作用，模仿明星，无论是发型、穿着、动作、行为习惯等，都力图仿效，甚至成了"追星一族"。社会文化作为环境参与或影响包括德育活动在内的人类个体和人类的行动历程的每一环节。社会文化不但影响学校德育工作者，还影响德育对象的身心特征，甚至制约学校德育的内容和方法。显然，社会环境对青年学生的影响，虽然不像学校教育那样，是有计划、有组织、有要求，运用特定的措施和方法的，但社会大环境潜移默化的教育作用是不可忽视的。相形之下，它比灌输教育来得更自然，因更少强制性而更易为青年学生所接受，却又往往令青年迷惘而不知所措。正是德育环境的这种独特的教育特征和效果，使得自古以来的思想家和教育家都十分重视环境对人的思想的潜移默化的作用，因此才会有"近朱者赤、近墨者黑""蓬生麻中、不扶自直""孟母三迁"等这样的古训。

3. 德育环境对人的思想政治品德的形成和发展具有重要的约束和规范作用

环境之所以对人的思想和行为具有约束和规范的作用，是因为当人们的思想和行为在环境中表现出来后，就会受到周围环境和人们舆论的评判，同时还会受到法律、道德、纪律规范的检验，这就是环境对人的思想和行为的直接影响。好的思想行为得到肯定和赞誉后，会激励人继续保持甚至强化，也会给周围的人动力，引导他们仿效、改进；不符合社会规范，甚至违背道德和法律的思想行为会受到抑制、批评甚至谴责，使人产生压力和敬畏感，促使人改过。如学生到了图书馆、报告厅等自然会保持安静，因为这些公共场所有保持肃静的氛围要求。这就是制度环境中的条例、准则等对人的思想政治品德和行为的约束和规范作用。德育环境对青年学生的价值观、人生观、世界观以及理想、信念、道德品质等都有这样的约束和规范作用。以社会风气为例，一般认为它只会对人的思想和行为产生一定的影响，其实不然。一个时代或一个时期的社会风气，甚至制约着人们的思维方式与创造性。改革开放以来，人们思想解放，社会变得越来越宽容，价值取向趋于多元，人们个性发展的空间越来越大，这是社会的进步，但同时，社会风气又不可避免地出现新的负面影响，尤其是网络风气、环境对人的思想行为的约束和规范作用亦更加凸显出来。

二、高校德育环境的基本特征

高校德育环境从结构上来说，具有结构的复杂性、整体性、有序性；从本质上来说，具有政治性、广泛性、创造性、开放性和渗透性。

（一）结构上的复杂性、整体性、有序性

1. 复杂性

高校是社会的一个重要组成部分，大学校园被称为社会的"晴雨表"，高校与社会有着不可分割的联系，社会环境的复杂性决定了高校德育环境的复杂性。学校自身也为学生的成长、成才提供了各种物质、精神环境，这些环境因素对大学生的思想和行为无时无刻在发生着作用。此外，高校德育环境由于其性质不同，对大学生的作用方式也各不相同。它们有的是有形的，有的是无形的，有的表现出直接的、具体的影响，而有的则表现出间接的、渗透性的影响。各种不同的影响方式之间既相互联系，又相对独立，交互影响着大学生思想政治品德的形成和发展。这在一定程度上也构成了高校德育环境结构上的复杂性。

2. 整体性

高校德育环境各要素之间密不可分、相互协调的关系，又体现了高校德育环境结构的整体性。也就是说高校德育环境的功能和作用是在特定的结构中产生的，是有机联系的，是牵一发而动全身的。除了各要素间密不可分的关系之外，高校德育环境结构的整体性还表现在各要素之间的彼此协调，也就是说，在一定的环境中，各因素的存在不是机械的、独立的，而是相辅相成、相互配合、相互作用的。高校德育环境只有发挥好整体功能，才能对学生的思想行为产生最大的影响和制约作用。

3. 有序性

高校德育环境从时空上来讲体现了结构上的有序性。从空间上看，高校德育环境各因素是相对独立的，是德育环境大系统的一个子系统，这些子系统处于不同的位置，充当不同的角色，其本身又是一个独立的功能体，它们在构成德育环境系统时具有一定的结构和层次，具有有序性，并各自有相应的功能。从时间上看，高校德育环境各因素不是一成不变的，而是变化发展的，是与大学生身心发展要求和规律相一致的，前后更替具有有序性。一方面，高校德育环境是各因素按照一定的结构形式组合而成的有序系统；另一方面，高校学生思想活跃，接触面广，乐于接受新事物，其思想政治道德会随着环境的变化而不断发生变化，但这种变化并非杂乱无章，会呈现一定的规律性。

（二）本质上的政治性、广泛性、创造性、开放性和渗透性

1. 政治性

学校德育历来被视为再生产既定的政治关系的重要工具。学校德育的这种政治关系再生产功能首先通过学生的政治社会化、实现政治角色的认同而实现，其次通过培养学生自

觉的阶级意识而实现，还通过对不同阶级、阶层的融合、改造而实现。所以高校德育环境在本质上具有政治性。我国从社会到高校，包括家庭，要营造各种各样的环境，来培养德才兼备的社会主义事业合格的建设者和接班人。此外，从社会生活的角度看，高校德育环境在一定程度上是高校学生的社会生活环境，而无论是宏观的国家、法律、道德、社会意识，还是微观的个人思想与行为，都受到政治的直接或间接的影响。既然社会生活环境不可避免地要打上政治的烙印，那么，主要由社会生活环境构成的德育环境自然也有政治性。再者，高校德育对社会政治也有着巨大的影响，可以引导人们对政治目标作出正确的选择，高校的文化传承与创新更是引领社会文化的繁荣与发展。

2. 广泛性

世界是普遍联系的，万事万物都处在一定的联系之中，人与周围的事物存在着普遍的、多样的联系。因此，无论是已经认识到的自然和社会对象，还是尚未认识到的，都可能构成环境。随着人们对人类社会文明史的认识的不断深入和发展，人类活动范围不断地扩大，人们对未来的预测、分析及创造环境能力的加强，环境的时空在不断拓展。作为传承、发展人类文明的重要场所的学校，尤其是作为社会高层次人才培养摇篮的高等学校，更会与社会客观存在着直接或间接的联系，一旦现实社会环境发生变化，高校德育就会为适应其变化而变化。

3. 创造性

由于德育环境具有可变性，总是处在不断发展变化的状态之中，这就给我们发挥创造性，促使其朝着积极影响的方向发展提供了可能。即当现实的德育环境对人的思想品德及德育活动发生影响的同时，我们能够积极发挥主观能动性和创造性，引导和改造现实的德育环境，使之成为有利于德育活动和德育对象身心健康发展的德育环境，从而促进德育目标的实现和德育任务的完成。

4. 开放性

德育是对人的思想与道德施加影响的活动。德育环境具有广泛性，导致德育的环境很难固定。除此之外，德育环境也不能被人为地封闭起来。所以，影响德育环境的因素在空间上没有固定界限。社会存在决定社会意识，社会意识是对社会存在的反映，但社会意识具有相对独立性。人们的思想道德不仅是对现实的反映，而且也会受到历史和未来因素的影响，因此德育不可能机械地固定在某一时间或某一个界限内。这就说明高校德育环境无论是在空间上还是在时间上都具有开放性。

5. 渗透性

高校德育环境对学生的影响不是直接的，主要是间接地熏陶，是一个长期的、潜在的过程，这种潜移默化的隐性效应，使得环境对高校德育的影响不直接显露，不能引起即时的反应，而必须通过对社会、经济、政治、文化等各种信息进行筛选、吸收、积累，将其渗透到对学生世界观、人生观和价值观的形成和思想品德的发展中以产生影响。例如，优秀的文艺作品能对学生起到鼓舞志气、振奋精神的积极作用；健康向上、丰富多彩的校园文化活动，能够创设一种文化氛围，发挥教育功能、导向功能、审美功能和娱乐功能，帮助学生树立正确的人生观、世界观和价值观。总之，高校德育环境对人的影响不是强制的、直接的，而是通过感染、熏陶，使人在不知不觉中接受教育，是一种渗透性的、积累式的影响。

三、高校德育环境的功能

德育环境的功能主要有以下几个方面。

（一）规范导向功能

高校德育环境对青年学生的思想政治品德的形成、发展及德育活动具有规范和导向功能。从社会环境来看，其规范导向功能表现为：一是学校关系是社会关系的一种，一定的社会形态如社会主义制度、资本主义制度等，以及具体的社会制度如政治制度、经济制度、文化制度、教育制度等，都对高校德育起到规范导向作用。如我们正在进行的中国特色社会主义建设事业及深化改革、全面建成小康社会、实现"两个百年"奋斗目标等社会大环境，毋庸置疑规范导向了高校德育的目标、内容、方法等。二是社会环境中的政治、经济、文化等各种具体环境因素通过学生的自觉道德实践和学校的德育活动不断进行物质、信息和能量的交换，使社会信息源源不断地传入学校。这样既对学生的思想认识和价值观念的形成和发展产生影响，又对学校德育活动发生作用。良好的健康的社会信息可将学生的道德认识、人生价值观和德育活动导入正确的方向。反之，消极的不良的社会信息既误导学生思想道德的认识和实践，也会误导学校德育活动，最终削弱德育的效果。从学校自身环境来看，一方面，学校的制度关系规范制约着德育。学校的各种规章制度，如考勤制度、奖惩制度等，都对人的思想行为产生影响和制约。另一方面，学校中的非制度关系，如校园气氛、班级课堂气氛等，也在规范引导着学生的思想行为。

（二）渗透传导功能

高校德育环境对青年学生的思想政治品德的形成、发展及德育活动具有渗透传导功能。具体表现为：一是学校的硬环境，从校园建筑风格到校舍楼宇的装设等，都给生活于其中的成员一个具体可感的参考，并传递出一定的价值信息，给每个成员以一定的心理暗示，使他们自觉或不自觉地从周围环境中接受那些人们所认可或学校倡导的价值观与道德观。如古典的建筑沉淀着学校悠久的文化底蕴，现代的风格蕴含着学校国际化的视野。再如学校校舍的精心装设、校园的花草树木等都面向学生的生活世界，处处感染学生热爱生命、热爱生活、热爱学校。二是学校的软环境，尤其是学校在长期的文化实践中形成的体现学校风格个性的校训、校风，凝聚着学校的基本精神与价值取向，它可以将学校的意志和价值渗透于学校的各种文化活动中，使之成为学生生活环境不可分割的一部分，进而在有意无意中对学生产生影响，对他们人生态度和道德认识的形成发挥导向作用。三是学校的德育活动主要是在学校环境中进行的，学校环境的各种因素对德育活动同样起着导向作用。如志愿者活动、升国旗仪式、参观有历史价值的纪念场馆、参加义务劳动、参加文体活动等能让学生接受爱国主义、社会主义、集体主义的教育；参加学术活动、艺术活动、读书活动等都能使学生在不知不觉中受到心灵的感染、情操的陶冶、哲理的启迪，使教育者的意图逐渐渗透到他们的思想中，由量变到质变，使其思想感情发生改变或将原有的思想提高到新的层次，特别是那些只能意会、不能言传的东西。杜甫的诗句"好雨知时节，当春乃发生。随风潜入夜，润物细无声"就是环境渗透作用的写照。环境渗透作用正是通过这种耳濡目染，对情感的熏陶感染来实现的。正如列宁指出的，没有人的情感，就从来没有也不可能有人对真理的追求。

（三）教育示范功能

高校德育环境对青年学生的思想政治品德的形成、发展及德育活动具有教育示范功能。具体表现为：一是教师人格榜样的示范。教师尤其是与学生联系最多的专兼职班主任和辅导员，通过言传身教，他们的政治态度、品德作风和生活方式都会对学生的政治观、人生观、价值观、道德观产生直接影响。许多学生的思想作风、兴趣爱好和行为习惯都深受老师的影响。二是学生身边的榜样示范。大学生的年龄结构、社会阅历、知识水平、兴趣爱好有相近或一致的特点，因而他们所在的环境中受到奖励或舆论褒扬的先进人物和事迹对他们的道德、情感和价值观的形成有着最直接的重要的影响。学生中受表扬和奖励的好人好事会成为学生效仿的对象及进步的动力。反之，对违纪学生进行处罚，也会使学生努力去避免这种行为在自己身上发生。三是社会模范典型的示范。"雷锋精神"影响了几代人，时至今日早已成为一种民族精神，并且以后还将继续产生深远的影响。孔繁森、杨善洲等优秀共产党员的事迹也深深触动了大学生的心灵。张海迪和被誉为当代中国第一位"轮椅上的女博士"的南京师范大学教师侯晶晶，更激励大学生自强不息。这些社会模范典型的光辉业绩和高大形象容易引起学生心理上的共鸣，产生向他们学习的愿望，进而把这种愿望转化成为学习的动力。此外，渗透于校园雕塑、学习园地、教材中的各种英雄、劳模、科学家、文学家等杰出人物的先进事迹，也对学生具有示范作用。

（四）驱动反馈功能

高校德育环境对青年学生的思想政治品德的形成、发展及德育活动具有驱动反馈功能。高校德育环境是动态变化的。变化的环境必然会给学生的个性特征及思想品德带来新的变化，也会给高校德育带来新的研究任务。高校德育要想取得良好的效果，就必须研究客观环境，揭示环境的运动变化的特性，根据变化了的环境、变化了的教育对象，不断调整教育目标，选择相适应的教育内容和方法，把握环境构成的各因素之间的相互关系及其对人的思想产生影响的规律，为人的思想政治品德健康发展创造良好的成长环境。高校德育环境的驱动反馈功能具体表现为：一方面，社会通过正向的信息传导及逆向的信息反馈，不断向学校发出指令性或指导性信息，对高校德育工作作明确的要求，学校会根据社会要求进行德育环境的改进，并对院系、年级、班级、宿舍等环境层次进行优化，直至对德育对象提出要求，施加影响。同时，社会环境也根据德育对象的社会化行为作出的反馈进行调整。另一方面，国际重大政治经济动荡，国家重大政治经济事件或重大灾害等德育社会环境因素的突发性、偶发性变化，引起高校德育环境要素的反应与变化，这是非常规性的，也是无序的驱动反馈。

（五）心理建构功能

高校德育环境对青年学生的思想政治品德的形成、发展及德育活动具有心理建构功能。具体表现为：一方面，大学生因为外部环境的因素，如市场经济的确立、竞争机制的导入、生活方式的变化、中西文化的碰撞、价值观念的冲突等，产生压抑、焦虑、茫然等一定程度的心理疾病，又由于内部环境因素，如学习生活紧张、竞争激烈、人际关系复杂、业余生活单调、就业压力大等，面临无所适从的心理状态。这就使得德育在心理品质培养中有着特殊的地位和作用，也使得健康良好的心理品质成为德育的心理基础，把德育和心理教育结合起来成为德育方法改革的重要环节。另一方面，由于学校的育人环境具有特定的导向功能，因此，它对学校的环境氛围具有特定的调节作用。这些环境能在一定程度上推进大学生心理品德的健康成长，使学生具有健康的个性心理和完善的人格特征。

第二节 高校德育环境的基本构成

根据德育环境的结构系统分析，我们将高校德育环境分为社会环境和学校环境两大部分，也可以称之为外部德育环境和内部德育环境。

一、外部德育环境

高校外部德育环境，是指较大范围内环绕学生的需求，直接或间接影响和制约大学生思想政治品德形成和发展的各种外部因素的总和，主要包括社会经济、政治、文化等宏观环境和家庭微观环境等。

（一）社会经济、政治、文化等宏观环境

经济环境是最基本的环境因素，直接影响德育的要求和规格，决定德育的发展水平。不同的生产方式对人的思想政治品德的要求是不同的，社会经济环境以其特有的生产方式对人的思想政治品德产生直接的影响。在社会主义社会，我国实行以公有制为主体、多种所有制共同发展的经济制度，以按劳分配为主、多种分配方式并存的分配制度，这种经济环境要求在全社会弘扬以为人民服务为核心、以集体主义为原则的思想政治品德。同时，经济环境还通过对政治、文化等其他环境因素的影响来间接影响德育，繁荣的经济环境能激发人的内驱力，鼓舞人的意志，振奋人心，有助于人形成积极向上的思想政治品德，而衰退的经济环境则容易使人失去动力而意志衰弱。

政治环境是形成人的政治观的外在重要因素，也是实现人的政治社会化的客观条件。政治环境决定了我国高校德育的目标、内容、基本原则等，因此德育必然要把视野投向社会政治环境，从中把握学生的思想政治品德形成、变化的规律性，通过进行党的基本路线、方针、政策的教育来提高学生坚持党的领导和坚持中国特色社会主义道路的自觉性，通过进行社会主义民主、法治的教育来提高学生辨别是非的能力，增强他们遵纪守法的意识，通过形势政策教育、党史国情教育来使学生对周围环境、社会生活、社会关系有正确的认识，帮助他们树立正确的政治立场和价值观念。

文化环境是人们在精神文化支配下的各种行为联系而构成的社会文化关系。社会文化环境通过融合各种教育因素间接地、潜移默化地影响人的思想面貌和价值取向。当前坚定不移沿着中国特色社会主义道路前进、实现"两个百年、两个翻番"、实现全面建成小康社会的奋斗目标、实现中华民族伟大复兴的中国梦，作为全社会的共同理想和精神支柱，就起到精神动员的作用，激励学生坚定信念、明确方向、开拓进取。此外，高雅、健康、进步的文学艺术作品、新闻出版作品、广播电视电影作品等能够滋润人们的心灵，升华人们的精神境界，良好的社会风气、社会思潮、社会心理等因素也影响学生思想政治品德的形成。

（二）家庭微观环境

家庭作为社会的细胞，是社会组成的基本单位，也是品德教育的前沿阵地。家庭成员

的言行对子女的思想、品质、作风的形成具有潜移默化的作用。可以说，家庭是人生第一所学校，父母是子女的第一任老师，父母的言传身教和家庭的熏陶至关重要。改革开放和社会主义市场经济的建立和发展，为家庭环境建设奠定了物质基础。现在家长为适应社会，在家庭教育上不惜血本进行投资，花费了大量财力、时间和精力，某种意义上说这是家庭环境建设的很大进步与发展，但这种无微不至的关怀、照顾甚至包办，也使得一些子女缺乏独立自主的能力和自强的精神，有的因为逆反、不适应挫折和困难等造成严重的心理问题，还有的没有勤劳简朴、艰苦奋斗、团结协作的品德而不适应大学的学习和生活，因此家庭环境对高校德育的影响已随着经济和社会的发展而不断增强。为此，重视家庭环境建设是提高德育实效的重要环节。要着力提高全民的素质，家长素质的提高是家庭环境建设的根本和保障。要在全社会大力弘扬中华民族优秀传统文化，并吸收世界先进文明成果，形成有时代特征、民族特色的家庭美德。学校要采取一定的方式培养家长家庭教育的意识和能力，并倡导家长以身作则，率先垂范。总之，加强中华民族的德育建设，必须从家庭抓起。家庭德育氛围也是高校德育环境建设的重要着力点。

二、内部德育环境

高校内部德育环境，是指直接或根本影响和制约大学生成长成才、思想品德形成和发展以及影响和制约高校德育工作及其成效的各种内部因素的总和。高校内部德育环境主要包括校园硬环境，即物质环境；校园软环境，即高校学术环境、高校文化环境、高校管理环境以及高校生活环境等。

（一）校园物质环境

物质环境是影响大学生道德品质形成和发展的重要因素，良好的物质环境有利于产生良好的德育效果。校园物质环境是指校园内对学生的学习和生活产生影响的一切物质条件的总和，主要包括由学校的建筑、设施设备、活动场地、绿化美化和景点设置等构成的自然地理环境、人文景观、教学科研设施、文化基础设施。学校的德育离不开特定的校园，校园物质环境既是学校生存发展的基本条件，又是精神环境中的各种因素的载体。虽然物质环境是没有生命和感情色彩的客观存在物，但如果能够按照有利于育人的要求，遵循德育规律，匠心独运地加以精心设计构造，就会使其散发出生命的灵性，引起人们对美好事物的向往，激发人们对美好生活的追求，从而使其所蕴含的人文底蕴和自然和谐的美感及所表现的文化观念、文化内涵成为影响学生道德品质的强大外部物质力量，并对学生的思想道德素质产生潜在的影响。因此校园物质环境建设得好不仅有利于学生控制情绪、调适行为、陶冶情操、美化心灵，还可以启迪智慧，激发灵感，使学生时时感到精神生活的愉悦。

（二）高校学术环境

科学研究是高校的主要功能之一，大学素以灵动的学术气息而意蕴深邃，充满着求真的科学精神与求善的人文精神，这就是高校的学术环境。学术活动既是学者的活动，又是教育学生的活动，同时也是德育工作者教育人、启迪人、感染人、熏陶人、引导人的活动。清华大学老校长梅贻琦先生曾说过："所谓大学者，非谓有大楼之谓也，有大师之谓也。"自由的学术氛围要求学生培养求实的科学精神，培养创造性、批判性的思维，培养自主、自强的独立人格。高校学术环境及氛围如何是一所高校是否兴旺发达的标志。一所大学是否具有社会影响，能否对社会作出应有的贡献，不取决于大学的地理位置、建筑、师生多少，而取决于该校的学科建设、学术水平和学术氛围，取决于有多少科研成果转化为现实生产力及其对社会贡献的大小。

（三）高校文化环境

高校文化环境是指影响高校德育的各种文化要素的总和，包括国家的思想和意志、民族传统文化、社会的道德风尚等在高校的文化体现以及高校本身的各种文化因素。校园文化具有重要的育人功能，要建设体现社会主义特点、时代特征和学校特色的校园文化，形成优良的校风、教风和学风。新时期高校德育工作，必须营造良好的校园文化环境及氛围，始终代表中国先进文化的前进方向，并充分发挥其在人格塑造中的调节和导向功能，做到以科学的理论武装人，以正确的舆论引导人，以高尚的精神塑造人，以优秀的作品鼓舞人。校园文化是以校园为中心，以丰富和活跃学生课余生活，培养全面发展的合格人才为目的，并由广大师生直接参与和组织的一系列活动所形成的一种精神环境和文化氛围。校园文化的灵魂和核心就是校园精神，校园精神是深层次的群体意识，又是群体的向心力和凝聚力，是校园群体共有的价值认同、价值取向和行为方式。校园文化环境从广义上讲，是指教职员工在学校教学、工作、学习过程中共同形成的物质条件和精神条件的总和；从狭义上讲，是以学生为主体，以教师为主导，在学校这个空间范围内所逐渐形成的精神文化形态。树立优良的校风是创造良好的校园文化环境的核心内容。校风是校园文化的本质表现，是学校教职员工共同形成的，具有办学特色的、全局性的、稳定性的精神力量和行为作风，是学校管理和办学水平的集中表现。

校园文化环境对大学生的精神风貌和态度情趣具有同化作用，对大学生的道德品质的形成起着重要的塑造作用。因此，高校应开展丰富多彩、积极向上的学术、科技、体育、艺术和娱乐活动，把德育与智育、体育、美育有机结合起来，将德育寓于文化活动和社团活动之中。为德育工作创造良好的文化环境，是高校德育环境建设面临的重要课题。

随着信息技术的迅猛发展，网络环境成为校园文化环境的崭新领域。网络环境的交互性、即时性、便捷性、开放性、匿名性、平等性等特点，为学校德育提供了丰富的信息资源，拓宽了学校德育渠道，使学校德育环境建设最大限度地实现社会化。但网络是一把双刃剑，在给高校德育带来积极影响的同时，也不可避免地带来了负面作用，这也为高校德育环境建设提出了一个全新的课题。

（四）高校管理环境

高校管理环境主要包括制度环境和组织环境。制度环境作为高校德育的软环境，为高校德育的开展和实施提供了基础性的安排和保障。"没有规矩不成方圆"，没有切实可行的规章制度，即使有最好的环境条件，环境建设也不可能协调发展。制度不但推动德育环境不断优化，还保证德育环境建设井然有序，强化德育环境对大学生的道德感染和熏陶作用。制度环境由维系学校生活和各种关系的规章、规则和制度构成，具体包括师生道德行为规范、校园管理制度等。制度环境一旦形成，就具有一定的稳定性和普遍的约束力，要求大家共同遵守，不得随意更改和破坏。高校德育活动是由各级互相依存的组织实体机构来实施的，高校德育环境自然也包含作为高校软环境的组织环境，它是高校实施德育的组织保证。高校德育必须在组织的团队中，在各级组织的相互配合支持下才能发挥其系统性和有效性。组织的重视程度、理念方法、理论研究水平和实际工作能力等都在很大程度上制约着德育建设的发展。组织环境主要包括德育工作的领导体制和德育队伍状况。有效的领导体制是高校德育环境协调、有效建设的根本所在，高素质的德育队伍是建设高校德育环境的人力保障。

（五）高校生活环境

高校生活环境主要指在特定空间范围内形成的社区氛围和人际环境。其中社区氛围主要是指在大学生宿舍等生活园区形成的生活、交往、文化等氛围。宿舍将不同地域、不同生活背景、不同专业、不同素质的学生集合成一个小群体，在这个小群体中他们朝夕相处，心灵沟通，情感交流，学习帮助，相互影响，形成特定的生活环境，这种环境极具影响力和感染力。高校德育的人际环境是大学生与其所能接触的人通过交往形成的主要以情感为基础的相互关系和氛围，是一种交往环境。良好的人际环境不仅是大学生学习、生活的重要保证，也是学校德育价值的重要体现。高校生活环境不仅会影响德育主客体的价值导向和行为模式，还会影响德育主客体的思想情绪和工作动力。

在高校德育环境的构成中，除上述主要构成因素外，还有一些其他环境因素，即对主要环境起支持、维护、保证和促进作用的环境。这些环境虽然对大学生思想品德形成、发展造成的影响不如上述主要环境那样强烈，但是这些环境控制和建设的好坏，同样会给高校德育工作造成重大影响，甚至直接对主要环境起促进或阻滞作用，因此也是高校德育环境中不可或缺的因素。这些环境主要包括：高校的精神和办学理念；雄厚的办学实力与社会影响；所在城市完善的基础设施建设；国家的法律法规和政策等。

三、高校德育的内部环境与外部环境的关系

在高校德育环境构成中，宏观的社会环境是影响高校德育的大背景，控制、影响、决定着其他环境的总体状况。学校环境是高校德育环境的重要组成部分，它对德育活动及学生的思想政治品德的形成和发展非常重要。社会环境针对社会大众层面，学校环境主要针对学生群体或个体，但这并不意味着社会环境和学校环境是对立的、是毫无关系的，更不是"井水不犯河水"，它们之间存在着一种互动关系。学校是社会的组成部分。学校环境的形成和发展离不开社会环境的影响和作用。社会环境对高校德育的影响一般是通过学校环境实现的，反过来学校环境的营造又会影响社会大环境的整体建设。

学校外部环境和学校内部环境对学生的影响是纵横交错、互相制约、互相影响的。学校外部环境是内部环境的背景和基础，而优化学校内部环境又能对外部环境建设起促进作用。因此高校德育环境建设要正视现实，扬长避短：既看到学校外部环境中的有利因素，引导学生认同和接纳它，又要看到外部环境中的不良因素、弊端和危害，引导学生加以抵制和摒弃；既要加强学校内部环境的建设，优化育人环境，又要加强对学校外部环境的优选和调控。实践证明，正确处理高校德育内部环境和外部环境的关系，才能更好地建设高校德育环境。

第三节　高校德育环境建设的实践探索

系统论的协同作用原理揭示了系统的活动机制，揭示了系统的要素之间、系统与环境之间的相互关系和作用。系统要素之间、系统与环境两方面的协同作用，可以使系统在原有要素不变的情况下发挥更大的作用，从而提高系统整体功能的效果。系统要素之间的协同作用是系统运行的微观机制和内在机制，它是系统存在与发展的依据。系统与环境之间的共同作用，是系统运行的宏观机制和外在机制，它是系统存在和发展的必要条件。德育系统的运行机制同样包括系统要素间的内在机制和系统与环境之间的宏观机制。因此，在学校德育过程中，不仅应当关心德育管理运行的内部机制，还应该重视其外部机制，建立学校优化的环境，从而为德育管理创造必要的背景条件。

一、高校德育环境建设的理论依据

近年来，德育环境建设越来越受到人们的重视，它逐渐被纳入德育系统工程研究的视

野中来审视和规划。从某种意义上说，它一方面体现了环境对德育的不可忽视的作用；另一方面也从一个侧面反映了在现代德育中对德育环境研究的相对欠缺。有关环境和德育之间的关系在古今中外的教育理论中已多有论及，然而如何在新的时代背景下正确地理解它们的关系，以及如何把德育环境的建设置于整体性的领域里进行全面的把握，是现代德育体系中亟须完善的重要环节。

一切实践都需要理论的指导。因此，在思考和研究德育环境建设时，我们首先要回答的问题是：现有高校德育环境建设理论的来源和依据是什么？

（一）马克思主义德育环境论

马克思主义认为，道德就其一般本质而言，是对社会关系的反映，是由社会物质条件特别是经济关系所决定并为其服务的一种特殊的社会意识形态或上层建筑。它是为了调节个人之间、个人与集体、个人与社会的矛盾而确立的行为规范。这就表明了德育与社会的关系，是德育环境建设的基本理论依据。马克思和恩格斯在创立辩证唯物主义和历史唯物主义体系的过程中，在对唯心主义和机械唯物主义的有关错误观点的批判过程中，阐述了思想道德观念的形成、发展、变化与环境的基本关系，即环境改造人，人改造环境，二者统一于社会实践。马克思、恩格斯依据社会存在决定社会意识的历史唯物主义观点，对环境改造人这一思想作了科学回答。人们的观念、观点和概念，人们的意识，随着人们的生活条件、人们的社会关系、人们的社会存在的改变而改变。

改造环境具有能动的性质，即人可以通过实践活动改变环境，改变德育状况和风尚。人们在社会环境面前绝不是消极被动的，人能够通过社会实践活动，改造环境，人能够充分发挥主观能动性，创造适合自身发展的环境。马克思主义关于人与环境关系的理论，使我们对环境与人的关系有了进一步的理解。按照马克思主义环境论的观点，即环境决定人的发展、决定人的思想道德面貌，人也可以通过实践活动改变环境，改变政治思想和道德风尚，这对我们建设高校德育环境具有重要的理论指导意义。因此，我们在加强高校德育环境建设时，一定要遵循马克思主义关于人与环境的发展关系的基本原理，努力探寻高校德育环境建设的规律，不断优化高校德育环境。

（二）环境心理学理论

环境心理学以环境与人的关系为研究对象，从心理学、社会学以及人文地理学等跨学科的角度来研究环境对人的情感、情绪、行为所产生的影响和作用。环境与行为的关系问题是环境心理学的基本问题。环境心理学的主要理论有：认为现实环境是我们很重要的感觉信息源的刺激理论及基于刺激理论的适应水平理论、压力理论和唤醒理论。这些理论主张个体在环境中适应某一水平的刺激。尽管对任何人来说，并无一个特定数量的刺激是好的或坏的，但当刺激与其适应水平不同，或当环境刺激超过个体的适应能力时，就会改变他的感觉和行为。唤醒理论假设我们的行为和经验的形式和内容与我们在生理上被如何激发有关。交互作用理论强调人和环境并不是互相独立的，是一个相互包含着的实体的一部分，这意味着不论是人还是环境，不可能不参照对方而单独定义，并且一方的活动必然影响另一方，即我们对环境会产生一定的影响，环境也会影响着我们。场所理论以环境评价为取向。这里的"场所"并非是指一个地域，而是反映在人们的经验中，是人们环境经验的一个单元，是表示在此场所中活动着的人们的个体的、社会的和文化的各方面综合起来的经验系统。"场所"的意义包括人们从直接的环境经验和辅助信息源获得的个人的概念和情感，许多场所对个别人和人群具有它或它们的特殊意义。

面对现代社会日益复杂的环境和改造环境的日益艰巨的任务，人们的心理状态和行为方式也发生了深刻的变化。因此，德育需要从环境心理学得到启示和借鉴，利用这些理论研究现代社会环境及环境的变化对大学生思想、心理和行为的影响，及时调整德育环境建设的内容和途径。

（三）隐性课程理论

高校德育环境建设的另一个理论依据是隐性课程理论。从 20 世纪 60 年代末起，西方国家开始注重隐性课程的研究、开发和运用。隐性课程理论是由美国著名教育家、课程论专家利普在《班级生活》中最先提出来的，后来经过弗里丹柏格、罗森塔尔、柯尔伯格等人的发展与完善。隐性课程是相对显性课程提出来的。所谓隐性课程，就是隐藏或渗透在显性课程及专业课程之后或之外的课程，特别是教育环境的体制性和气氛性课程。良好的制度环境和氛围环境的教育作用并不比专门的德育课程小，它具有很强的渗透力和感染力，这种课程的作用是经常的、潜移默化的，它直接影响学生的价值取向、行为规范和道德风貌。隐性课程具有影响的间接性、范围的广阔性、发生作用的无意识性等特点，这些特点与德育环境的特点有很多相似之处。因此，隐性课程理论也是高校德育环境建设的理论依据之一。

综上可以看出，无论是西方德育环境建设理论还是我国传统的马克思主义德育环境论，对于高校德育环境建设的指导或借鉴意义在于：一是要及时研究现代社会环境及环境的变化对大学生思想、心理和行为的影响，及时调整德育环境建设的内容和途径并利用心理学理论正确引导大学生对德育环境的改造和优化；二是要积极主动地挖掘隐性课程的德育功能，注重营造校园良好的育人氛围。

二、高校德育环境建设的基本策略

高校德育环境的性质和特点决定了我们必须坚持集成人学教育观，具体来说就是要坚持大空间观、大时间观和大主体观。大空间观要求德育工作应以积极的姿态面向社会，通过环境建设工作，优化和开发高校德育环境，同时将德育内容渗透到环境建设工作的方方面面。大时间观就是从德育环境建设的角度，把高校德育活动作为一个动态的连续的过程，形成一种共时性和历时性高度统一的德育环境。高校德育工作只有贯穿大学生在校生活的始终，才能通过长期的渗透和熏陶，为大学生形成良好的思想道德素质打下坚实的基础。大主体观就是将各级党委、政府部门、社会的有关组织、家庭、学校的力量都整合到德育中来，拧成一股绳，形成教育的合力，提高教育的效果。

这种大空间观、大时间观和大主体观就要求我们要提高"大德育"意识，这是优化德育环境的重要前提。德育环境的优化必须使全社会建立起较为充分的对于学校德育的义务感和德育自觉意识，只有在全社会德育意识水平普遍提高的基础上，德育环境的优化才有可能走向现实。每一个具有一定实践能力、认识能力，并且能够运用这些能力影响和改造德育环境的组织和个人，都是德育环境建设的主体。只要确立并强化这样一个大德育主体观念，就能够实现由主要依靠学校力量实施德育的模式向多主体参与、多渠道渗透、开放动态的整合力型的德育新模式转变。为了践行这种集成人学教育观，我们认为在高校德育环境建设方面应该采取以下策略。

（一）整体建构策略

高校德育环境是由学校德育环境、家庭德育环境和社会德育环境三个子系统共同构成的大系统，三者处于不同的层次和维度。高校德育环境的优化涉及多个方面，整体建构策略是常用的策略和方法。这种策略调节、控制环境各要素对德育的影响，发扬、扩大积极因素的范围并统一其作用的方向，同时抵制消极因素、减少负面影响，使之形成并始终体现正面教育的整体合力和效应。只有使用整体建构策略，有目的、有步骤地调节社会宏观环境与微观环境的矛盾，保持整体协调统一，才能有助于把家庭、学校和社会德育环境三股力量有机结合，构建三位一体的高校德育环境教育模式，从而形成教育合力。

整体建构策略实施过程中，首先要重视政府的主导力量。政府在社会经济、政治、文化等发展目标的选择上起宏观调控作用，在此过程中，应该将构建一个有利于学生健康成长的德育环境的理念贯彻渗透其中，除了要重视与学生特别密切的社区文化环境、传媒环境的建设管理，促进文明家庭的建设等以外，还要重视改善社会风气，形成正确的社会价值导向和中国特色的新文化，从而使得大德育观的实现、良好的大德育环境的营造得到强有力的保障。其次要充分发挥学校在营造优化的德育环境中的主体性和主动作用。

学校要根据育人的根本任务建设好校园环境，同时主动地参与社会德育环境的建设。既善于利用各类环境系统中的积极因素，组合各种正面的影响而形成合力，又以自身特有的优势，传播先进的道德文化并辐射影响社会，从而使外部环境中正面德育影响源最大限度地转变为现实的德育影响，并促进外部环境中的德育影响有序化，形成德育环境建设的良性互动，以开发学校德育的现实空间。

（二） 和谐发展策略

构建社会主义和谐社会。作为中国特色社会主义事业的重要组成部分，教育作为社会系统的重要组成部分，在经济社会发展中起着基础性、全局性、先导性的作用，如何将和谐发展理念融入教育，使其在构建社会主义和谐社会中发挥出重要的作用，是一个重大而崭新的课题，需要广大教育工作者深入思考和不断探索。将构建和谐教育的理念贯穿到德育环境的建设中，能够促进德育环境的优化，为新时期德育改革提供新的思路，对高等教育的改革和发展同样具有重要的指导意义。

构建和谐的高校德育环境。就是努力使学生生活在各尽其能、各得其所而又和谐相处的高校德育环境中，也就是良性运行和协调发展的高校德育环境，它是和谐社会的一个重要子系统。十八大报告强调"发挥文化引领风尚、教育人民、服务社会、推动发展的作用"。大学生最主要的生活环境是校园，营造健康、高雅、积极向上的校园文化和生活环境，对大学生的健康成长有着潜移默化的导向作用。因此，高校应结合自身的特点，积极优化校园德育环境。首先，要形成融洽的人际关系环境。良好的人际关系是大学生学习、生活的重要保证，是学校德育价值体现的重要方面。其次，要营造各种和谐的校园环境。学校德育环境包括学校内部的一切事物，即包括物质的和精神的、有形的和无形的多种因素。通过融合多种德育价值，使学术研究与道德修养相统一，使科学精神与人文精神相统一，以促进"大学生全面素质教育工程"的实施，促使学校在凝聚力、对外吸引力和向心力等各方面都能够得到发展，从而使德育能有效促进人的全面健康发展。

（三） 比较鉴别策略

环境的各种构成要素能对学生产生不同的影响。德育环境的优化要通过纵向和横向的比较，才能鉴别其作用的效果。因此，在德育环境建设的过程中，应该纵向地把德育环境的影响与过去的环境影响、与创造设想的新环境相比较，找出差距；横向地把同一发展水平的环境影响、国内外的环境影响相对比，区别好坏与优劣，并进行优化。通过比较与鉴别，还能增强或突出德育环境的某些特征，重点发挥其作用，形成某些特定的环境条件来影响德育活动和师生的行为。这种策略要求在高校德育环境建设时努力挖掘和创造资源，人为地、有意识地去优化高校德育环境。

（四）判断预测策略

环境的运动、变化、发展在特定条件下是有一定的规律的。德育环境对于人的影响也具有规律性。高校德育环境的建设者作为环境的主人，可以对环境未来的发展趋势及状况作出判断、预测并进行综合分析、择优，从而对环境建设加以正确的引导、适时的调控，不断强化、不断优化，让优质的德育环境发挥最大限度的育人功能，让反面的环境因素在建设过程中被过滤，为学生的德育发展提供一个优化的、明净的环境。这种策略主要是组织各领域的专家运用直观归纳法，也可以采取专家会议来预测环境的过去、现在的状况、变化发展的过程，进行分析判断，通过专家之间掌握的环境信息进行交流，引起思想共鸣，进行创造性思维，从而为优化选择环境资源作出正确判断。它有助于政府和学校对环境优化的舆论导向，并提供决策、立法及制度制定的依据，因此在环境优化的策略中有着重要地位。

（五）隐蔽教育策略

隐蔽教育策略由高校德育环境的渗透性特征决定。它是指在高校德育环境建设过程中应注重德育环境教育功能的自然化和情景化，注重创设情境和氛围促使个体产生内在的需要和情感上的共鸣，让物质环境、精神环境在不知不觉中对学生发挥教育作用，从而实现环境育人的目的。因此，学校德育的信息输出，应融于学校的一切活动中，尽可能以自然的方式出现。首先，要重视科学规划校园建设，创建一个优美的校园环境，以陶冶学生的情操，激发学生的学习热情，从而对大学生进行"无声"的教育。其次，要加强优良校风、学风建设，通过从严治校、改进领导作风、建立健全规章制度、狠抓教学秩序和考场纪律等，确立符合学校传统和特色的校风学风，形成无形的舆论力量和精神力量，从而促进适合学生发展的良好校园环境的形成。再次，要组织丰富多彩的校园文化活动，活跃学生课余生活，通过融政治性、学术性、知识性、健身性、娱乐性、公益性等特征为一体的各类文化活动，有意识地创建一种有利于学生发展的良好文化氛围和教育情境。最后，要重视宣传工作在校园文化建设中的重要作用。要坚持以团结、鼓动、稳定、正面宣传为主的方针，突出主旋律，发扬正确的舆论导向作用，大力发展先进文化，加强社会主义精神文明建设，改造落后文化，抵制腐朽文化，加强校园环境管理，增加一些硬件设施，充分发挥好校园广播、宣传橱窗、院报校刊等文化教育的作用。

三、高校德育环境建设的实践探索

前面我们从理论角度系统分析了德育环境的内涵、结构、理论基础和构建策略等，然而，用系统论的方法来审视高校德育环境，如果孤立地看待各种标准的划分不利于对其进行合理把握。对高校德育环境应该进行正确的定位，它包括物质性的硬环境和精神性的软环境两大方面。

（一）硬环境建设

高校德育的硬环境既是学生生存发展的空间，又是他们的精神家园。学校的师生员工是校园环境建设的主体，他们自己创造、建设、美化的校园环境，身临其中倍感亲切也倍加珍惜，这是最微妙的德育领域，也具有奇特的感染力。建设好高校德育硬环境，使之从一般的物质环境优化为有育人功能的德育环境，往往会使这些物质环境因素成为影响学生思想感情、道德行为的重要外部力量。苏霍姆林斯基曾说过："孩子在他周围、在学校走廊里的墙壁上、在教室里、在活动室经常看到的一切，对于他精神面貌的形成具有重大的意义。这里任何东西都不是随便安排的。孩子周围的环境应对他有所诱导，有所启示。我们竭力要使孩子所看到的每一幅画，读到的每一句话，都能启发他去联系自己和同学。我们努力做到，使学校的墙壁也说话。"这说明校园环境美化对学生品德影响的重要性。

（二）软环境建设

高校德育的软环境主要指影响大学生思想品德形成与发展的各种精神及制度因素，这些因素大多是在德育形成和发展过程中自觉构建、自然形成的。在德育环境中，硬环境是德育环境建设的基础，软环境则是德育环境建设的核心和灵魂，也是学校精神文明建设的重要内容。软环境之所以能在大学生品德发展中发挥重要作用，是因为它不仅集中反映了学校精神风貌，反映了校园文化特征以及目标追求、价值体系，而且还由于各种软环境因素中的积极因素是通过学校师生共同实践并经过历史的积淀、选择凝练而成的，它所倡导的道德价值已浸透在校园内的各种环境因素和人文因素之中，会使学生在不知不觉中受到教育和熏陶，成为其自觉成才的稳定的推动力量。高校德育软环境是一个完整的系统，包含诸多相互联系的构成因素。总体来说，德育软环境建设主要包括人际环境建设、文化环境建设、制度环境建设和心理环境建设。

1. 人际环境建设

诺尔特指出："如果孩子生活在批评里，他将学会谴责；如果孩子生活在敌意里，他将学会暴力；如果孩子生活在嘲讽里，他将学会害羞；如果孩子生活在羞耻里，他将学到罪恶感。如果孩子生活在鼓励里，他将学会自信；如果孩子生活在赞美中，他将学会欣赏；如果孩子生活在公平里，他将学会处事公正；如果孩子生活在安全感里，他将学会信心；如果孩子生活在肯定中，他将学会自爱；如果孩子生活在被接纳和友谊中，他将学会喜爱这个世界。"人际环境是高校德育环境的一个重要因素，从某种意义上说，人际关系也是校园文化的一种体现。良好的人际关系不仅可以使学生全身心地投入学习，促进学生奋发向上，还有助于大学生形成良好的集体意识，形成一种向上的群体规范，是促进大学生健康成长的一种无形的巨大的力量。

2. 文化环境建设

文化环境也是重要的软环境因素，良好的校风、班风是文化环境的主要内容，它能约束每个成员，逐渐使自己的行为、态度趋同于校风、班风体现出的价值规范。柯尔伯格进行了"公正团体法"的教育试验，力图使学校和班级成为一个充满民主的道德气氛、由大家共同管理的"公正团体"，教师是这个团体的"公民"或成员，起着促进学生道德发展的引导作用，每个学生都有自由发表意见的权利，学校和班级事务采取直接的民主管理，让每个学生投票表决决定。柯尔伯格旨在通过建立良好的学校道德气氛来发展学校的道德行为，而良好的道德气氛的建立需要教师的道德引导与民主精神、学校组织制度的公正合理、班级团体舆论的正确导向。集体是一个熔炉，能把生铁炼成钢，也可能是个染缸，给学生以不良影响。学生在集体中，思想行为容易受到集体舆论的制约和同化，心理学上称之为"从众心理"。因比，学校要重视文化环境的建设，尤其是校风、班风的建设。

加强文化环境建设，首先，学校要培养正确的集体舆论。学校要通过多种教育途径，提高学生的思想认识水平及明辨是非的能力，帮助学生树立正确的世界观、人生观、价值观，养成良好的道德行为习惯。其次，学校要根据社会发展要求及自己的实际情况、办学特点，提出校训和奋斗目标，并通过开展先进个人、先进集体的评比活动，在全校形成比、学、赶、帮的良好氛围。再次，学校要加强作风建设，包括领导的作风、教师的教风、学生的学风建设。学校领导在加强自我修养、提高自身素质的同时也需要保证在学校的各项工作以及执行各项规章制度中发挥好带头作用。广大教师要以高度负责的责任心、率先垂范、言传身教，以良好的思想、道德、品质和人格给大学生以潜移默化的影响。广大学生要努力按照李克强总理提出的，"当代大学生要有钻研学问的精进态度，学好基础知识，提高基础本领，筑实基础研究，在学习中不仅要向书本学习，也要向实践学习，与此同时，也应鼓励勇于打破常规创新创业的开拓精神"，要勤于学习、善于创造、甘于奉献，成为有理想、有道德、有文化、有纪律的社会主义新人。总之，教师高度的事业心、责任感和无私奉献的精神以及学生远大的理想抱负、开拓创新精神会使整个校园充满一种浓厚的积极向上的文化氛围。

3. 制度环境建设

著名的教育家赫尔巴特有句名言："如果不坚强而温和地抓住管理的缰绳，任何功课的教学都是不可能的。"要使德育活动能有效开展，就需要严格完善的管理，使其在一定的秩序下进行，以便从约束和调整学生的行为着手达到优化德育环境的目的，如果学校管理不严格，规章制度不健全，纪律松弛，秩序混乱，就不能有效地实施德育活动。因此，制度环境建设也是高校德育软环境建设的重要内容。要着重校规校纪建设，完善学校各项规章制度，以形成井然有序的管理氛围，使学生感受到这种氛围并自觉按照要求去规范、约束自己的行为。俗话说："没有规矩，不成方圆。"学校应遵循教育规律，以教育方针和教育法规为指导，以培养"四有"新人为目标，建立和健全各种规章制度。在制度的建设过程中，应着重考虑以下三个方面：一是规章制度应该是全方位的，做到事事有章可循，如行政管理制度、德育管理制度、教学管理制度、后勤管理制度、内部体制管理制度等；二是规章制度的内容应具体明确、操作性强，且要符合学校的实际及各项工作的需要，切忌空洞乏力；三是规章制度制定后要严格执行，纪律严明，赏罚分明。通过制度环境建设要形成自我激励、自我约束、自我管理的制度文化环境。同时要建立一个完善的管理网络，保证德育管理制度的落实，做到分工明确，职责分明，考核到位。

总之，一个管理有序、制度健全的校园环境，总是充满着向上的朝气，学生往往会注意自己的言行举止。因此，管理并不是消极的约束，而是培养学生良好的行为习惯和作风、促进学生全面发展的育人手段。通过制度环境建设，可以创造出使教育得以发挥作用的良好环境，从而促使学生自觉养成良好的道德习惯和道德行为。

4. 心理环境建设

当代大学生作为一个特殊的群体，他们面临着怎样的心理环境以及他们的心理是如何成长的，这是高校德育面临的重要问题。心理环境建设不仅直接关系到个体正常的成长和心理健康，也影响、制约着高校德育的发展。因此，在高校德育环境的建设过程中，应该根据当代大学生的心理个性特征，在发展他们自由个性的同时，进行正确的心理引导和合理的心理疏导。心理环境建设要以高校这个共同体为范围，通过必要的心理健康知识传授及行之有效的引导、疏导工作，给学生以心灵的归属感和精神的慰藉，创造良好的心理环境，让学生在学校内养成良好的心理素质，从而健康成长。

高校德育的软环境作为高校德育的独特氛围，从各个方面影响、改变和塑造大学生的认识、情感和行为。大学生能否树立正确的世界观、人生观、价值观和道德观，很大程度上受到他们所处的现实环境的影响和制约，而其中高校德育软环境的作用与影响尤为突出。因此，高校应当把德育软环境建设提高到一个新的高度来认识，并采取切实有效的措施加强学校德育软环境建设，努力营造一个优良的学校德育软环境。

思考题

1. 怎样理解高校德育环境的内涵？
2. 高校德育环境对学生个体发展有什么价值？
3. 高校德育环境的基本特征是什么？
4. 高校德育环境建设的基本策略是什么？
5. 高校德育的内部环境与外部环境的关系是什么？

第八章 高校德育资源系统与实践措施重构

■ 导 读 ○

当前高校德育不同程度地存在着德育工作主体缺乏协同意识，德育课程内容缺乏整体设计，德育平台缺乏有机整合等资源分散、各自为政、难以发挥育人合力的现实困境。要改变这种困境，多维整合德育资源，构建学校党委统一领导下的"三全"一体化的大德育育人体系不失为一种有益的途径，即有机整合德育工作主体资源，构建校党委统一领导下的"全员育人"大德育管理体系；有机整合德育课程资源，构建以社会主义核心价值观为引领的"全程育人"的大德育课程体系；有机整合校内外、网内外教育资源，构建显性德育与隐性德育相结合的"全方位育人"的大德育平台体系。

高校德育资源系统的功能在于，通过发挥各个组成部分的作用，体现系统合力，从而提高高校德育效果，最终实现高校德育目标。作为高校德育资源系统的重中之重的是关系资源，无论是设施资源、经费资源、媒体资源，还是制度资源、课程资源等，都需要相关德育主体的认识、投入、开发、利用，才能发挥相应的作用与价值。更进一步说，各个相关德育主体之间的交流、沟通、合作、共生，共同服务于德育活动，共同实现德育目标，则是关系资源的价值所在。

■ 学 习 目 标 ➤◎

1. 了解高校德育资源系统的层次、结构与功能。
2. 明白高校德育资源的系统构成及特征。
3. 掌握高校德育资源实践重构的具体措施。

第一节　高校德育资源系统的层次、结构与功能

一、高校德育资源系统的层次

在实际的工作中，我们需要运用层次的观点来认识事物与处理问题，因为任何一件事情，都体现着一定的层次，都需要按照一定的次序加以认识。我们常说教学当中要尊重知识的逻辑结构，尊重儿童的身心发展规律，要循序渐进等，其实都体现了事物或者某个系统是按照一定的层次构成的。常用于管理学、心理学、教育学中的马斯洛需要层次理论，也体现了系统的层次性。尽管在每一个不同的时期，人都会有着多种需要，但是也会体现为一种主导性的需要。在人的许多需要尚未满足之前，总是会有一种比较迫切的需要，所以首先需要满足这个迫切需要；当满足了某个层次的需要之后，才会出现另一个层次的迫切需要。因此，马斯洛需求层次理论体现为人们生理上的需要，安全上的需要，情感和归属的需要，尊重的需要，自我实现的需要。掌握事物自身固有的层次，是认识问题、分析问题、解决问题的需要。

高校德育资源构成元素之间按照一定方式进行排列组合，就构成了各种资源之间的分布次序，资源之间的次序就可以理解为高校德育资源系统的层次。高校德育资源系统的层次反映了该系统的结构特征与变化过程。比如，以构成高校德育资源系统的关系资源来说，它是由各类德育主体所形成的，这些德育主体包括相关的人、组织与部门，因为分工的不同，这些德育主体的构成具有一定的层次，如学校党政领导在组织上处于较高的层次，中间还有学工部门及相关职能部门，下面还有各个学院学生工作部门，最基础的还有学生各级组织形式。具体到学生各级组织形式来说，其中，班集体是高校里变化较小、较为稳固的基础学生组织，大学生从入校到毕业4年左右的时间里，班集体生活为大学生的自我成长及团队合作精神的培养，提供了重要的组织形式与实践载体。在班级这个基础组织里，仍然可以分为不同的层次，如以辅导员、班主任为指导核心的教师层次，以各个方面的牵头人组成的班委会成员，以志趣相同而结成的各类非正式朋辈团体，以住宿空间区隔而形成的宿舍成员等。

层次还体现着事物发展的阶段性，在不同的发展阶段，体现着不同的性质和特征。我国高校德育在目标与方法上，都体现着一定的层次性。目标的层次性体现为培养大学生做一个好公民的基本目标，也体现为能够担当社会责任、成为社会主义事业建设者和接班人的最高目标。高校德育内容的层次性，体现为培养大学生文明行为和良好道德习惯的基本内容，以及学习马克思主义基本原理、确定马克思主义信念的较高层次内容。根据高校德

育目标与德育内容的层次性，实现德育目标、承载德育信息的高校德育资源系统在各个方面、各个阶段都有着不同的层次划分。

二、高校德育资源系统的结构

如果说层次是就系统的垂直意义而言的，那么结构则是体现了系统在垂直层次及横向部分之间的排列与组合。高校德育资源的结构就是各个构成元素的排列组合方式，不同的排列组合决定着系统性质的变化情况，甚至会影响到德育系统本身的发展变化。在这里，可以引用著名的结构分形例子"门格海绵"，它对正方形进行了分形构造。假如有一个正方体，首先把这个正方体的每一个面进行分形，都分成 9 个正方形，这样一来，就可以把这个正方体分成 27 个正方体；接下来，把这个正方体中心的那个小的正方体去掉，同时把刚才进行分形而来的每一面中间的正方体也去掉，这样就成了 20 个正方体；对这 20 个正方体重复进行前面的步骤，这样循环往复下去，原来的那个正方体就会变成有无数空洞的海绵体，这个海绵体就叫作"谢尔宾斯基"海绵体，这个图形就是"门格海绵"。因此，对系统的结构来说，结构的排列组合情况、优化情况，都直接影响着系统的特征与功能。同时，系统在时间的发展过程中，以及空间的排列组合方式上，都体现出了一定的时空特征，时间与空间相互交错，就形成了系统的时空结构。

高校德育资源系统的结构也是如此。对于构成该系统的各种要素而言，要素数量的多寡，要素之间的排列方式，要素之间的配置情况，都会对该系统的存在状态与发展变化产生决定性的影响。如高校德育的设施资源与经费资源，是开展高校德育活动所必需的物质基础和重要保障，如果没有它们，高校德育活动则无法顺利开展；而如果它们与德育主体的需求之间存在着较大的差距，那就无法保障德育活动的有效进行，也必然会影响德育目标的实现。如果拥有充足的设施资源与经费资源，而相关德育主体各自为政，犹如一盘散沙，如果由德育主体所形成的关系资源无法形成合力的话，就无法充分利用充足的设施资源与经费资源，从而造成资源的浪费，也就会影响德育目标的实现。对于大学而言，其所处的时空环境是其获得德育资源的来源所在。

在高校德育资源系统中，各个构成要素功能发挥的方式也不尽相同，有时需要某种要素处于某种主导地位，比如说，可能是经费资源，也有可能是关系资源，或者资源之间要同时发挥作用，这要根据具体情况而定。高校对资源系统各个构成要素如何发挥作用，需要相关德育主体积极创造条件，优化各个构成要素的排列组合，体现高校德育资源结构的有序发展和正向效应。

三、高校德育资源系统的功能及发挥条件

(一) 高校德育资源系统的功能

功能即事物所发挥的有利作用，作用则是事物所产生的影响与效果。那么，系统的功能就是系统所发挥的作用、影响与效果，既然是作用、影响与效果，必然就存在着作用的对象、影响的对象，或者说是对什么对象产生了效果，因此，系统的功能是一种关系性概念，它是系统本身对系统外部环境的关系。高校德育资源系统的功能，则是该系统对其作用对象的影响。具体来说，高校德育资源系统的功能对象则是大学生，对大学生的思想态度、价值观念、行为倾向等产生的作用与影响。

对于高校德育活动来说，高校德育资源系统为其提供了物质能源与物质动力，同时也提供了精神能源与精神动力，并且随着人们认识能力的提高与社会的发展进步，相关德育主体在开发与利用德育资源的过程中也会逐步地提高对资源认识、理解的程度，增强对资源开发与利用的效果，从而更好地为德育活动服务。在高校德育资源系统为德育活动发挥有效作用的同时，也在影响并改变着高校德育环境，高校德育环境的变化，也影响着高校的文化环境，改善着育人的环境。从这个意义上来说，高校德育资源系统不仅有育人功能，还有社会功能。高校德育资源的育人功能，体现为个人的生存、发展与完善；社会功能则是在对高校德育资源合理的开发、配置与利用过程中产生的政治、经济及文化价值。除了以上功能，高校德育资源系统各种要素之间能够各司其职、各尽其能，而且高校德育资源系统内部配置合理，会形成最佳优化的系统结构，这就会产生系统本身的最大功能，就能够发挥系统的有效合力。

(二) 高校德育资源系统功能的发挥条件

高校德育资源系统功能的发挥，并不是自发而成的，而是需要具备一定的条件，在相应的条件下，其功能才能得以充分发挥，其价值才能得以充分体现。这些相应的条件，具体说来有以下几点：①要有整体性的高校德育资源观念，对高校德育资源要有一个立体的、动态的、发展的、联系的认识。②要增加对高校德育资源的投入，保障资源功能发挥的物质条件。③要充分发挥已有高校德育资源的运用，以免造成资源的短缺与浪费。④要提高相关德育主体利用高校德育资源的素质与能力，实现高校德育资源价值的最大化。

第二节　高校德育资源的系统构成及特征

一、高校德育资源的系统构成

（一）物质形态的高校德育资源

物质形态的高校德育资源是高校德育活动得以开展的基础和保障。

1. 设施资源

高校开展德育活动及学生的学习生活，都需要一定的活动场所、运动设施、图书资料、教学设备、整洁的就餐环境及温馨的住宿条件，这些是开展高校德育系统活动所需设施资源的主要构成部分。

2. 媒体资源

在信息社会中，媒体的建设与完善至关重要，它决定着信息是否能够及时、流畅地传递、更新与完善。媒体一词来源于拉丁语"medium"，音译为媒介，意为两者之间。它是指信息在传递过程中，从信息源到受传者之间承载并传递信息的载体或工具，也可以从广义上把媒体看作为实现信息从信息源传递到受传者的一切技术手段。它包括两层含义：一是指承载信息的载体；二是指储存和传递信息的实体。按照是否用电磁波传递信息进行分类，媒体可以分为传统教学媒体（如黑板、教科书、标本、模型、图表等）和现代教学媒体（如幻灯、投影、录音、电影、电视、计算机等），此外，马歇尔·麦克卢汉（Marshall McLuhan，20世纪原创媒介理论家）认为媒体不只是工具，也是信息。在社会信息化进展中，着眼目前的高校媒体资源，除了传统媒体的发展与完善，现代媒体也得到了空前的重视与利用。然而，对于媒体的第三种形式——"信息"的有效利用与发展情况却不得而知。因此，在设立高校媒体资源维度时，应主要从以下方面考虑：①现有的媒体资源、信息资源是否能满足学生的需求，学校是否需要建设、更新和完善现有的媒体设备或平台。②计算机网络成为目前大学生最喜爱、最常使用的获取、分享和传递信息的平台与途径。那么，了解网络信息给大学生带来的负面影响程度，可以指导学校网络信息传播平台的建设，比如，是否需要建设速率更快的专门的德育资源平台，从而促进高校德育更好地开展。③歌曲、电影与电视剧均与学生的生活息息相关，是大学生主要的休闲娱乐方式，因此，电视、电影设备及其所承载和传递的电视剧、电影、歌曲等内容本身，也需要考虑设计在内，从而可以探测学生需要什么类型的歌曲、电影和电视剧。一方面，为德育者、高校管理者与学校网络管理者更新、限制校园网某些方面的内容提供依据，从而建立特定的、专门的平台，以便更好地满足学生的需求；另一方面，也可以将学生认为流行的歌曲、电影或电视剧融入德育活动中，以达到更好的教育效果。④微博、微信平台不仅是青年人认知世界的最常用平台，更是青年人吐露心声、宣泄情感的场所。对于高校而言，是否利用贴近大学生生活、符合大学生获取信息习惯的平台来进行德育，值得思考与探究。"学生在哪里，思想政治工作就要跟到哪里"，现在的大学生更多的是依托网络获取信息，"网络思想政治"也是当前高校德育需要跟进的一块阵地。因此，媒体资源也是高校德育资源系统的必要构成部分。

3. 经费资源

大学生生活的正式团体就是班集体，那么，如何建立良好的班风，如何形成积极向上的舆论氛围，如何增强班级的凝聚力？影响因素有很多，但是其中最关键的一条渠道就是开展班级活动，参加各种校园文化活动，以及组织学生参加校外实践活动，这些活动的顺利组织和实施，经费是保障。因此，经费资源也是高校物质形态德育资源系统的重要组成部分。可以说，物质形态的高校德育资源包括设施资源、经费资源和媒体资源。

（二）精神形态的高校德育资源

精神形态的高校德育资源表现为关系资源、课程资源与制度资源。

1. 关系资源

根据主体间性理论，精神形态与高校德育资源首先表现为关系资源。主体间性是现象学的核心概念，是由德国哲学家胡塞尔提出来的，并经过海德格尔、伽达默尔、马丁·布伯、哈贝马斯、萨特等的发展，成为西方当代哲学的主要思潮，主体间性既未泯灭个人的主体性，又强调整体的统一和谐性。在高校德育活动中，德育主体包括教师、学生、设计者、管理者等，他们共同构成了德育活动的多级主体关系，因此，高校德育的过程也是一个多级主体之间交互影响达成共识、互识的过程，在这个过程中，多个主体之间彼此形成了一个"道德成长共同体"。那么，借鉴主体间性理论，大学生管理的主体应从单一化向多元化发展，不仅仅是传统的大学生管理职能体系，还必须包括科研、教务、生活保障等职能部门，以及企业、社团、家长等其他主体，各个管理主体不仅是一种共生的状态，同时还具有共同的利益取向。在这个意义上，可以说，关系资源包括大学生自身、学生与学生、学生与辅导员老师、学生与专业课教师、学生与管理人员、学生与服务人员、学生与家长，以及学生与校外人士等之间的关系，它们是高校德育系统运行的核心要素。没有德育主体，德育资源就失去了存在的价值和意义，没有德育主体之间的和谐关系，就无法形成德育影响的合力，没有德育的合力，就无法营造出浓厚的育人氛围，高校德育的目标也就难以实现。

2. 课程资源

狭义的课程，是指某一门具体的学科，广义的课程，是学校教育中为实现教育培养目标而选择的教育内容及其进程的总和，不仅包括各门学科，还包括其他各种有目的的教育活动。因此，课程资源是实现高校德育目标的重要载体。本书中的课程资源有显性课程资源。显性的课程资源主要是指作为高校德育主渠道主阵地的"两课"（思想政治理论课）教学，也包括其他各科课程中本身所固有的德育素材。显性的课程资源包括两个方面：一方面是在以上显性课程教学中的教学组织形式、师生交往互动情况、教师在教学过程中所表现出的情感、态度与价值观等；另一方面是指学校育人氛围、师生关系、校外的物质文化、精神文化、制度文化等各种校园文化的潜移默化的影响及整体育人环境。从这个意义上说，课程资源是精神形态的高校德育资源系统的一部分。

3. 制度资源

一般而言，制度是要求大家共同遵守的办事规程或行动准则。具体到高校系统，高校德育工作的各种规章制度，比如说，德育工作的考核与评价机制，家校沟通机制，学生干部的选拔、使用、培养机制，学校的校风校纪、班风班纪等，都会体现德育的理念，同时也蕴含着德育的信息。如果高校工作能够德法并治，照章办事，高校在学生成长与发展的各个环节都有详尽细致的规范，并且在执行规则的过程中充满人情味，真诚服务于学生的成才，这本身就是一种无形的德育资源。

二、高校德育资源的特征

（一）整体性

高校德育资源的整体性是指各类资源之间有机的联系，每一类资源都不是孤立存在的，而是密切联系、互相制约、互为条件的，从而组成一个复杂的资源系统。根据生态学的反馈原理，高校德育系统的发展需要各种资源的相互作用、相互平衡，进而提供正向反馈，促进系统的整体发展。相反，如果资源与资源之间是相互抵消的负反馈，就会导致德育系统功能的整体衰退。高校活动的顺利开展、正常运行及效应显现，都需要德育资源系统整体功能的发挥，而不仅仅是某一类资源在单枪匹马地发挥作用。

（二）动态性

高校德育资源的动态性是指各类资源在不断地新增与重组，同时又在流失和变动，可以说资源的动态发展无时不在。就如自然界的运动一样，作为社会生态系统中的人类活动更是变动不止，无论是物质形态的高校德育资源，还是精神形态的高校德育资源，都是通过德育主体的活动方能体现其价值。因此，其无时无刻不在发生着各类资源的新增、重组与变动。

（三）多样性

高校德育资源的多样性体现在三个方面：①资源种类的多样性。德育资源丰富而广泛，既存在于校内，又存在于校外；既有来自自然界的，也有来自社会的；既有以显性形态存在的德育资源，也有以隐性形态存在的德育资源，多种多样的德育资源为德育活动的展开提供了丰富的素材条件。②资源具体用处的多样性，也可以说是资源功能的多样性。一般来说，高校德育资源系统是由多种要素构成的有机整体，而每一类资源的每一个构成成分都有着其独特的作用，从而形成了资源的多种用途。比如，对风光性自然资源进行合理开发和利用，不仅可以促进社会经济的发展，提高财政收入，还可以优化当地环境，提高其知名度和美誉度，更能够消除疲劳，修身养性，陶冶情操，给人以美的享受。③资源服务对象的广泛性。任何一种资源都不只是为一个对象服务，德育的对象是广泛的，所以德育资源功能的多样性就体现为对不同的对象发挥作用。

（四）有限性

高校德育资源的有限性体现在两个方面：①由于人们的资源意识、认识水平及科技发展水平的限制，高校德育主体能够认识到德育资源是有限的。当前，我国思想政治教育中普遍存在着资源意识缺乏、滥用资源、资源闲置、资源配置不合理等问题，这些问题都与人们的认识能力和科技水平密切相关，从而导致无法利用好思想政治教育资源，最后导致思想政治教育资源开发利用问题的恶性循环。②从教育者的角度看，其能够投入的时间与精力是有限的，而且其所能够提供的人力和财力也都是有限的。从受教育者的角度来看，学生在校期间接受德育的影响，也会在一定程度上受到时间与空间的限制。

（五）稀缺性

在大学生活的时空范围内，能够被德育主体所利用的德育资源是有限的，但是，大学生对于其成长与发展的不断需求是无限的。因此，实际上，开展高校德育活动所需要的资源是无限的，而已被认识到的高校德育资源是有限的，这两者之间的矛盾，就形成了高校德育资源稀缺性的现象。高校德育资源的稀缺性也是一种普遍存在的现象，每个大学生成长发展需要之满足，皆离不开各种资源，由于资源的稀缺性，就会在高校内部出现德育主体之间的矛盾和冲突，但是人与人之间必须发生联系，需要通过交流与合作交换资源，才能够共享资源，实现每个德育主体的正向发展。根据生态学的生克原理，资源的稀缺性导致了系统内的竞争和共生机制，这正是提高资源利用效率、增强系统自身的活力、实现持续发展的必要条件，缺乏其中任何一种机制的系统，都是没有生命力的系统。

（六）无限性

宇宙是无限的，它不仅在时间和空间上是无限的，而且所蕴含的物质也是无限的，由于宇宙的无限性，可以说自然资源也是无限的。推动社会发展的最终动力，不是科学技术发展进步本身，而是人类对未来世界不断探索和发现的欲望和需求，这些欲望和需求是无限的，因此人类会不断创作出无限的社会资源。对于高校德育资源来说，随着社会的发展和进步，随着人们对高校德育系统有效运行的不断探索，以及德育主体对资源认识能力的逐渐提高，也必将开发出无限的资源为高校德育活动所用。尽管有些物质形态的德育资源在人们利用的过程中，会不断地被消耗和耗竭，但是其所蕴含的精神资源可以再生出无限的资源财富。

但是，资源的无限性属于未来的可能性，并非当下的现实性，可为人类的发展指出一个比较乐观的愿景，但是不能作为解决资源稀缺性问题的出发点。因此，由于已有高校德育资源不能满足学生成长发展需要而产生的资源稀缺性问题，不会因为未来高校德育资源的无限性得以迎刃而解，相反，需要德育主体增强资源意识，合理利用资源，充分发挥资源的"合力"。

第三节　高校德育资源实践重构的具体措施

一、全息式高校德育资源体系的构建

（一）物质与精神资源统一

1. 加大物质形态的高校德育资源的投入

无论是物质形态的德育资源还是精神形态的德育资源，都是有限性和无限性的统一。我们既要充分开发，又要充分利用，才能优化德育资源的最大效应，以此作用于学生的成长与发展。世界各国，无论是贫穷还是富裕，都不可能拥有充足的国家资源得以合理分配到各个方面，比如，国防、社会福利、高等教育等，因此，都面临着有限的教育资源投入，如何合理开发与充分利用，这才是我们当下需要考虑的问题。

2. 充分发挥精神形态的高校德育资源的价值

精神形态的高校德育资源表现为关系资源、课程资源与制度资源。在精神形态的高校

德育资源中，最重要的就是包括学生自身的德育主体及各个德育主体之间形成的关系资源、课程资源及体现学校教育理念的制度资源。

课程是人类道德智慧的主要源泉，它传递着人类文明的道德遗产，通过课程可以让我们在较短的时间内高效地了解人类发展的文明，感受智慧之光。不同的课程都会蕴含着人类的情感和价值观。有教师说学生太迷茫，除了走出校门去看看，作为学生最有效的方式是读书，通过历史故事、文学作品等课程了解社会和生活；有教师说学生"浮躁""短视"，是因为他们缺乏对历史的了解，缺乏对生活的体察，有的时候他们会有自己的观察，有的时候观察到的生活也是很悲观的，但是如果放到一个大一点的历史框架里面看的话，其实也会发现鼓舞人的一些地方。我们经常在说，我们在发展当中出现了一些问题，但是这些问题是在每个发展阶段都会碰到的，只能用发展去解决它。你解决了一个问题之后它会发展到另一阶段，到了另外一个阶段必然也会出现另外一些问题，所以没有什么可抱怨的。

（二）显性与隐性资源统一

1. 提高显性德育资源的效应

在实地访谈中，一谈起高校德育，大家首先想到的是思想政治理论课，但是，一谈起思想政治理论课，大家认为该课程不仅没有起到育人的效果，反而还起到了反面的作用。比如说，思想政治理论课教师不能真学、真信、真教，课程内容与大学生实际需要脱节，课程教学形式是灌输与强迫式的，考试分数与学生实际道德水平缺乏联系等。所以，大家都认为应该取消或是改革该课程。

2. 增强对隐性德育资源设计的自觉

（1）潜藏着的隐性德育资源

学生生活的周围隐含着许多隐性德育资源。比如，学生可以充分利用宿舍园区、卫生间、学校运动场、自习室、走廊、餐厅甚至校园公交车等这些所谓"不起眼的场所"开展德育，可以把学生宿舍园区当作德育的场所。学生宿舍园区是学生每天都要生活在其中的重要场所，与学生的生活最为密切。可以在学生宿舍园区、每一个宿舍楼内，张贴一些关于学校的校风、校训、社会所倡导的核心美德，以及大学生自然的行为准则等；当学生晚归时，宿舍管理人员应该了解情况，有针对性地进行帮助和引导；当学生在宿舍说话的声音及在楼梯上走路的声音过大时，宿舍管理员可以提醒学生，告诉他们应该注意周围的人，需要创造一个安静的环境等；当学生在走廊里乱丢垃圾时，保洁员可以告诉他们注意环境卫生；当天气变冷时，宿舍宣传栏里可以有一些温馨的提示和关心；学校师生把宿舍管理人员当作学校里的重要一员，不仅需要为他们提供周到的服务，而且对于他们的优秀业绩要予以肯定和感谢；当管理员制止学生不当的言行举止时，他们应该作为德育主体而得到学校、学生及学生家长的理解、支持和承认等。

（2）师生交往蕴含着德育资源

只有教师和学生在生生交往、师生交往中体现真正的互助、友善、公平、公正，才能使学生得以真正理解和接受美好品德的期望；德育只有走向社会生活，走向师生交往，通过实践活动，学生才能够真正掌握和践行。人们所说的当前青少年学生诸多的不诚信行为，确实让人感到担忧。但是，我们的学校是否应该反省一下：自己本身是否做到了诚信？尽管社会在呼吁诚信教育，学校在提倡和实施诚信教育，但是教育者自身的诚信却备受质疑。教育者在教育过程中，往往不自觉地以一些不诚信的行为误导教育对象。教育者自身作假的教育行为、言行脱节的现象随处可见。比如，为应付上级主管部门的明察暗访，学校可能采取各种措施来应对，在公开的场合误导学生如何应付检查。

（3）把价值观教育渗透到各科教学中

在学校教育中，教学是学校的中心工作，那么，务必将核心价值观融入学校教育的全部课程，利用全部课程的隐性德育资源促进学生在潜移默化中得到品德的陶冶和养成。英国学校非常重视把价值观教育渗透到各科教学中，如文学、英语、戏剧、地理、历史、数学、科学、沟通技巧等各门科目中，因为他们认为完整的科目可以为价值观教育提供合适的载体。

（三）时间与空间资源统一

1. 宏观意义上的时空德育资源统一

"物质是具有时空性的存在，时间和空间是物质的存在方式，时间是指物质运动的持续性和顺序性，而空间是指物质运动的延展性和伸张性"；"世界上的具体事物是千差万别、多种多样的，但又不是彼此孤立、毫不相干的，它们之间是普遍联系的"。物质世界的普遍联系，为德育资源在德育中的广泛运用提供了广阔空间，应根据高校德育的目的和任务，分清哪些是主要联系，哪些是本质联系，以便有的放矢地选择德育资源。

2. 中观意义上的时空德育资源统一

（1）中观意义上时间序列的德育资源

中观意义上时间序列的德育资源，可以分为中小学和大学不同的学龄阶段。

"大学德育，较之中小学既要使大学生对伦理有更多的理解，又要有更多的践行；既要有更深入的认知，又要有更广泛的行动；既要学习专门的伦理学，又要尽可能熟悉一些具体领域的伦理学。比如说，大学生应当而且可能对人有更深刻的理解，应当对人类文明史（包括伦理史）有更深切的了解，应当对人权概念的起源及其广泛含义有更清晰的认识。"此外，从来源上看，以关系资源为例，中小学生与科任教师接触的时间、机会都比较多，教育影响也比较大，那么，除学生家长之外，科任教师与中小学生之间的关系就是重要的德育资源。而大学生的生活环境则不同，平时与他们接触到的德育主体比较复杂，学校的教职员工都从不同方面对学生的学习与生活产生着教育影响，其中，学生之间的同伴关系是最重要的关系资源之一；与此同时，大学生的自我教育对学生的品德发展也发挥了重要的作用。

（2）中观意义上空间序列的德育资源

中观意义上空间序列的德育资源，可以分为学校德育资源、家庭德育资源与社会德育资源。教育是一个系统工程，从社会、学校到家庭，其中的任何一环没有做好，都会使教育的质量大打折扣。它们各自对学生成长与发展的影响互有偏重。我们不能要求三者均达到统一的标准，但对国家的未来与前途、对下一代的责任心却是共同的。在教育方面，如果家庭持一本教科书，学校也持一本教科书，社会再持另外一本教科书，那么可想而知，这种教育引发的结果，不是学生对道德的茫然困惑，就是学生成了"缺德"的一代。目前的德育工作多为"封闭式"，学校的"小课堂"同社会的"大课堂"未能有机地结合起来，学校、家庭、社会三个方面的德育力量缺乏沟通联系和组织协调配合，教育要求不一致，甚至互相矛盾和冲突，形成教育上的分力与反作用，最终导致学校德育的低效与失败。"课堂思想教育一个钟头，不如家里父母一个指头，也不如公众场合和影视中的一个镜头。"

3. 微观意义上的时空德育资源统一

（1）校内具体的生活环境

微观意义上的时空德育资源，体现为校内具体的生活环境。学校内的围墙、校舍、讲台、桌椅从天空、田野、乡村等自然环境中脱离出来，使得学校成了一个具有边界的空间建构形态；同时，当学校作为一个具有单独功能的活动场所时，它就成了一个特殊的社会空间形式，教育者通过使受教育者脱离原有的时间脉络和空间位置来实现其教育功能。这些客观存在的物质环境，比如，学校的规模大小、建筑物的建筑风格、教室内的布局安排、学生课桌的安排等，都会隐含且表现出一定的文化气息和社会信息。学校空间是由校园、教室、走廊、讲台、桌椅等建筑及其所依附的自然环境所组成的，但这仅仅是学校空间标示在物质层面上的表现，学校的空间更多的是通过对于空间内的行动者的身体姿态与定位、声音的腔调及行为的偏好标示出来的。可以发现，学校的围墙作为物理边界，把校园生活明确地与校外生活截然分开；在校园生活中，学生的活动模式明显不同于他们在校园生活之外的活动情况，学校成了一个独特的空间，在这个空间里，学生接受的更多是教育者对其施加的教育影响。在社会空间领域中，正是由于学校的特殊性，才将学校空间与非教育空间区别开来。但是这样的空间区隔却给师生之间交往带来了限制，不知是无意的造就还是有意的安排，在学校各个区隔（如教室、办公室、走廊）中，学生似乎都没有交往的自由。对于大学生来说，他们学习和生活的主要环境是宿舍、班级、社团等，在这些空间中，宿舍氛围、班级文化、社团风气，如权力的分配、利益的均衡、规则的制定等，都可以成为微观意义上的德育资源。

（2）学生的身心内部环境

微观意义上的时空德育资源，还有学生的身心环境和内部道德环境。受教育者的思想品德是在一定的外部影响下形成的，这种思想品德一经形成，就会作为一种内部道德环境，成为受教育者继续提高和发展其思想品德的一个相对独立的环境因子，这种环境叫作主体内部道德环境或是主体已有道德水平环境。每一个德育主体已有的道德水平，可以说是其已经具备的德育主体的内部道德环境，只有具备了这一环境，每一个教育主体才能实现教育与自我教育，才能有通过自身影响他人的德育素养，才能够在面对复杂多变的生活环境中，学会判断、学会选择，进行自我教育，不同的德育主体在德育过程中才能相互切磋、教学相长。可以说，主体内部道德环境是一定德育活动的良好前提，更是整个德育过程的最终目标。

二、共识机制的建立与德育主体和谐共生

（一）德育主体和谐共生的理想状态

1. "对称性互惠共生"行为模式

如前所述，在共生系统中，共生单元是构成共生体或共生关系的基本单位，比如，在学校共生体中，每一个师生员工都是共生单元；在共生行为模式中，如果是共生单元之间单向的物质或能量流动，不利于另一方的发展和进化，那么只能称之为寄生；而如果存在双向的物质、能量和信息交流，总的来说是对一方无害而对另一方有利，那也只能说是偏利共生；如果说不仅存在双向双边交流，而且存在多向多边的交流，但是共生所产生的新能量由于共生界面的作用而形成非对称性分配，并且由于分配机制的不对称性，导致进化的非同步性，那么就是非对称互惠共生；最后，如果共生单元之间既存在双边交流机制，又存在多边交流机制，而且每个共生单元的进化具有同步性，共生界面具有在所有共生单元之间实现对称性分配的功能特性，以共生单元的合作为基础，产生新的能量，那么，这种情况就达到了共生单元之间的对称性互惠共生。因此，德育系统内外的不同德育主体之间需要双向的甚至是多边的合作和交流。

2. 教师要传递"正能量"

"正能量"一词的流行，源于英国心理学家理查德·怀斯曼的专著《正能量》，它揭秘了什么样的行为模式可以影响人的信念、情绪及意志力，它指的是一种健康乐观、积极向上的动力和情感。每个人身上都是带有能量的，而只有健康、积极、乐观的人才带有正能量，和这样的人交往能将正能量传递给自己。

有人曾经说过，鼓舞、打动学生并促使他们变得更好，这是道德成长的关键。教书育人是教育的使命，也是大学教师的使命。访谈中，有教师感慨地说：我们的大学教育只剩下"教"而没有"育"了。"良好的大学教育，足以激励、影响人的一生，成为人生可以不断回望的精神家园"。"教师站在学生面前，任何时候都不是为了简单地向学生展现你的才华，而是为了激活学生生命，激发学生的才华，增进学生的智慧和勇气"。我们在访谈中了解到，最有人格魅力的教师主要有以下几个特征：学识渊博、学术精湛、品德优良、严格要求学生、做人做事公正、判断问题准确、能够传递正能量。大学生处在 18 ~ 23 岁这个阶段，他们正在形成自己的独立判断能力，这是一个正在成长当中的阶段。在这个年龄阶段，他们大胆，追求刺激，也许当下他们觉得越激进的教师越好，甚至认为有些教师的胆子怎么那么小。他们处在这样一个叛逆的阶段，需要一些很极端的东西去满足自己对这个世界的幻想。但是，当他们过了这个叛逆阶段之后，还是会感谢那些曾经在学业和人生道路上给过他们正确指引的教师，而不是那些总是发牢骚的教师。

3. 让学生成为自己的品德老师

"你的未来就是你现在正在成为的那个样子"，这是佐治亚州萨凡纳的社区中所保存的马西传统学校 20 世纪初的标语，它揭示了品德教育的本质：学生终究要成为自己的品德老师。大学德育就是要通过教育使学生学会热爱生活，把责任体现在日常生活行为之中，同时大学生要追求卓越的成就并且成为有用的人才。通过调查了解到，82% 的大学生认为自我教育对于提高个人品德修养是非常重要的。提倡大学生的自我教育，一是要注意发挥大学生朋辈的教育影响，二是帮助学生掌握自我教育的方式和方法。

4. 构建积极的师生关系

从广义上来讲，高校德育主体之间的和谐共生，就是指校内校外的各个德育主体能够各得其所、各司其职，共同促进德育系统和谐发展；从狭义上来说，仅指校内师生之间积极、融洽关系的构建，充分发挥师生主体的能动性，教师乐教、学生乐学、教学相长。《学记》中有"凡学之道，严师为难。师严然后道尊，道尊然后民知敬学"，意为尊师才能重道，重道才能使人敬重学业，而教师何以能够得到学生尊重，唯有教师的"德"和"才"。教师的"德"则来源于教师对自身的使命感和责任感，来源于对教育和对学生的爱。在积极的师生关系中，教师要关爱学生，关爱学生并不是要放纵学生，一味地迎合学生，而是要尊重学生与严格要求学生。积极的师生交往，是知识学习的基础，同时充满情趣的师生共同生活本身，就是大学的重要部分，这对于学生丰富个性的形成乃是不可或缺的，也是大学教师自身丰富与完善自我的重要路径。只有师生之间存在着双向或者是多向的交流机制，教师和学生才能共同进步，教师乐教，学生乐学，师生双方在合作的基础上，不断地产生新的能力，不断地进行精神的交流与契合，这样师生之间的对称性互惠共生才有可能逐步实现。

（二）高校内部相关主体的自我保障机制

1. "表意性秩序"理论之内涵及类型

"表意性秩序"是英国著名教育学家伯恩斯坦在其教育学著作中提出的一个非常重要的教学理论。他讨论了学校文化及传递对于师生尤其是学生的影响，这些观点对于我国高校德育的研究与实践有着重要的借鉴价值。

通常情况下，学校期盼学生能够熟悉哪些常规、表现和判断呢？伯恩斯坦把学校传递品行、性格和态度的相关行为与活动，称之为表意性秩序；而把学习特定技能的行为与活动，则称之为工具性秩序。这两种秩序的关系通常是学校内部紧张拉力的来源。工具性秩序主要将学生明确区分成不同团体进行传递。比如，儿童通常以能力分组，以协助他们发展某些特定能力。所以，学校的工具性秩序不论是潜在上还是实际上通常都具有区分功能。这不只是学生之间分隔的来源，还是教师之间分隔的来源。比如对老师的区分，主要是以所教授的科目、年龄、性别、所教授学生的能力分组而定。

学生家长、学校教师对学校表意性秩序的理解程度与认同情况，影响了学生的理解和认同；而学生对学校表意性秩序的理解程度与认同情况，则影响了整个学校的德育效应。而学生来自不同环境的家庭，学校教师也拥有多种观念的追求，学生在多元价值观面前无所适从，所以，学校的表意性秩序能够成为德育主体之间的共识机制。

2. 教师对学生的学校参与之影响

（1）教师对学校秩序的认识与理解

如前所述，伯恩斯坦认为，家庭对于学生对学校参与的影响很大，其实学校教师对于表意性秩序与工具性秩序的认识和理解体现在他们的言行举止中，而教师的所作所为也影响着学生的角色，也会左右学生对学校、社会的认识和观点。

如果教师接受学校的工具性和表意性秩序，可说是一种承诺型的角色参与。如果教师接受学校的工具性秩序，但不接受它的表意性秩序，则是一种隔阂型的角色参与。在伯恩斯坦看来，这种类型的教师以自然科学或是工艺教师居多。学校的新教师则是站在一种观望型的位置上。那些升迁无望但又接受学校的表意性秩序和工具性秩序的教师，站在一种生疏型的立场。最后，教师对学校的工具性和表意性秩序抱有敌意，则是站在一种疏离型的立场。

（2）表意性秩序的两种仪式

伯恩斯坦把学校的表意性秩序的仪式主要分为共识性与分化性两种。共识性包括"各类的集会庆典，并搭配着一致性穿着、标志意象、徽章等"，它让学校在时空上具有延续性，将过去重建于现在，并且投射于未来，它的主要功能在于将学校所有成员，包括教师和学生在内，结合成一个道德的社群、一个鲜明的集合体。它将学校的不同目标整合在一个一致而共享的价值之中，让学校的价值得以内化，并有一种整体感；分化性通常是"根据年龄、性别、年龄关系或社会功能来区隔学校内部的团体。这些分化性仪式深化特定团体特有的行为，及不该有的行为；亦深化不同权威位置应有的行为，在时间上创造出一种秩序"。这两种主要仪式的功能在于，"维系延续性、秩序、界限，以及控制忠诚与矛盾的心理。这些仪式将学校各种不同的目标整合在一致性共享价值里，使得学校的价值能够内化，成为一个整体"。因此，学校的表意性秩序成为高校德育主体达成共识的主要机制。

（三）教育行政部门的外部支持机制

1. 政府对高校德育经费投入的支持

我国 2020 年前高等教育毛入学率达到了 40%，要实现高等教育大众化这一目标，政府必须加大投入，保障学生活动经费的充足与相对均衡。因为无论何种类型、何种层次的高校，其教育对象都是学生，每个学生享受优质高等教育资源的机会理应是平等的。尽管因为学生所处高校的层次有差异，但是对学生成长与发展紧密相关的学生活动经费应该是要加以保证的。因为每个人都要发展，每位学生都要进步，每个学校的发展动力都是来自学生的成长与发展。尽管不同类型高校的办学经费来源不同，会在设施资源、媒体资源等方面有差异，但是面对培养对象，对其基本的经费资源是要予以保障的。在优质高等教育资源集中的地区与高校，形成了"强校越强、弱校越弱"的局面。对于重点高校来讲，政府拨款越多，其发展条件越好，整个社会合作的生态链条就越畅通，走向社会之后的优秀毕业生，作为校友资源又会反哺学校的发展。

"高校之间德育资源共享平台建设需要政府发挥引导作用，督促成立高校资源共享建设委员会，组织、协调、推动高校优质德育资源共享，消除校际壁垒，全面开放课程、图书、实验等资源和设备，并对重要合作事项进行决策和批准；对于信息资源、网络资源、大型仪器等方面的资源共享，需建立一个区域高校校际资源共享平台，并配套一个服务中心。服务中心可以由政府投入建设，也可以分为若干分服务中心；服务中心可挂靠该领域实力公认强大的大学，由该大学具体建设，并由服务中心收取相应服务费并负责校际结算；该种模式体现政府主导建设，提供经济保障，促进共享资源现代化建设，激励各高校资源建设并主动共享。"

2. 教育行政部门参与对校级资源共享的调控作用

在国家层面上，教育行政部门要系统规划各地区、各类型高校、各个阶段的德育工作，在组织建设、人员准入机制、德育内容等德育资源的开发与利用上，有一个整体性的规划，做到高校德育系统与其他系统能够有机的联系。在区域层面上，对于各个地区的高校，教育行政部门要统筹兼顾、合力规划，由政府与高校共同设计德育资源共享的方案与措施。作为外部保障，政府有三个主要职能：一是政府通过制定相关制度，制定德育质量标准，建立信息保障网络，推动经验交流、人员培训等，对高校德育工作进行宏观调控和管理、指导、统筹、协调、检查；二是直接设立机构，开展对高校德育工作的评价和监督；三是依靠用人单位评价、学生自我评价等方式，对高校德育质量作出评价。对于学校德育问题，政府在一定程度上发挥着保障与决策的功能，但是应根据教育改革与学生发展的需要，更好地履行服务、导航、调控及守护的作用，而不是发挥集权控制的作用。政府对于学校德育问题的参与，应有所侧重，比如，学校德育的外部环境问题就是解决的重点所在。因为诸如政策、制度及社区环境的营造，都会影响学校德育工作的政策运行，也会影响学校德育活动的顺利开展，而这些外部环境问题又是学校自身无法解决的。因此，首先要有高校德育的基本培养目标、指导思想及相关政策，还要有相关的支持条件，比如，学生活动经费保证、人员支持及其他服务保障。在高校层面，教育行政部门对高校德育的人员配备、组织模式进行调整，保障充足的经费资源，对具体的德育活动予以支持。

（四）学生家庭及社会的横向保障机制

学生家庭、热心青少年教育的民间团体、行业组织、新闻媒体等，都是高校德育不可缺少的社会力量，它们以各种直接或者间接的活动形式，参与、配合、督促学校教育活动的进行。比如，美国的社会教育力量，可以对学校教材、学生阅读书籍、教师言行、传播媒体进行审查，而且它们数量众多的专业性团体协会、民间研究机构、基金会也积极作用于学校德育，因此，它们既活跃在校外德育领域，也通过开发课程计划方案、课程评估标准或德育的某个方案、活动，介入到校内德育之中。高校应建立与社会尤其是用人单位之间人才输入与输出的有效衔接机制，通过用人单位对毕业生的实际考察、反馈、沟通与交流，了解高校德育在毕业生品德素质、心理健康等方面的实际状况，总结归纳，根据用人单位用人需求变化的信息，预测在今后的一段时期内其人才需求标准，同时把相关需求及时反馈给德育系统，引导高校在进行德育目标确定、德育方法的选择上提高针对性，并且根据实际需要与未来展望，前瞻性地开发相应的德育资源，以此服务于高校人才培养的需要。

三、内部驱动力与合力形成策略

（一）德育系统的环境性动力

1. 推进依法治校，为高校育人提供法律环境方面的保障

高等教育的质量是一个多层面的概念，包括高等教育的所有功能和活动，比如，教学与学术计划、研究与学术成就、教学人员、学生、校舍、设施设备、社会服务和学术环境等。多个层面、多种要素之间相互交织、不断冲突、动态发展。当前的高校德育管理，不断地努力践行"以学生为本"的理念，这是社会的进步，也是教育的应有之义。如前所述，"以学生为本"要以学生的合理诉求为本，而且要在"以学生为本"的同时，兼顾师生的共同利益。因此，实现"以学生为本"，就是要在一个合理的制度框架内，师生之间、校生之间在信息充分公开的基础上，通过合作竞争、良性博弈，动态地演化出高等教育领域内最利于学生学习和发展的学术及学生事务运行规则，促使权利、义务与责任之间相互制约与配合，保障各方利益达成相互认可及整体平衡之可能。在这样的环境中，师生能利用最少的信息维度达到教育资源帕累托有效配置，使教师善于教，学生乐于学，校方则能提供专业精准的服务，实现教学信息的发现、汇集与传播，教育资源的组合、利用与循环，以最低的教育成本实现校生、师生的共同利益，从而促进校生共同发展、师生共同进步，这正是"以学生为本"理念最根本的应然优势之所在。但是，在实际的教育管理工作中，家长赋予了高校无限的责任，再加上网络媒体快速的信息传播节奏，那么，只要学生在读期间出了任何安全问题，学校都要承当无限的责任，因此，学校教师承担着很大的压力，为了安全稳定，为了相安无事，有的时候甚至丧失了原则，以及作为教师的骨气。因此，高校需要规范办学，明确权利和义务，该做什么，不该做什么，实现高校运行的法治化。

2. 建设高校校园文化，为师生营造积极的环境氛围

高校校园文化是一种在大学里生活的每个成员所共同拥有的校园价值观和这些价值观在物质与精神上具体化的文化形态，它具有教育、导向、激励、凝聚、创造、控制与辐射的功能，是高校生存和发展的基础，是高校办学实力和竞争力的重要源泉，是一项具有基础性、战略性和前瞻性的重要"软实力"。在一种和谐的气氛中，因为和谐，所以有很好的办事气氛，让干事的人觉得扬眉吐气。

比如，校外的政府机关、企事业单位、社会团体等对学校的支持程度与有效参与度高，校内育人气息浓厚、学术风气纯正、校生关系和谐、师生关系融洽、文化生活丰富、校园环境优美，这种积极的校园文化环境就会成为无处不有、无时不在的育人动力。校园

文化的创造需要师生的共同努力，每一个人都要朝着学校教育的共同目标努力，每个人都从自己的事情做起，尽管不是每一个人都是道德模范，但是也要致力于发展自己的品德。学校里的每一个角落都需要充满育人的气息，比如，学校的办公场所、教室、运动场、宿舍、餐厅、学校路面等能够表现出对优良品德的关注。各种温馨、鼓舞、激励的话语呈现在各处，优秀的老师和同学遍布在学生周围，闪光的事迹激励着学生进步。哲学大师亚里士多德曾说："卓越不是一种行为，而是一种习惯。"美好的生活是一点一滴累积起来的。因此，当学生处在一种卓越的校园环境中时，他自己也会追求卓越，也会把优秀当作一种习惯，他不仅期待别人的卓越与优秀，同时也希望自己表现出卓越与优秀。当每个高校的校史馆从相对封闭走向开放，当每个知名校友的图片和资料向人们呈现，当学生可以经常去感受这些故事的时候，就会激起学生的使命感，让他们感觉到自己就是这个学校发展历史中的一部分，他们被期待的同时也期待自己能够成为这个卓越团体中的一员。

（二）全员育人的组织性动力

1. 从制度上保证全员育人的工作体系

全员育人是德育工作中耳熟能详的字眼，但是在实际调查中，我们发现全员育人的理念犹如不可实现的"空中楼阁"。无论是中年教师还是青年教师，无论是理工科教师还是人文社会科学教师，无论是重点高校的教师还是普通高校的教师，只要是不直接从事学生工作，也就是说，如果不是辅导员，如果不是学工部门人员，没有哪位教师认为学生的事情和自己密切相关。他们要么认为学生的事情应该是辅导员工作范围内的事情；要么就是认为没有哪个文件规定教师应该为学生德育做些什么；或者是认为在目前的规定下，还是辅导员对大学生德育负主要责任。

2. 从组织上畅通学工系统内外的沟通渠道

从理论上来说，高校德育资源很丰富，但实际上却没有充分发挥其作用，可以说没有利用好这些丰富的德育资源，尤其是德育主体之间形成的关系资源没有充分发挥作用。除了资源观念缺乏、育人理念不到位等主观原因之外，还有一个不可忽视的客观原因，就是高校学工系统内外的交流和沟通不够，各个系统之间彼此缺乏了解，不了解对方在做什么，也不了解该系统的工作对其他系统的工作会有什么样的影响。总之，学工系统内外缺乏交流和沟通。加强学工系统内外的交流和沟通，是形成德育合力的必要途径。那么，谁来组织沟通？谁来畅通沟通渠道？

（三）德育主体的发展性动力

1. 为教师尤其是青年教师的专业发展提供平台

"只有无限意义的事情才是幸福的源泉"，因此每个人都想追求幸福，每个人都要获得发展。如果高校教师在一个积极向上、温馨和谐的氛围中，获得专业技能、专业素养、个人能力方面的提升和发展，能够在工作中获得一种归属感、幸福感和使命感，就能够增强他对事业发展的动力，也会增强他对教育教学的情感动力。目前，40 岁以下高校青年教师的数量占高校专任教师总数的 60% 以上，他们的政治信仰意识、理想信念、职业道德、敬业精神、学术态度等思想素质状况直接影响着高等教育质量，尤其是直接影响着青年学生的思想政治素质。40 岁以下的高交青年教师以"80 后""90 后"为主，他们生长在中国社会的变革和转型时期，面临着全球化带来的经济、政治、文化、科技等方面的影响与挑战，思想多元化、经济利益至上的观念，势必会影响高校青年教师的价值取向和行为方式。由于各方面的压力，高校教师不仅在工作上体现出倦怠现象，而且成就感也在降低。高校青年教师所处的时代环境在悄然改变着他们的价值观念和职业道德状况。只有把职业德育与解决实际问题相结合，才能营造暖人心、吸引人的组织生活氛围，才能让教师找到归属感。

2. 为学生的学习与发展提供平台

教书育人是教育工作的本质属性，学习与发展也是大学生接受高等教育的必然追求。学校不是企业，不能按照企业的管理标准完全视学生为顾客，而是要在教学、管理、服务中为学生的学习与发展负责。学生的成长、成才主要体现在学习与发展两个不同的领域，这两个领域既存在着一定的差异，又密切统一。与学术事务相关的诸如认知发展、课程学习等，属于学习领域；与学生事务相关的诸如校园文化活动、餐饮住宿、评先奖优、情感纠葛等，属于发展领域。因此，服务于学生成长成才，为学生的学习与发展提供平台，首先要了解学生需要什么，要善于倾听学生的声音。通过访谈了解到，教师认为学生最关心的是学业、就业及个人成长，比如，专业学习、就业、考研、评优奖先、奖助学金、人际交往等方面。因此，为学生的学习和发展提供平台，就要考虑现有的资源能否满足学生需求，教师是否能够与学生深入交流，去关注并解决学生真正关心的问题。

（四）优化环境的激励性动力

1. 建立激励性德育考核评价机制

人总是有一定的奋斗目标，对一个既定的目标而言，如果人们认为该目标的价值非常大，那么这个目标就会给予人们较大的动力。如果人们认为该目标非常有价值，那么期望就越大；而这种期望就会激发个体的动机，成为人们行动的动力。所以，既定目标价值越大，人们的期望就越大；期望价值越大，人们行动的激发力量就越大。对于高校德育的主体尤其是高校师生来讲，对德育理想与德育目标的期望，以及目标实现的可能性大小，决定了师生对德育的信念和信心。皮格马利翁效应也告诉我们，向一个人传递积极的期望，就会使他进步得更快，发展得更好；反之，向一个人传递消极的期望，则会使他自暴自弃，放弃努力。因此，要通过激励性的评价机制，促进每个德育主体对美德的期待。

2. 构建高校德育系统整体性的激励机制

高校德育是一个复杂的系统整体，该系统的激励机制包括激励环境、激励方式、激励对象等要素，各个要素之间密切联系、相互作用，构成了有机的德育系统整体。

高校德育的激励环境包括校内环境与校外环境。校内环境主要是指学校的人际环境、学习工作环境、校园文化环境；校外环境主要是指社会环境，如国际环境，国内的政治、经济、文化环境。建设高校德育激励的环境系统，营造"育人为本，德育为先"的环境氛围，对于增强德育主体工作的积极性与主动性，优化高校德育的激励系统，实现德育激励目标起着重要的作用。对于高校而言，建立环境激励机制，就要解决好育人与治学的关系问题。育人必须立足于治学，治学首先服务于育人，育人、治学均服务于社会，又在服务于社会中进一步育人、治学；治学本质上是建设良好的学科生态环境，学科既有多种类型而又彼此渗透、相互支持，以至于形成整体的文化生态环境，以此环境育人，对人进行熏陶、教化、养成，以此环境治学，对已有的学术学科、文化进行学习、批判、发展，并使育人与治学两者互动，促进这一生态环境不断优化。

思考题

1. 高校德育资源系统的功能及发挥条件是什么？

2. 物质形态的高校德育资源包括什么？

3. 高校内部相关主体的自我保障机制是什么？

4. 德育主体的发展性动力是什么？

第九章　高校德育的实践体系

导读

2016 年 12 月，全国高校思想政治工作会议在北京召开，会上习近平总书记指出了高校应培养什么样的人、如何培养人以及为谁培养人这个根本问题。此次会议的召开，标志着我国思想政治教育战略地位正式确立。党的十八大以来，习近平总书记关于高校思想政治教育工作的重要论述是做好新时代高校思政工作的行动纲领。党的十九届五中全会是在我国进入新发展阶段、实现中华民族伟大复兴正处于关键时期召开的一次具有全局性、历史性意义的重要会议。教育部部长陈宝生在传达学习党的十九届五中全会精神大会中指出，教育系统要深刻把握新时代教育改革发展的几个重点问题，谋好篇，开好局，着力推进构建高质量教育体系。要在新形势、新阶段、新理念、新格局中深入研判形势任务，全面落实习近平新时代中国特色社会主义思想"进课程、进教材、进头脑"要求，培养德智体美劳全面发展的社会主义建设者和接班人。

学习目标

1. 明白高校德育实践的理性审视。
2. 了解高校德育实践模式的理论构建。
3. 学习高校德育实践的途径和载体建设。

第一节　高校德育实践的理性审视

一、高校德育的实践溯源

"道德在根本上是实践的"一直是中外伦理思想史上一个探究不止的课题。在中国，古人早已有把远大的德育目标与儿童日常生活实践紧密联系起来的教育思想，要求儿童时期养成"黎明即起，洒扫庭除，要内外整洁"的习惯，青少年时期养成"诚意、正心、修身、齐家"的品行，长大以后才能作出"治国、平天下"的功绩。荀子曾说："不闻不若闻之，闻之不若见之，见之不若知之，知之不若行之。学至于行之而止矣。"朱熹也认为道德修养"只有两件事，理会、践行"，要使道德修养达到目标，"功夫全在行上。"王阳明认为，躬行出真知，"身亲履历而后知"。在西方，古希腊时期人们就提倡个体通过自己参与活动或实践获得道德上的成熟，如亚里士多德主张以练习来培养德行。梯利解释道德哲学或伦理学就是"实践哲学"，是"因为它研究实践或行为"。

20世纪初，杜威也肯定了活动在道德发展中的作用，认为使儿童认识社会的唯一方法就是使他去实践。在西方古代和近代伦理思想史上占绝对统治地位的"规范伦理学"就是一种"实践的伦理学"，它以研究道德与人的现实生活、与人生、个人需要、利益、幸福的关系为基本特征，以确定道德准则、道德原则并要人们依此行事为基本宗旨。马克思主义伦理学认为，理论和实践相结合永远是科学的道德修养方法，离开改造世界的斗争实践，就无从认识人们的道德关系；离开人们的道德实践，就无法判明善与恶、正与邪、是与非、荣与辱，从而也就发现不了自己在道德意识方面的短缺，道德行为上的偏颇，那么，道德修养也就无从谈起。马克思主义伦理学把实践或人的感性活动引入到人的认识和道德领域，科学地确立了实践在人类道德发生发展中的地位，把道德理解为人的现实活动。列宁在《哲学笔记》中明确指出："善被理解为人的实践。"总之，道德本质上是实践的，在一定意义上就是现实的人的活动。人的行为是衡量道德的最终指标，也是衡量德育的最终指标。这一时期的高校德育实践，不论从内容上还是形式上都逐步地发展完善起来了，并不断改革创新，形成了丰富多彩而又科学有序的高校德育实践局面。

二、高校德育实践的现状和反思

（一）高校德育实践的现状

我国高校德育实践的发展理念、体系建构、理论研究、教学改革、方法创新、形式丰富等方面均取得了实质进步和巨大成绩，对培育社会主义核心价值观、培养社会主义"四有"公民、实现当代大学生的政治社会化、提高全民族的思想道德素质起到了极为重要的作用。当然，重德育理论灌输与轻德育实践并存、德育理论教育和德育实践体系改革力度的反差、德育实践内容形式整合的探索努力与隔离现实也是当前德育实践现状的另一方面。

首先，尽管我国高等教育理论界与德育理论界从不同角度出发，用不同语言表达方式对德育实践作了局部的、零星的认识与论述，但是，从总体上看，这些理论的探讨与阐述还处于起步阶段。不过，高等教育及高校德育的实践发展已经先于理论研究迈出了较大的步伐。在当前高等教育特别是德育实践的改革与发展中，已有不少新措施、新方法与新尝试正被逐步归入德育实践性课程，但严格地讲它们并不完全，也并不严格地符合实践性德育课程的要求。

其次，传统的德育理论课程往往忽视学生主体的主动内化作用，造成知行脱节及言行矛盾，这一现状也使得传统的德育实践活动，是在教师、学校、家长与社会的"要求"下，由整体对学生个体，从上而下，自外向内单向地"组织"或"发起"，并要求学生"参加"的。这种德育实践是一种被动的甚至是强制性的，有时候还是一种机械的、条件反射式的实践活动，在多数情况下，学生是在教育者的"要求""号召"的压力下"消极实践"，丧失了学生的主体性、主动性与创造性。学生只是作为消极被动的对象或客体在"活动"中接受"教育"，被人"塑造"或"改造"。

（二）对高校德育实践的反思

高校德育实践的上述现状，反映了当前高校德育实践在取得成绩的同时，与党和国家的满意度、社会的认可度、大学生的积极性、教师的创造性与理想状态和目标要求还有相当大的距离，虽然造成这种局面的原因是复杂且立体的，但根本缘由却并不复杂。

1. 未能准确把握和深刻认识高校德育实践的本质

首先，德育实践的本质要求体现和实现作为德育目的和手段的统一的实践。实践是道德产生和发展的根源，我们说德从何来，它既不是传统的说教，也不是空洞的理论，它来自丰富的社会，来自人们现实的生活；实践是德育的有效手段，利用现实社会蕴藏的丰富德育资源，能够起到理论灌输所不能企及的特殊效果，而"忽视道德经验的非理性方法之最大危险在于可能自始至终关闭了道德学习主体对价值真理和道德原则的真正理解之路"；实践是道德养成的关键环节，是道德知识内化和外现的中介，德育的目的是培养德性的人和发展人的德性，而德性的形成与发展是道德主体通过消化、吸收、实践德育内容，使理性认识通过感性体验，达到内化和升华的实践活动过程。

其次，高校德育必须高度重视实践环节。实践能够推动学生更好地理解道德规范、生成道德观念、养成道德习惯，使大学生在社会交往和处理人际关系中增强责任意识和实际本领。这既是西方伦理学的基本理念和传统观点，西方道德哲学或伦理学主要"研究实践或行为"，也是中国传统德育的主要方法，"诚意、正心、修身、齐家、治国、平天下"的基本精神就是把远大的德育目标与教育对象日常生活实践紧密结合，这更是马克思主义在道德课题上的根本突破，马克思主义把道德理解为人的现实活动，认为"善被理解为人的实践"，对一个人进行道德的判断，最终只有通过行为考察，只能通过他对道德要求的实践状况来加以判定。因此，高校德育效果的有无及大小最终取决于其实践性。

2. 没有科学把握高校德育实践的特性

首先，高校德育实践目标的确定在全面性上存在不足。通过思想教育引导学生掌握辩证唯物主义和历史唯物主义基本观点而形成科学的世界观和人生观，通过政治教育引导学生坚持社会主义道路和党的领导而形成爱憎分明的政治态度和立场，通过德育引导学生掌握社会主义道德规范而形成高尚的道德品质，但在高校德育实践中，思想教育和政治教育的目标是深受重视并被严格测评的，而德育的目标则容易被忽视和虚化。

其次，高校德育实践目标的实施也存在缺陷。目标的实施缺乏科学的规划，存在极大的随意性，或没有科学的计划或大纲，或虽有计划和大纲却未能付诸实施；目标的设定未能考虑学生的差异与个性，或是定位过高，用无产阶级先锋队的道德标准要求所有学生，或是以最基本的、最低层次的道德标准要求学生。无论哪种偏向，都不利于学生的道德成长，影响德育实践效果。

再次，高校德育实践目标没有充分发挥学生的主体性和积极性。在现实的高校德育实践中，通常是由教师、学校、家长与社会自上而下、由外向内地"组织发动"，学生更多的是被动"参加"甚至是强制"参加"，而非主动和自觉地"参加"，有时候还是一种机械的、条件反射式的"训练"，学生只是作为消极被动的对象或客体在"活动"中接受"教育"，被人"塑造"或"改造"。

3. 高校德育实践的创新性不够

首先，未能正确处理市场经济对高校德育实践的挑战。市场经济的利益最大化原则可能致使一些学生价值观扭曲，功利主义盛行，过分看重待遇高低，往往把物质利益和金钱多少作为价值判断的标准，不愿过艰苦生活，不愿通过自己的劳动创造幸福生活，这就给高校德育实践提出了新的侧重点和着力点，显然现实的高校德育实践还没有完全做好准备。

其次，未能正确处理急功近利的教育观念对高校德育实践的负面影响。与社会过分重视教育经济功能和唯智倾向相对应，"重智轻德""重知轻能""德育是软指标，智育是硬指标""德育说起来重要，干起来次要，忙起来不要"等观念在高校德育实践中有相当大的市场，而且曾经开展过的德育实践也存在着明显的急功近利色彩。

综上所述，高校德育实践的过程既需要继承传统、传承经验、吸取教训，更需要面向现实，正确面对新问题，合理分析新情况，特别是坚定德育是学生的主体性活动，是培养学生德育能力，走向自我教育的唯一途径。

三、大学生德育实践的内容与形式的整合

德育应当注意道德内容与道德形式的统一，这是发展完整道德认知的前提。高校德育的一项重要任务是，将德育实践的内容与形式整合起来，建立大学生社会实践保障体系，探索实践育人的长效机制。

（一）德育实践内涵与外延的界定

"德育本质上是一种理性的实践活动。"德育的目的是培养和发展人的德性，而德性的形成与发展是道德主体的一种实践活动过程，其实质是学生在教师的帮助下，淮化、吸收、实践德育内容，使理性认识通过感性体验，达到内化和升华的过程。现实社会中蕴藏着丰富的德育资源，对受教育者具有良好的教育作用。社会中丰富的德育资源对学生教育和影响的效果是理论灌输所达不到的。正如我国青年学者檀传宝所讲的，"忽视道德经验的非理性方法之最大危险在于可能自始至终关闭了道德学习主体对价值真理和道德原则的真正理解之路"。因此，我们说德从何来，它既不是传统的说教，也不是空洞的理论，它来自丰富的社会，来自人们现实的生活。实践是沟通人的主观世界和客观世界的桥梁；是个体思想道德形成、发展的根源与动力；是受教育者实现思想道德知识内化和外现的中介；也是高校德育的重要环节，对于促进大学生了解社会、了解国情、增长才干、奉献社会、锻炼毅力、培养品格、增强社会责任感等具有不可替代的作用。它不但可以使大学生加深对科学理论和道德规范的理解，为其思想的转变和道德的生成奠定基础，而且可以使大学生在社会交往和处理人际关系中增强责任意识和实际本领。近年来，中共中央和国务院就进一步加强和改进大学生思想政治教育作出了重要部署，并提出了"实践育人"的德育新理念，为加强和改进高校德育工作指明了方向。德育工作的实践也表明，德育绝不只是课堂上的理论教育，必须注重其实践性。德育有无成效及其成效之大小，最终要看大学生思想道德素质是否得到提高。德育实践，既是提高大学生思想道德素质的重要途径，也是检验高校德育工作的重要环节。

德育实践的内涵还在于德育从本质上来说是德育主体的一种实践过程，这个过程也是学生在德育主体帮助下消化、吸收德育内容，并逐渐成长，达到自我教育的实践过程。在德育过程中，学生除了在课堂上学到一些基本的政治理论之外，大量的德育内容是靠渗透在教学之中的教师的人格力量和校园文化、社会实践等活动来感染、影响与同化的。德育工作者和广大教师除了通过教学影响学生的思想和行为以外，自身的实践行为对学生来说是最好的德育，所谓"喊破嗓子，不如作出样子"，可以说一个教师就是一本德育教科书。近年来，各高校通过各种实践活动对大学生进行思想政治与德育，积累了不少好的经验，形成了一些好的传统，在此基础上逐步形成了高校德育实践课程的大致范围及内容：如社会调查，公益劳动，社区服务和挂职锻炼，青年志愿者活动，勤工助学，环保活动，以及讨论、演讲、文化娱乐、体育等社区活动。特别是近几年来以"科技、文化、卫生的'三下乡'"为主要内容的社会实践活动作为大学生接触社会、认识国情社情的一种重要形式得到了广泛的开展与研究。丰富多彩的社会实践活动既是一种广义的教育、教学活动，也是一种特定的德育活动。社会实践活动不仅对大学生专业学习来说是必要的，而且对学生理想政治与道德素质的发展也有着积极的促进作用。

（二）德育实践的基本形式

1. 以课堂教学为主的德育实践

以课堂教学为主的德育实践是传统的德育实践形式，也是德育实践的最基本的形式。尽管我们排斥单一的灌输式知识教育，但毋庸置疑，学校的育人功能任何时候都无法在脱离课堂教学的状态下获得完美实现。思想政治理论课教学仍然是学生接受道德知识的主渠道。只是当前我们要把思想政治理论课建设的主要任务放在全面落实课程设置新方案的基础上，加大教学改革的力度，增强实践性环节，通过课堂讨论、案例分析、社会调查、撰写心得体会等方式让学生更多地参与教学，使德育课堂成为教师与学生的良性互动过程。除思想政治理论课教学外，我们要深入发掘蕴含在各门专业课程中的德育资源，发挥各门学科的德育效应；还要广泛开展各类主题报告会、演讲赛、知识竞赛、主题班团活动等，这些教育形式渗透性、吸引力、感染力强，学生更易接受。

2. 以职业规划为主的德育实践

高校是学生走向社会的最后一站，以职业规划为主的德育实践是最具高校德育特点的德育实践形式。这种类型的德育实践也是学生接受德育、形成道德品行的重要途径。它包括专业实习、创业实践、勤工俭学等形式。专业实习既可锻炼学生的岗位技能，也可以使学生逐步形成职业道德观；创业实践有利于培养学生的创新意识、创业思维、竞争意识、团队意识等，同时也能充分挖掘学生的潜能，增强他们的主人翁意识和责任意识；勤工俭学既能使学生缓解了经济压力，又可以使他们增强了自信、自立、自强意识。

3. 以公益服务为主的德育实践

公益服务是一种直接服务于社会的活动，也是一种正确处理自我与社会关系的手段。近几年来，以公益服务为主的德育实践越来越成为高校德育实践的重要形式，也是高校德育实效性的重要体现。通过组织开展科技文化卫生"三下乡"活动、社区援助、挂职锻炼、希望工程、慈善募捐、扶贫支教等各种社会实践和青年志愿者活动，使大学生在服务社会的同时，又能正确认识社会、认识自我，极大限度地激发其积极投身中华民族伟大复兴事业之中的热情，切实有效地受到新的道德陶冶，获得新的道德境界的提升。

4. 以生活体验为主的德育实践

生活是德育的基础，是德育的意义之源；道德感是在人的生活的种种关系中生成的，它是对生活的领悟。生活也是德育不可避免地要回归的地方。以生活体验为主的德育实践就是将德育的基本内容与日常生活结合，使学生在日常的学习、工作、生活中接受德育训练，探寻和感悟人生的乐趣、意义和价值。与大学生密切相关的集体生活、交往生活、情感生活、党团组织生活、学生社区活动等都是学生对生命的体验，是构成学生各种认识素材的主要来源。同时，学校开展的各类文化艺术节、体育文化节、学术文化节等校园文化活动不仅丰富了校园生活，也陶冶了学生的情操，拓展了他们的综合素质。

（三）德育实践的内容与形式的整合路径

理论研究和实践发展揭示：教育可以定性为人类的一种社会实践活动。当代的教育具有实践的各种特征。它以人自身为活动的客体（对象），以促进人的发展为目的；其结果是实现人自身的优化，也就是使作为教育对象的人发展成更能满足人的本性需要的人。因而，当前高校德育的一项重要任务就是有机整合德育实践的内容与形式，建立科学的德育实践体系，探索实践育人的长效机制。而最为紧要和迫切的任务是探寻科学合理、功能突出、结构完整、易于操作、形式新颖、类型多样的高校德育实践路径。

首先，在通过理论学习、理论灌输、理论教育等途径掌握理论的基础上，探寻由抽象理论转化为具体实践的科学路径和具体方法，即理论转化型实践。

马克思主义实践论、人类社会发展规律和个体生活体验经验都说明，实践决定认识，认识对实践具有能动的反作用，科学的理论能够指导实践的正确发展，而歪曲的、错误的理论则会起到相反的作用。虽然实践是理论的来源，但对特定阶段的具体个人来说，理论不会在实践中自然产生，即使是自发产生的理论也必然是盲目和零乱的，因为对理论的产生和形成来说，必须有长期的系统的专门的研究，对理论的学习和接受来说，系统讲授、集中的学习则是必需的、主要的乃至唯一行之有效的途径和方法。

当前，德育理论实践化的根本要求和具体内容就是如何将马克思主义理论转化为积极投身实现"中国梦"的伟大实践的自觉行动，在把握"全面深化改革"和"中国梦"的科学内涵和精神实质的前提下，真正实现"民族梦、国家梦和个人梦"的统一。在理论教育上，在系统讲授马克思主义、马克思主义中国化两大理论成果的基础上，更应该突出理论创新的最新成果，特别是中国特色社会主义"三个自信"、社会主义核心价值观、中国梦、全面深化改革等直面现实、直面生活、关涉未来的理论，让大学生产生对党的理论创新成果的亲近感，加深其对理论创新成果的理解度，提升理论分析社会现实的运用力，增强对多元思潮的鉴别力，并以此作为大背景，科学地对待生活、学习、工作、人生，对待过去、现在和将来，对待自己、他人、集体和国家，以科学理论指导下的正确选择和成功成长实现个人价值，增强幸福感。

其次，在掌握理论、参与课堂的基础上，探寻高校德育实践如何与大学生的学校学习结合、与学校的各种课外活动有机融合的路径，即活动升华型实践。

作为专业学习群体，大学生的主要状态应该是包括课堂学习和课余活动在内的学校学习，从某种意义上来说，课外实践活动是大学生从学校走向社会的中介和桥梁。因此，高校德育实践既包括所学理论在学校课堂内的运用和参与，也应该包括学校课堂外的融合。

最后，在参加活动、参与社会的基础上，当前高校德育实践必须探寻如何发挥学生的主体性、主动性而协同外化要求和内化努力的路径，即生活感悟型实践。

马克思曾经特别强调"社会生活在本质上是实践的"，这就明确指出必须从实践角度认识和分析社会生活，同时实践本身也是社会生活，因此，高校德育活动必须实践化和生活化。

上述原则和理论指导下的当前高校德育实践生活化的主要形式应该是丰富多彩的，高校开展的各种类型的艺术文化节、体育文化节、学术文化节等不能只是简单地追求形式新颖与场面热闹，更应该与大学生的集体生活、交往生活、情感生活、党团组织生活、学生社团活动等紧密结合，解决学生在现实生活中可能遇到的问题和产生的困惑，以贴近学生和贴近生活的外部活动实践高校德育，更为重要的是，要鼓励引导学生有意识、主动地、积极地将高校德育的理念、理论、原则、观点、方法与自己的生活相结合，通过反省、顿悟、思齐等多种方法，以自我修养和内在追求塑造道德的"我"，从而促进高校德育实践实效性的提升。

第二节　高校德育实践模式的理论构建

一、构建高校德育实践模式的意义和作用

近年来，教育系统外社会大众生活的道德失范，以及教育系统内德育自身在目的、内容、方法等方面的不足，造成我国高校德育工作不同程度地存在"失效"的现象。其根本原因是社会的生产方式及与其相应的政治、经济、文化的变迁和人们对这种变迁所产生的模糊认识。也就是说，既有社会大环境的问题，也有校园小环境的问题；既有德育主体本身的问题，也有德育客体自身的素质问题。当前我国高校对德育的重视程度越来越高，投入也越来越大，但成效仍不明显。为此必须要摆脱"知性德育"的范式，大力推进高校德育的实践性，提高德育的时效性。构建高校德育的实践模式，就是要将德育与现实的生活情境相结合，将道德知识内化为道德意识并指导道德行为。通过道德实践活动促进个体道德的形成和发展，为道德客体实现道德知识的内化提供条件。实践活动不仅使道德客体加深了对道德知识的认识，更促使其在实践和交往合作中培养道德情感和道德意识，并转化为道德行为。因此实践是检验德育成效的根本要素。

目前我国高校的德育工作主要通过三种途径进行：一是德育理论教师通过思想政治理论课对学生进行理论知识的传授、教育。思想政治理论课是高校对学生系统进行思想政治

教育的主要渠道和基本环节，也是每个学生的必修课程。在思想政治理论课教学中，要坚持学生的主体性地位，发挥教师的主导作用，教学方法要适应新的思想政治课教育理念，充分调动学生的主动性和创造性，提高德育教学效果。二是德育工作者通过日常教育、管理开展德育工作。辅导员和班主任是高校日常思想政治教育的组织者和协调者，可以通过参与培训来提高他们的德育工作能力，还可以通过建立多样化的考评机制对德育工作进行考核，促进他们德育水平和能力的提高。三是全体教职工通过教书育人、服务育人，将德育工作引入学校的方方面面。全体教职工在日常的教育、管理中，要做好班级、年级工作，开展丰富多彩的教育活动，做好心理健康教育和辅导工作，并在日常教学、管理和活动等方面开展德育活动。目前，这三种德育模式在高校德育中虽取得一定的效果，但逐渐陷入一种低效的困境。实现德育效果，不能光靠知识的灌输，要让学生通过知识的传授内化为内心的情感体验，并转化为行为实践，避免出现德育与生活世界相脱离的问题。德育与生活应当是相融合的，人们的道德品质只有在生活实践中才能体现出来。学生参与德育实践有利于提升道德认识，培养道德品质，养成道德行为习惯。在德育实践中，学生在教师的帮助下，了解德育内容，在理性认识中通过感性体验达到知识的内化和升华。道德不是传统的说教和空洞的理论，道德来源于生活并最终应用于生活。

德育实践的理论与时刻发展变化的德育实际之间总是存在一定的差距。构建德育实践模式就是要解决这个矛盾，在德育理论和德育实践之间架起一道桥梁和纽带。德育实践模式是德育实践理论体系的具体化，它以简明扼要的形式和易于操作的程序来反映有关德育实践理论的基本特征和具体框架，促德育工作者在德育实践中把握和运用有关德育原理。所以德育实践模式能使抽象的德育理论发挥其中介作用；同时，德育实践模式又直接来源于德育实践，是在长期的德育实践和德育活动中形成的，对德育实践经验的系统概括和总结，是德育工作者在实际工作中可以参照的标准样式及实施策略，对于提高高校德育实效性有着重要的意义。

二、高校德育实践的理论模式与特点

（一）高校德育实践的理论模式

德育实践是高校德育系统工程的重要环节，德育的实效性有赖于德育实践模式的科学构建。高校在进行德育的过程中，开放性地引入实践机制，促进学生了解社会、了解国情，对于培养学生品格，增强学生社会责任感，使学生养成知行合一的道德观念具有不可替代的作用。德育实践模式构建的前提是以培养大学生科学的人生观和世界观为基础，以规范学生行为为目标，以中共中央关于全面推进素质教育的精神为指导，以突出提高大学生的思想道德素质为宗旨，以培养学生的创新精神和实践能力为出发点，在遵循德育的整体性、主体性和实践性等原则的基础上系统构建德育实践模式。当前高校德育实践的普遍模式是：

1. 以德育实践研究和指导中心为平台，加强综合研究

高校应以思想政治工作队伍、思想政治理论课教育工作者以及教育理论研究人员为主体，吸收部分学生和社会有关人员参加并成立德育实践研究和指导中心，进行综合研究，在研究的基础上科学地指导德育实践，推进德育实践工作专业化、科学化。有关部门应加强对中心的支持与管理，把德育实践研究和指导中心建设作为大学生思想政治教育的科学研究阵地、决策研究机构、理论创新基地和研讨交流平台。

2. 顶层设计，科学制定德育实践的目标和内容

学校要科学制定德育实践的目标，既要考虑德育实践目标的整体性、一贯性，又要兼顾德育实践目标的现实性，做到目标"近、小、实"，避免"高、大、空"。应以帮助个体实现社会化为目标，培养适应社会的人。只有这样，在德育实践目标的现实性的基础上，德育实践内容才可能具有可操作性、可接受性和富有时代特色，德育实践目标还可以作为学生实践内容确定的根据，也可以作为学生德育实践成绩的评价标准。

3. 多途径设计德育实践的实施过程

一方面，将德育实践纳入专业课教学中，对专业课的学习也可以引入德育实践活动，将专业知识与德育结合起来，让大学生边学习专业知识，边接受道德文化的熏陶；另一方面，将德育实践融进校园文化艺术活动中，校园文化艺术活动围绕德育育人这个中心展开，通过校园文化活动、社团活动开展德育实践工作，寓教于乐；此外还可将德育实践汇入大学生活中，大学生的德育实践工作必须与大学生们的生活紧密挂钩。

4. 健全德育实践的管理和评价体系

一方面要健全规章制度，加强德育实践过程的监控。对大学生德育实践过程进行有效的和务实的监控是保证德育实践目标得以实现的重要保障。实践过程中要面对复杂多样、被诸多现象包围着的实践对象，年轻的实践主体易于迷失自身，或陷于现象不能判断，或被迫改变原有的选题准备。这会导致系统运行过程的中断和偏离，失去实践性体验教育的价值和意义。因此，通过各种渠道、采用多种方式全面深入地对大学生的实践过程进行有效监控，不断修复反馈信息，是保证德育实践真正实现在改造客观世界的同时改造主观世界的目的。另一方面要构建科学的德育实践评价体系，即建立学校评价、社会评价、家庭评价和学生自我评价相结合的评价系统。首先要从实际出发制定量化指标，既详细具体，又具有可操作性原则。其次要健全考评制度，认真做好各种数据的收集和整理工作，努力使平时的考评工作落到实处。再次要使考评指标体现努力方向，能够起到规范学生思想表

现和日常道德行为，激发学生奋发向上的作用。

5. 建立信息反馈系统

人的认识是在不断的实践过程中实现由低级向高级的飞跃和发展，因此从认识论的意义上来说，高校学生的德育实践并不是一次性的体现，就德育实践的系统而言，评价和反馈既是上一轮实践活动的归宿，又是新一轮实践活动的开始，也是德育系统保持旺盛生命力的标志。这就要求不断地完善德育实践的评价和反馈环节，逐步把德育实践转换为大学生自觉、自发的行动，真正提高其道德修养和道德能力。

（二）高校德育实践模式的特点

高校德育实践模式除具备社会实践活动与其他第二课堂活动的一般特征外，还有自身所固有的特点，主要表现为：

1. 建构上更加规范化

德育实践模式纳入德育教学计划，按照课程化设计和建构，它既有一定课时，更有一系列的规范要求，其教学过程的各个层面和操作都必须周密有序，有明确具体的大纲和教学计划，按部就班，分阶段、分计划实施。

2. 设计上更加个性化

学校德育实践模式建构如何，直接决定学校德育的效果。因此，在设计上一方面要体现教育自身发展的特征，既面向每一个学生，又让他们在全面发展的基础上，个性特长都能得到充分的发挥；另一方面，现代教育技术，特别是多媒体网上教学的广泛应用，为每个受教育者不同能力、兴趣、特长的发展提供了更广阔的平台。这就意味着教育的发展对人才的个性化要求空前提高。学校德育实践只有适应这一时代的新要求，才能保持旺盛的活力。

3. 实施过程更加生活化

首先，高校德育实践更加关注和指导学生的生活世界。学校德育实践可以强化对学生的人生观、价值观和理想信念、爱国主义教育，有针对性地引导学生把学习与自己的发展和祖国的前途命运联系起来，增强其学习的动力和毅力。其次，高校德育实践更加关注和指导学生的交往生活，即指导学生交往的基础知识，培养和锻炼他们的交往能力，引导帮助他们建立起平等友爱、互帮互助、开放宽容、诚实守信的良好人际关系，为自身的健康发展和社会的安定创造良好的氛围。再次，高校德育实践更加关注和引导学生的日常生活方式和生活习惯，即向学生传授与现代文明生活方式及人与人之间和平共处的相关知识，指导他们建立勤劳节俭、自尊自爱、文明健康的生活方式并养成良好的生活习惯。德育生活化是对目前德育实践模式的新的挑战，要提高德育实效性，就必须大胆地进行改革创新，使德育实施过程更加生活化，使德育真正服务于德育对象。

4. 评价体系更加科学化

一方面对德育实践模式的评价克服了以往以考试成绩来评价学生思想品德水平的状况，而是在充分参考各种不同主体评价的基础上对学生作出的评价，是一个动态的过程性评价，不是终结性评价。另一方面对德育实践模式的评价不仅体现了学生自身价值的实现程度，而且还体现了社会价值的实现程度。德育实践模式不仅可以更形象生动地对大学生进行德育，使其综合素质得到极大的提高，更重要的是，这带来了社会价值的体现，大学生整体道德素质的发展，对社会的发展具有十分重要的意义。

三、高校德育实践模式构建的原则

（一）高校德育实践模式构建的原则

1. 有效性原则

德育的效果决定德育的成败。德育实践模式的各个环节都应注重效果。德育工作不仅仅要解决学生对于德育的理论认识，还要能将德育知识内化为学生个体的德育意识，并最终外化为符合德育要求的行为。因此德育实践模式的构建要坚持有效性原则，应根据学生的实际情况，有目的、有计划地将德育因素渗透到实践活动中，在实践活动中对学生的道德意识和道德行为产生潜移默化的影响，完善学生的修养和人格，切实提高德育的有效性。

2. 可操作性原则

德育实践模式的构建还要强调各实践环节的可操作性。要从全程可操作、全面可操作、全员可操作三个方面来衡量与检验高校德育实践的可操作性。具体来说就是德育实践工作应贯穿于整个德育过程之中，环环相扣；高校德育实践工作还应全方位地深入到大学生学习、生活活动的全部领域；每一个德育工作者均要根据自己的职责分工做到"教书育人、管理育人、服务育人"。

3. 整体性原则

德育实践模式的构建要坚持整体性原则。这是发挥德育工作整体效应，构建社会、家庭、学校的大德育体系，从而使德育工作形成系统、发挥作用的保证。在德育实践模式构建过程中，应制订"教学"计划、活动模式、评估方案等，将学生的爱国主义教育、集体主义教育、社会主义教育及理想信念、思想品德教育等内容融入实践活动的各个环节中，使德育实践活动真正成为学生思想品德和德育的社会大课堂，使德育实践模式从整体上系统性地贯彻德育规范，组织实施德育实践性教学。

4. 层次性原则

德育实践模式的构建要坚持层次性原则。德育实践模式的层次性，不仅指作为德育主体的学生因不同年级、不同年龄、不同教育环境使其德育发展具有层次性，同时也指德育工作者由于不同的分工而具有不同的层次性。因此，注重德育实践模式的层次性有利于德育实践模式的实施。随着时代的发展和社会的变迁，教育环境呈现出日益复杂化的特点。由于教育对象的德育基础不同，德育追求的目标层面不同，教育者的工作分工不同，德育必须进行分层教育才能提高高校德育工作的针对性和有效性。在德育实践中，要按照分层的要求对学生进行因材施教，尊重学生的个性差异，遵守教育的规律，使教育实践在分层中提高德育的时效性。

5. 主体性原则

德育实践模式的构建要坚持主体性原则。这是因为，学生是德育实践模式的主体，在德育实践过程中，只有注重学生主观能动性的发挥，充分调动主体的积极性，使主体的作用得到最大限度的发挥，才能增强德育的实效性。德育应当进一步转变理念，将主体性视为学生全面发展的核心和精神实质。尽管对主体性德育实践模式的研究目前还处于探索阶段，但主体性德育实践的深入研究不仅是对传统德育实践的挑战，同时也是促使德育实践模式朝着科学化和人性化方向发展的新路径，是当代德育理论与实践符合时代发展的必然趋势。

（二）构建高校德育实践模式应注意的问题

第一，要立足长远，以发展的眼光构建高校德育实践模式。德育工作者，要根据国内外形势的新变化、教育改革和发展的新任务以及学生思想的新变化开展德育实践，一方面既要关注眼前社会热点问题对学生的影响，抓住契机对学生进行教育。另一方面又要立足长远，从学生的实际出发，根据学生现实中存在的问题，结合学生的年龄特点和教育过程的阶段性特点，选取现实的教育内容。如针对新生可以选取以适应大学生活、认识自我等为主题的实践内容，针对毕业生则应选取以创业、就业等为主题的实践内容等，以解决学生最迫切的思想及现实问题。用发展的眼光，选择有针对性的符合学生实际需要的实践内容，有利于激发学生对德育实践的热情，实现德育实践向现实生活的延伸，是德育实践模式构建中应当注意的问题。

第二，要立足德育目标，遵循客观规律构建高校德育实践模式。德育实践模式的构建首先要立足德育目标，即提高学生的道德认知能力，培养学生认识、分析、解决多种具体道德问题的能力。虽然不同的历史时期，高校德育实践目标在侧重点上有所不同，但它们在培养学生德、智、体等全面发展方面，都起了积极的导向作用和保证作用。德育实践模式的构建还要遵循学生的思想道德形成规律和学生道德个性的发展规律，遵循内化和外化过程相统一的原则。在德育实践中，要加强对学生的引导和指导，提高他们正确认识社会、判别是非的能力，自觉抵制社会、家庭消极因素的影响。

第三，要立足实践，在高校德育实践模式的构建中注重制定科学的评价体系。德育实践模式的构建要立足实践，既来自实践，又要在实践中不断地完善。如何更科学地制定评价体系，更准确地量化评价指标，都有待于在实践中摸索。德育实践模式实施的具体内容、途径和方法等都要经得住实践的检验，德育实践活动的内容既要反映时代的特点，又要具有较强的吸引力，使大学生乐于参与。此外，德育评价是教育评价的重要方面，构建一个动态的、立体式的评价网络，改变过去那种为评价而评价，评价经验化、单一化的局面，更科学地制定评价体系，更准确地量化评价指标，也是德育实践模式构建中值得注意的问题。

第四，要立足时代特点，在高校德育实践模式的构建中注重优化环境。德育实践模式的构建受多方面的制约，既受学校环境的制约，又受社会客观条件和家庭环境的制约，尤其在价值多元化的当今，各种复杂的社会现象对大学生的负面影响，给高校德育工作带来了更大的困难。因此，立足时代特点，优化社会环境，净化高校德育实践空间，为学生创造一个良好的实践环境对德育实践模式的构建也显得非常重要。

第五，要立足人的本质，在高校德育实践模式的构建中强调社会化。马克思主义始终强调人的社会化。现代大学生是未来社会的栋梁，需要较强的社会适应和生存能力。因此，德育实践模式的构建要重视德育的社会化，要突破学校德育课的时空限制，在充满复杂和冲突的社会情景下，根据学生的接受程度，开展多样化的社会实践活动，分层次地引导学生初步接触社会、关注社会并积极参与社会道德生活，在社会矛盾和冲突中寻求平衡。在社会大课堂中把校内学习和校外学习有效衔接起来，在与各个阶层的社会交往中陶冶情操，体验真情实感。反之，"学校既与社会隔离，学校里的知识就不能应用于生活，因此也无益于品德"。

第六，要立足实效性，在高校德育实践模式的构建中注重德育形式和内容的有机结合。从辩证唯物主义的立场看，内容和形式是辩证统一的，超越任何内容的空洞形式是毫无意义的，回避道德内容的研究是不完全的研究。一定的内容都有它的最佳存在形式，一定的形式总是为一定的内容服务，将德育的内容与形式结合在一起研究，是高校德育实践模式构建中应有的价值取向，也是提高德育实效性的必然要求。

第三节　高校德育实践的途径和载体建设

一、传统途径和载体的建设

(一) 德育实践途径和载体的含义

高校的德育过程，就是教育者、受教育者和社会要求的思想品德规范这三大要素之间相互作用和变化发展的过程，也是不断解决三大要素之间矛盾的无限循环的过程，"还是教育者根据社会的要求和受教育者的思想品德形成的过程，对受教育者进行有目的、有计划、有组织的教育，使受教育者形成社会、阶级或社会集团所期望的思想品德和心理素质的过程"。

德育实践的途径从根本上来说就是德育实践过程的方法选择，它在一定意义上决定了德育内容以及受教育者在德育过程中的地位。德育途径的选择从根本上来看是对教育观念和教育方式的一种选择。传统德育将德育等同于道德知识的教育，选择以讲授德育为容为唯一的形式来开展德育实践；现代德育选择受教育者自身体验的实践为德育活动，体现了受教育者在德育过程中的主体地位。当然，任何单一的途径对于单个受教育者而言，其作用和效果都是有限的，只有通过适合受教育者并采用多种途径开展的德育实践，才能够发挥德育实践真正的价值和作用，因此德育实践的途径在德育实践过程中的地位和作用是显而易见的。

任何一种途径都要依赖一定的载体，德育载体同样具备一般载体的属性和性质。德育载体就是指在德育过程中能承载并传递德育内容或信息的所有事物、活动及过程。它是教育者与受教育者之间的桥梁，是实现德育工作目标的基本条件和保障。毛泽东对此曾有过形象的说法："我们的任务是过河，但是没有桥或没有船就不能过。不解决桥或船的问题，过河就是一句空话。"载体在发挥其作用时会"隐而不见"，让人感受不到它的存在，但是载体却是德育得以发生实现所必不可缺的，载体选得好，可以收到事半功倍的效果。载体是德育的土壤，选择了合适的土壤，德育才能生根、开花、结果，才能发挥更大的作用。德育载体担负德育主客体之间信息的传输功能，是一种承载和传输德育信息、不断促进教育过程中德育主客体双向互动的信息场。只有在德育实践途径和载体的选择相契合、相适应的情况下，德育的载体才能真正发挥功能。

(二) 传统德育实践的途径及载体

传统德育过度注重理性说服和灌输教学，强调在课堂中进行道德知识的传授。这种德育的理念是将受教育者作为知识的接受者，将德育等同于道德知识的教育，于是德育更注重道德知识的单向传输。在这种理念之下，高校德育实践主要依赖两个载体。

1. 课堂教学载体

课堂教学是学校教育的主要途径，也是高校德育实践的常用载体之一。课堂教学就是通过把德育内容系统化、标准化、课程化，在课堂上通过教师有意识地传授，使学生掌握正确的道德观点和科学的政治理论，培养良好的思想道德素质的过程。

课堂教学作为高校德育实践的基本载体，以传授理性知识为主，教师通过课堂上对理论知识深入浅出的讲解为学生提供了增强道德认识、培养理想信念的途径。如通过系统讲授马克思主义理论知识使学生树立共产主义的远大理想，坚定中国特色社会主义信念。在教学过程中，教师对教学内容准确、深刻地全面理解和系统地讲解，会成为学生获得道德知识和能力的重要途径，使学生获得更多的正确思想观念，从而为塑造理想人格和指导自身行为实践提供理论指导。为了增强认知功能，课堂教学更多的是采用直接灌输的方式，即教育者通过传授、讲解，把德育内容灌输给受教育者，使其接受，并转化为思想意识和行动。课堂教学载体是由大学生自身思想发展的内在需要所决定的。法国著名社会学家与教育学家涂尔干说过："强迫学生去接受道德事实、道德价值和行为确实不好，但我们别无选择。因为，我们要成为的那种人是未来社会所要求的人，而由社会所需要的这种人与我们与生俱来的那些潜能之间存在的距离是如此之大，以至于不按社会所要求去限制、规范我们的行为、欲望，我们就不能形成一种社会人格，甚至不能成为真正的人。所以，这一过程虽然痛苦，却是必要的，如果说这就是灌输，那么灌输就是不可避免的。"

2. 管理载体

"高校德育是一门科学，教育载体的运用，从根本上讲，是教育规律的反映和体现。"所谓管理载体，即"以管理为载体"，是指高校德育过程中管理活动与管理手段相配合，更加紧密地贴近学生的生活实际和思想实际开展高校德育。

传统德育实践将管理作为基本载体之一，是高等教育的规定性和教育对象的特殊性所决定的。一方面，高等教育要求德育内容系统化，德育实践必须做到组织工作制度化。另一方面，由于教育对象在心理和生理方面还很不成熟，自制能力和抗挫折能力较差，加之喜欢以自我为中心，如果忽视管理，后果将是不可想象的。

管理载体具有四个特点：一是管理载体是一种制度化的教育形式。管理必须依据由法律、规章、纪律所构成的制度进行。将管理载体与德育相结合，就使得德育具有了一定制度化的特征，带有一定的强制性。有效的管理也是一种教育，而且是一种具体的教育。通过他律对自律的促进作用，把德育与管理紧密结合起来。德育的管理载体就是寓德育内容于管理之中，一方面通过运用一定的规章制度、行为规范和有效的管理方式来约束、规范和协调人们的行为，以养成良好的思想品德和行为习惯。另一方面借助一定的权力来保证实施，通过行政、经济、法纪等手段进行管理，对全体成员都具有强制的约束力，最终使学生从他律走向自律。二是管理载体相对于其他载体来说更具有广泛性和实践性，使德育与其他工作实现了最好的结合，具有渗透性。这是管理载体最为突出的功能。把高校德育与具体工作结合起来，在日常生活中渗透高校德育因素，管理载体能及时跟踪、考察学生的思想状况，并及时反映问题进行调整，确保高校德育能够更加深入、更加贴近学生的思想实际。面对德育对象在德育实践中的问题，如果出现管理不及时、管理不到位、管理不适当，就会对高校整体的德育产生负面影响。反之，制度健全、纪律严明、公平公正、秩序良好的管理，能使人情绪稳定、对管理认可、心悦诚服，德育工作的内容、信息和目的也就能及时地通过管理载体传达至德育对象，使其在投身于道德实践时积极发挥自身的主观能动性，促进德育的实施和发展。三是管理载体与其他载体相比具有更强的规范约束性，它通过明确的政策、法规、条例、制度，综合运用教育手段、经济手段、行政手段乃至法律手段，对不良的思想意识和行为习惯辅之以必要的管理手段进行约束甚至是惩罚。借助管理载体，高校德育工作者可以把高校德育的要求通过管理的规范影响、制约德育对象的言行，并促使他们将德育内容和要求内化为思想，外化为行为，达到教育的目的。四是管理载体具有沟通、协调功能。管理的过程就其实质而言就是沟通、协调的过程，沟通是管理的方式和手段。沟通是为了达成共识，协调是为了化解矛盾，使各种资源发挥最大效益。管理的这种沟通、协调功能从某种意义上来说就是高校德育的原则和方法的体现。管理者要及时地向德育对象传输正确的行为方式、道德观念，掌握德育对象的感想和建议，又要及时协调、疏导德育对象出现的心理不平衡、利益冲突、人际矛盾等问题。管理载体这种沟通与协调的功能在德育中有着不可替代的重要作用。

二、拓展高校德育实践途径和载体的尝试

(一) 拓展高校德育实践途径的突破口

高校德育的实施，一定程度上的道德知识的传授是不可或缺的。但受当代大学生自我意识、自尊心、独立性与参与意识强等个性与心理特征的影响，过多的灌输又容易使他们产生强烈的抵触情绪。为此，高校德育工作者在德育的实施过程中，既要在道德知识的传授过程中注重趣味性，避免枯燥和乏味，采用灵活多样的方法，增强感染力和吸引力，又要充分发挥学生的主动性和积极性。更要多采用启发、诱导的方式，以培养学生的道德自

觉性。正如《礼记·学记》中所论述的："君子之教，喻也。道而弗牵，强而弗抑，开而弗达，道而弗牵则和，强而弗抑则易，开而弗达则思，和易以思，可谓善喻也。"德育的实践表明，传统的德育实践忽视德育过程中教学的情感性、学生的主体性而造成的片面的灌输只会引起受教育者的逆反心理，不可能培养受教育者独立思考的能力及自主性的人格，德育也就因此缺乏实效性。因此，应当从以下两个方面来寻求拓展高校德育实践途径和载体的突破口。

第一，在德育实践过程中发挥道德情感的内驱力。德育过程是培养受教育者知、情、意、行统一发展的过程，只有注重这五种因素共同发展，道德观念才能更好地通过一定的德育实践作用于受教育者，德育才能发挥其真正的价值和作用。在从道德认识到道德行为的转化过程中，道德情感起着重大的作用。苏霍姆林斯基曾说过："情感是道德信念、原则性以及精神力量的核心和血肉，没有情感，道德就会变成枯燥无味的空话，只能培养伪君子。"因此在德育实践过程中应重视以情施教，发挥道德情感的内驱力作用。在道德认识阶段，情感能促进他人言行的"内化"。教育者真挚、生动的情感易打动受教育者，使他们易于接受、采纳教育者的言行；而冷漠、无情或不真实的情感，则易使受教育者产生隔膜，甚至反感，从而会大大降低对教育者言行的接受程度。在道德行为阶段，情感能激励自我观念的"外化"。情感的这种效能是通过其促进良好人际关系的建立来实现的。心理学家的研究表明，愉快的情绪体验会带来面部表情的愉悦，有助于人们建立友谊，增进人际互动、谅解和相互信任。为此，情感可以通过促进良好的人际关系的建立，使学生愉悦地进行德育实践，获得将道德观念进行外化的机会。

第二，在德育实践过程中培养道德主体能力。高校德育的目的是使德育对象形成正确的思想、立场、观点和合乎社会要求的行为规范。而德育目标的实现有赖于德育对象的主动参与，及他们心理内部开展的矛盾运动所作出的正确道德判断和道德选择。因此，培养和提高大学生的道德主体能力，包括自我教育能力、道德判断能力、道德创造能力是高校德育实践的一项基本任务。首先，要培养学生的自我教育能力。大学生所处的身心发展阶段说明他们已有了一定的自我教育能力，高校德育工作者的任务是促进受教育者自我教育能力的进一步提高，以使他们能顺利地实现由"他律"向"自律"的转变。其次，要培养学生的道德判断能力，即识别、判断行为善恶的能力，这是学生自我教育能力形成的基础。这就要求高校德育工作者给学生提供有关方面的知识和经验，同时给他们提供进行道德判断的机会，更多地变"教育学生应当干什么"为学生主动地展开思考"自己现在该做什么"。再次，要培养学生的道德创造能力。伴随着时代的变迁，道德也表现出可变性、发展性的特征。作为社会主义的建设者和接班人的大学生，理应具备创造新的伦理道德精神、创造性执行现有道德规范、有效地解决现有道德问题的能力。为此，高校德育实践要高度重视学生的道德主体地位，为他们道德创造能力的发展营造良好的外部环境。

（二）新时期拓展高校德育实践途径和载体的有益尝试

受教育者作为道德主体，逐渐在新时期德育实践载体中发挥更多的自主作用，以自身的体验完成德育的过程。因此，让受教育者更多地进行自我体验成为新时期德育实践载体建设的主要目标，高校围绕这个目标在德育实践途径和载体的拓展上做了有益的尝试。

1. 校园文化活动载体

校园文化活动载体是德育工作者围绕教育目标和内容，以高校学生为主体，通过开展各种活动，寓德育于活动之中，使学生们在参与活动的过程中潜移默化地受到道德的熏陶，从而达到教育的目的所采取的方法和途径。在学校教育中，让学生能够投入群体性的实践活动，可以使学生在开放性的活动中形成开放的个性，在现实的活动中感受自我、认识自我，并逐渐形成与现实相关联的理想人格。校园文化活动载体主要包括社会实践活动、科技创新活动、文体娱乐活动等。

（1）校园文化活动载体的特点。

一是具有广泛教育性。校园文化活动有丰富多彩的形式，有较强的感染力和吸引力，学生能广泛参与。此外，校园文化活动涉及的教育内容更加宽泛，大学生可以根据自己的喜好，选择自己感兴趣的活动，并从中受益，达到学习和锻炼的目的。因此，从参与对象及教育内容上来讲，校园文化活动载体具有明显的广泛教育性。

二是具有间接教育性。校园文化活动的开展主要是运用隐性教育的方法，通过使受教育者由被动转为主动地参与教育活动，在潜移默化中培养其良好的道德情操，使受教育者充满参与的成就感，从而达到"润物细无声"的教育目的。因而它具有间接教育性。

三是具有开放教育性。校园文化活动打破了高校德育课的封闭性，是一种开放的德育。德育课主要是教育主体向客体施加影响，客体接受影响的过程，而以开展活动的方式进行德育，就会使大家既是教育者，又是受教育者，达到相互影响、自我教育的效果。

（2）校园文化活动载体的作用。

一是校园文化活动是高校文化传承与创新的关键环节。一方面，它能够促进校园精神的培育。校园精神是在校园文化活动中诞生、发展并升华的，还必须依靠校园文化活动来进一步体现、巩固和发扬光大。另一方面，它能够促进校园文化环境建设。校园文化活动直接改善校园物质环境，引导校园精神环境向更具文化品位的方向发展。校园文化活动既可以改善德育的硬环境，也可以优化德育的软环境。它是高校文化传承与创新功能发挥的重要环节。同时，校园文化环境的改善也为校园文化活动开创了更加和谐的空间。

二是校园文化活动是实现德育目标的重要途径。大学生正处于世界观、人生观和价值观的形成阶段。丰富多彩、文明健康的校园文化活动给了他们更多的发展空间。校园文化活动，使学生能够在轻松愉快的环境中接受新事物，按自己的喜好选择参加的活动，在浓厚的兴趣中吸收新思想，也可以使学生在各式各样的活动中，通过复杂的人际接触，提高自身的素质和能力。校园文化活动的开展使学生在良性循环中不断完善自身的审美修养，逐渐成长为全面发展的高素质人才。这是实现德育目标的重要途径。

2. 心理咨询活动载体

所谓大学生心理咨询就是德育工作者或心理咨询专家根据咨询对象的具体情况，运用心理学的知识和原理，通过与学生谈话和讨论，帮助求助学生发现自己心理问题的根源，引导其改变原有的认识结构和行为模式，以维护和增进心理健康，促进潜能充分开发和个性全面发展。当今社会的一个显著特点是发展迅速，变化复杂，竞争激烈，对每个人来说，不但机遇与挑战同在，而且往往成功与挫折并存。这种社会状况很容易引发学生的紧张和焦虑，使大学生的心理承受能力、自我控制能力和适应能力相对减弱；一旦学生自我实现意识难以达到期望值，便会增加他们心理上的负担，产生严重的焦虑、抑郁、紧张等心理问题或心理障碍。面对这些问题，传统的思想教育方法往往力不从心，不能从根本上解决，心理咨询活动载体便日益成为德育实践的重要载体。

（1）心理咨询载体的特点。

一是具有科学性。心理咨询以一种平等交流的关系，通过讨论的形式进行推心置腹的交谈，这种方式容易深入学生的内心世界，解决深层次的心理问题。同时，心理咨询科学性强，它是建立在对人脑思维、情绪和情感等心理因素发展规律研究的基础上，有系统的科学理论作指导，容易取得较强的信任感。心理咨询载体有助于各种心理问题的解决，其方法和作用是传统教育方法和作用所无法取代的。

二是具有实效性。教育效果不仅取决于教育内容的科学性、先进性和教育者本身的素质，还取决于教育对象对教育内容的吸收和内化程度。教育者与教育对象本身就是一对矛盾，如果教育对象形成对教育者的逆反心理或对抗心理，就会拒绝接受其施加的教育内容；相反如果教育对象与教育者建立和谐、融洽、信任和理解的关系，对其施加的教育内容就容易被接受并内化为自身的思想意识和道德品质。因此，通过心理咨询载体，可以及时对学生的各种矛盾心理和冲突进行调适，从而为德育创造一种和谐、稳定的接受心境，增强德育的效果。在新形势下，学生思想趋向多元化，高校德育只靠传统的方法很难真正掌握学生思想的实际情况，心理咨询就显得更加重要。因此，它日益成为高校德育的重要载体。

（2）心理咨询活动载体的建设路径。

心理咨询活动载体的建设应该着重考虑以下几个方面：一是加大对心理咨询知识的宣传力度，通过开设心理咨询课程及建立心理咨询中心等方式，使更多的学生了解心理咨询的意义、内容、方式和原则等，提高学生对心理咨询工作的认识。二是结合新形势，推广网上咨询。大学生处于自尊心较强的个性发展阶段，当出现心理困惑时，总是有相当一部分大学生掩饰内心世界，没有勇气去咨询室，同时又有强烈的被他人接纳的心理需求，渴望与人沟通和交流，而互联网虚拟隐藏性的基本特征为这部分学生提供了交流的平台。因此要充分利用网络平台，大力推广网上咨询。三是开展集体咨询。集体心理咨询可以使参与者通过对共同关心的问题交流讨论，彼此启发、支持和鼓励，观察并了解自己的心理行为反应和他人的心理行为反应，从而促进个人的成长与发展。对于大多数学生来说，在遇到心理问题的时候，往往求助于身边的同学和朋友，而不求助于心理咨询者。所以通过集体咨询更容易达到心理咨询的目的。四是提高咨询者的素质。通过各种形式和途径提高咨询者的素质是大学生心理咨询顺利进行并富有成效的关键因素。五是加强心理咨询的理论与实践的研究。在消化、吸收西方的心理咨询理论、方法的同时，与我们现有的教育理念、方法进行融合，形成具有我们自身特色的心理咨询理论与方法。加强心理咨询的理论与实践的研究，是心理咨询活动载体建设的重要途径。

3. 网络载体

网络正在深刻地改变着人类的文化生活。网络既给高校德育工作提供了新的载体和阵地，也给高校德育工作带来了前所未有的挑战。如何把握机遇，迎接挑战，已成为迫切需要解决的课题。

（1）网络载体的优势。

利用网络开展思想政治教育具有传统教育方式不可替代的优势。

一是大学生通过网络可以接收来自各方面的信息，包括党和国家的政策、学校对学生的要求、家长对学生的期待等。大学生之间还可以通过网络互相碰撞思想火花。网络载体从根本上改变了过去社会、学校、家庭对学生的教育，各自发挥作用，信息分散，有时相互冲突，无法很好协调的状况。通过网络可使分散的信息聚集起来，使各方信息在网络这个平台上相互作用，这就使过去相对狭小的教育空间变成了全社会共同做好学生思想政治教育工作的广阔空间。

二是网络的发展，使高校德育实践具有了更广阔、更深入的舞台和方式。网络载体改变了过去传统的以课堂讲授方式为主的教育，改变了过去由于受场所等多方面的限制而不能产生广泛的教育效果的状况。网络载体能够使学生在任何时间、任何地点接受道德教育，这就摆脱了时空的局限，增强了及时性、广泛性和直接性。

三是网络也建立了一个让人真实表达自我的平台。在网络世界的虚拟空间，学生们更容易流露出自己对社会、对人生、对学校的真实想法，这就给高校德育工作者准确把握学生的思想动态提供了极大的便利条件。

（2）网络载体的建设路径。

网络对青年学生的影响越来越大，并已日益成为青年学生学习和生活的一部分。因此，要想利用网络对青年学生进行道德教育，就要建设好网络载体。

一是加强网络阵地建设，建立德育专门网站。当代社会是信息化迅猛发展的时代，作为培养社会人才的高校德育应该具有时代性与前瞻性，紧密跟随时代的发展，做到与时俱进，发挥互联网在高校德育方面的重要作用。因此必须加强高校网络阵地的建设，发挥专设德育网站的积极作用，将党委、团委、院系网站与德育紧密联系，发挥好党委、团委、院系网站作为德育载体的重要作用。结合当下社会热点问题进行分析，提出正确的观念，传播社会正能量。同时做到贴近学生，立足校园德育实际，提高德育网站的实用性和服务性。

二是加强管理，努力限制和消除网络的消极影响。网络是一把双刃剑，在带来便利的同时也存在着许多问题。网络信息良莠不齐，真假消息难以辨认，对于辨别能力、自我防卫能力较差的大学生来说，他们往往难以辨别真假良莠，最终容易受到不良信息的不利影响。所以在校园网络建设的过程中加强对信息的审核，保证信息的真实性，加强后期内容的检测，一旦发现有问题的内容及时解决，提高实效性。解决该问题最为根本的就是尽快制定和完善网络法规。高校要通过管理载体加强校园网络信息管理系统，预防有害信息侵入校园，为思想政治教育功能的发挥提供坚实的网络平台，制度的建设和完善为网络平台的发展提供保证。

三是建立最新的网络交流平台。随着当代社会移动端的普及，微信、微博、QQ等成了人们交流互动的主要联络方式。教育工作者应该紧随时代的发展，积极有效地利用大学生常用的交流软件与其进行对话和交流。学校也可以根据本校的特点，立足本校的实际情况以及根据本校的需求建立本校具有特色的交流和沟通方式，比如各校的微信公共平台建设、校园 App 的开发等。教育者在运用这些方式时要体现导向性原则，对一些事关大局、具有一定政治性的话题，要在平等对话的基础上对学生进行正确的引导和正能量的传播。网络具有隐蔽性，同时在网络环境下的学生德育工作也是长期的和复杂的，我们要积极发挥主观能动性，把握其规律和特点，巩固创新德育工作的方式和方法。

思考题

1. 高校德育实践的现状和反思分别是什么？
2. 构建高校德育实践模式的意义和作用分别是什么？
3. 高校德育实践的理论模式与特点分别是什么？
4. 德育实践途径和载体的含义分别是什么？

第十章 "互联网+"时代高校德育实践的发展与创新

导读

"互联网+"时代高校德育实践的发展与创新不仅是时代的要求，也是顺应高校互联网民意、保持互联网秩序和维护网民利益的内在需求，更是"实施网络强国战略，让成果惠及全民"的战略要求。"互联网+"时代高校德育实践的创新，就是要秉承"互联网+"的思维和理念，充分借助于"互联网+"时代信息技术的优势，改进高校德育实践的方式和方法，以保持高校德育理念的先进性、德育实践的有效性和德育过程的科学性，推动高校德育实践过程中各个环节的全面优化。如此，才能保证在"互联网+"时代的创新发展中，高校德育实践的方向更准、腰杆更硬、底气更足。

学习目标

1. 塑造积极"互联网+"思维以保持德育理念的先进性。
2. 优化"互联网+德育"载体以提高德育实践的有效性。
3. 创新"互联网+管理"流程以提升德育过程的科学性。

第一节 塑造积极"互联网+"思维以保持德育理念之先进性

当前，"互联网+"逐步深入融合到经济发展、社会管理、人们生活的每一个角落，高校所面临的社会环境和高校内部的治理结构发生了巨大变化。互联网已经成为高校的思想和知识传播的重要领域、师生学习和生活的创新空间、学校教学管理的重要平台。"互联网+"时代构建了高校德育实践新的内外部环境，"互联网+"不仅带来了先进的信息技术，也为高校德育实践提供了一种先进的思维方式。积极培养高校以"互联网+"思维开展德育实践创新的意识，不断提高高校师生的"互联网+"能力，才能准确抓住互联网高速发展所带来的新机遇，保持高校德育理念的先进性。

一、"互联网＋"意识的培养

随着我国"互联网＋"行动计划的不断发展，"互联网＋"已经由国家战略转变为深入人心的思维意识和方法论。高校德育实践要充分共享"互联网＋"带来的红利，不仅要从学校层面加强对"互联网＋"意识培养的重视，更要做好德育实践主体的意识培养。高校德育"双主体"一直是本研究所持的德育观点，即在高校德育实践过程中，教师和学生都是德育实践活动的主体。切实培养高校师生共同的"互联网＋"意识，有利于形成教师和学生协调互动、共同发展的良好格局，从而达到高校德育实践良好的育人效果。

（一）学校"互联网＋"顶层设计

习近平总书记出席全国高校思想政治工作会议并发表了重要讲话，他指出："做好高校思想政治工作，要因事而化、因时而进、因势而新。要遵循思想政治工作规律，遵循教书育人规律，遵循学生成长规律，不断提高工作能力和水平。"正所谓"天地有大美，四时有明法，万物有成理"，思想政治工作是以人的思想形成变化为对象的社会实践活动。"互联网＋"时代高校的外部环境和师生的思想形成都发生了明显的变化，学校应该从全局的角度出发，系统地把握新形势下高校德育实践所面临的机遇和挑战，统筹考虑学校层面和师生层面的变化，明确"互联网＋"时代高校德育实践创新的理念和目标，制订可行性较强的实践计划，并通过机制的建立保证德育实践的创新发展。

学校应该对国家"互联网＋"行动计划作出积极回应，准确把握"互联网＋"的发展理念和趋势，通过平台搭建、体系重构、机制驱动等方式，明确"互联网＋"深度融入学校人才培养和德育实践的发展战略。一方面，学校应进一步加大经费、人力、物力等资源的投入，成立专门的互联网信息化工作办公室，加强信息化基础设施的建设，推进无线网络进校园、进课堂、进宿舍的校园网络全覆盖工程，布局高校德育实践创新发展的关键技术，为"互联网＋"背景下高校德育实践创新搭建工作平台；另一方面，学校应通过建章立制明确"互联网＋"深度融入高校人才培养的发展思路，引导、激励单位和个人树立新思维，借助于新技术，产生新动力，加强学校层面对"互联网＋"的推动、扶植与监督，提供"互联网＋德育"的相关服务，将"互联网＋"与高校事业发展深入融合机制化、常态化，推进高校人才培养和德育实践的创新发展，不断激发高校德育实践工作的新活力。

（二）教师"互联网＋"意识培养

高校教师"互联网＋"意识的培养就是要帮助教师利用互联网开展教学、管理、服务等工作，并在这一过程中不断创新教育理念和手段，提高教育水平和效果。高校德育实践过程中，尽管教师和学生都是德育实践活动的主体，但由于传统教育模式的影响，教师往往在师生关系中还是处于相对主导的地位，因此，教师"互联网＋"意识的培养在整个德育实践创新过程中的作用显得尤为重要。

首先，教师必须认识到"互联网＋教育"的趋势之不可逆。"互联网＋"已经从国家战略的高度自上而下改变着我国经济发展、社会生活的方方面面，教师可以深刻体验到这一点，但更重要的是认识到新形势下"互联网＋教育""互联网＋学习""互联网＋德育"已经成为高校人才培养不可逆的发展趋势和创新驱动力。对"互联网＋"新形势的清醒认识是高校教师在德育实践活动中树立新理念、凝练新思路、形成新方法的不竭动力。

其次，教师必须提高利用互联网的主观能动性。"互联网＋"是一种开放的思维和方法，这就为高校德育实践创新提供了无限的可能和多种结果。教师必须树立主动的、积极的"互联网＋"意识，在高校德育实践活动中分析、把握、结合德育过程和德育主体的新规律，利用"互联网＋"的技术优势，解决新时期高校德育实际活动中的新问题，对学生进行积极的引导和帮助，达成师生对"互联网＋"融入德育实践活动的共识，形成良性互动，方能切实提高德育实践活动的实效。

(三) 学生"互联网＋"行为引导

大学生群体是思维活跃、求知欲和学习能力较强的一个群体，他们对互联网信息技术的接受、适应和熟悉都较快。然而，"互联网＋"时代的海量信息资源和多元价值文化很容易让学生在网络世界里迷失，学生通常是在互联网上娱乐、交友、购物等，利用互联网学习的比重却相对较少。互联网已经成为学生学习、生活中的必需部分，在无法阻止学生接触互联网的前提下，引导学生正确、健康地使用互联网就显得非常重要。加强对学生"互联网＋"行为的引导，就是要引导学生利用互联网完成更多与学习和成长有关的内容。一方面，在教学过程中适当减少课堂学习的比重，通过构建网上学习资源，增加在线学习的环节和内容，将在线学习变成学习过程中不可或缺的一部分，帮助学生形成利用网络进行学习的概念和意识，养成利用网络进行学习的习惯；另一方面，要鼓励和引导学生通过互联网加强学习互动、提高学习质量。互联网的平等、开放、去中心化的特征，给学生带来了自由表达观点和看法的渠道，学校要主动引导学生利用互联网平台与教师进行交流和互动，在这种交流的环境下，学生的真实感受和想法会充分表达出来，学生群体中存在的思想问题也会暴露出来，便于及时发现和解决学生群体中的各种危机，增强高校德育实践活动的针对性和实效性。

二、"互联网＋"能力的提高

"互联网＋"是一种能力，这种能力不仅包括对互联网高速发展过程中所诞生的新兴信息技术的掌握，更是一种利用互联网与传统行业融合发展产生新业态和新活力的能力。当前，高校德育实践中依靠互联网平台开展的德育活动越来越多，"互联网＋德育"已经成为高校德育实践创新的重要途径，"互联网＋"能力的提高成为保证高校德育实践工作质量和德育实践活动效果的重要手段。高校德育实践活动中，教师不仅要熟悉和掌握"互联网＋"时代新兴的信息技术，更要学会将这些新兴的信息技术与德育实践过程连接起来、融合进去，催生德育实践的新面貌和新活力。

（一）"互联网＋"信息技术的掌握

对"互联网＋"信息技术的掌握是高校德育实践创新的基础。"互联网＋"信息技术是互联网快速发展过程中产生的新兴信息技术，如大数据、云计算、新媒体技术等，这些新兴信息技术是高校德育实践创新的媒介、工具和手段，高校德育工作者如果不掌握这些技术，就如同战场上没有了武器，工作中失去了载体，也就失去了德育过程中的主动权和话语权。因此，对"互联网＋"信息技术的掌握显得尤为重要，学校要组织教师队伍加强对新兴信息技术的学习，教师通过学习要基本了解和掌握互联网新兴信息技术的功能、特性和原理，能够自主利用新兴信息技术设计德育过程，制作德育资源，完成德育实践。同时，还要紧跟时代要求，不断提高自身网络素质，及时更新网上教育内容，使用学生喜闻乐见的形式，赢得学生的喜爱，从而达到较好的教育效果。例如，教师要学习和熟悉大数据的特性、功能和应用，了解甚至掌握利用大数据对德育实践过程进行决策、管理和监控的技术；要学习云计算的特点、功能和优势，了解云计算在教育发展中的最新成果和应用；要熟练掌握微博、QQ、微信等新媒体技术，能够建立自己的话语平台，并融入学生的话语体系，与学生完成即时通信和多向互动等。这些信息技术的学习和掌握是德育实践创新发展的技术基础，并使教师在高校德育实践活动中能够利用互联网信息技术拓展新渠道和新手段，从而为构建新的德育实践创新平台提供可能。

（二）"互联网＋"思维能力的提高

简单说来，"互联网＋"的"＋"就是连接与融合，这也是"互联网＋"的创新驱动能力之所在，利用互联网新兴的信息技术与传统行业的连接和融合，能够激发传统行业的新活力。目前，我国高校教师群体中"70后""80后""90后"的教师居多，他们从学生时代就开始接触互联网、运用互联网，随着互联网的快速发展，越来越多的新兴信息技术让人目不暇接，即使他们对互联网的特性比较熟悉，能够逐步学习和应用这些互联网技术，但长久以来教师没有形成利用互联网来辅助教学和管理的意识和能力，所以相对互联网的高速发展，教师相关素质和能力就显得力不从心，年轻教师尚且如此，更不用说其他的教师了。要把握"互联网＋"时代的技术红利，教师不仅要勤于学习新的互联网信息技术，更重要的是要有意识、有能力将这些信息技术与德育实践环节连接起来、融入进去，不仅仅是技术的连接、服务的融合，更是资源的连接、过程的融合。

高校德育实践过程中，教师要学会借助新媒体技术，收集、制作和发布内容健康、形式多样的德育内容和教学资源；要学会利用大数据的分析功能，对学生的发展状态进行监控、预警和干预；要学会利用即时通信技术的优势，加强师生的实时指导、在线互动，实现真正的平等对话和有效交流，提升德育实践的效果。总之，"互联网＋"时代信息技术的发展从来都是日新月异、层出不穷的，但不管技术如何更新和变化，高校教师只要拥有了"互联网＋"思维能力，就总能够针对新技术在高校德育实践过程中找到新的连接方法和融合渠道。

三、"互联网＋"秩序的治理

"互联网＋"时代高校德育实践的创新，可以说既是高校德育实践的无奈之举，又是用心之举。之所以说是无奈之举，是因为互联网的快速发展深刻地改变了高校德育实践的内外部环境，并深深地影响了德育实践的效果，高校不得不利用互联网、融入互联网，以求德育实践的实效性。用心之举，是因为这符合高校德育实践"因事而化、因时而进、因势而新"的内在要求，是高校主动应对形势的变化，不断改进德育实践活动的态度。互联网的开放性和虚拟性特征，一方面给高校德育实践创新带来了新机遇，另一方面也为德育实践效果的实现带来了新挑战。既然高校德育实践活动要连接互联网、融入互联网，就必须建立互联网德育实践的新秩序和新规范。

（一）纪律约束

这里讨论的纪律约束主要是指对高校德育实践过程中教师主体的约束。互联网海量的信息资源和多元的价值观念对学生的成长发展产生了巨大的冲击，以学生的知识和阅历储备，一般很难判断和抵御互联网上某些低级、负面甚至反动的不良信息的危害。这时就需要教师对这些信息作出判断和筛选，对学生进行正面的引导和教育。教师在互联网德育实践过程中的作用显得尤为重要，然而，互联网是一个开放、自由、虚拟性很强的空间，不仅学生能隐藏自己的真实身份自由发布观点和意见，教师也有这一可能。教师可能平日里碍于在公共场合的身份，无法跟学生抱怨、宣泄情绪，在互联网上却能宣泄个人的情绪和不满，这样一来，教师在互联网上"过滤器"的作用不但没有发挥，反而形成了负面的作用。因此，对教师利用网络开展德育实践活动要进行严格的要求，可以适当地对教师的网络身份进行监控，督促这些德育实践环节的"抓手"真正地尽其职，发挥正面的教育和引导作用。

（二）诚信意识

"互联网＋"时代，对于社会诚信（考验个人道德）和职业诚信（考验行业伦理和管理者道德）的要求的确比无网时代更高，因为网络兼具揭露欺骗和迅速传播真相的功能。利用互联网进行高校德育实践创新，信息化的手段将被广泛地应用于学生教育、管理、服务的各个环节，以往凭借经验和感觉来掌握学生成长过程的教育状态发生了巨大的改变，学生的成长过程和状态更多是通过客观的数据，以量化和可视化的方式呈现在教师面前，这些数据则成为德育实践过程中决策的重要依据。然而，在互联网的面纱保护下，学生诚信的部分缺失让成长过程中采集到的客观数据并不真实，比如，学生自己填写的个人信息存在不实，学生利用他人的互联网身份进行活动，与教师的网络互动隐藏自己的真实想法，利用网络学习的漏洞逃学，等等，这些不诚信的举动可能让学校和教师获得错误的分析信息，影响对学生成长状态的判断。所以，学校要进一步加强学生的诚信教育，通过建立征信系统，建立信用档案，采集、客观记录学生信用信息，并与其校园学习、生活挂钩，培养诚信意识和契约精神，健全守信激励和失信惩戒机制，使守信者受益、失信者受限，让诚信成为共同的价值追求和行为准则，切实保证高校德育实践创新中的数据权威和实效性。

（三）言行规范

"互联网＋"时代连接一切、开放、自由的特性，决定了每个个体既是信息的接收者和传播者，又是信息的生产者和发布者，个体自由度的放大激发了个体信息生产和传送的积极性，促成了海量信息资源的生成。同时，无限的自由也减少了对个人行为的监督和对社会公德的约束，互联网上言行失范、网络暴力的现象比比皆是。这种现象在青少年学生中尤为严重，学生处于价值观念尚未成熟时期，情绪易激惹且容易受到外部环境的干扰，如果没有互联网的言行规范，网络德育实践的效果实在令人担忧。高校应制定详细的学生网络行为规范，对学生在互联网上的语言和行为规范进行明确的规定，引导学生在互联网生活中强化自律意识，甚至可以将相关的管理规定写入学校学生管理办法中，加大对网络言行失范的监控和处罚力度，以培养和建立学生网络行为自律的制约机制。此外，通过在校园里广泛地宣传良好的互联网公德规范，对学生在互联网上的言行失范进行监督和批判，共同营造文明健康的网络空间，方能建立一个良好的互联网德育实践环境。

第二节 优化"互联网＋德育"载体以提高德育实践之有效性

"互联网＋"时代高校德育实践的优化重点是研究和解决如何保证高校德育实践的有效性。随着信息技术的飞速发展和互联网的广泛应用，社会运行面貌改变的同时，也改变着学生学习、生活、娱乐等行为方式。学生的学习习惯、方式、途径都发生了巨大的变化，更多的互联网元素植根到学生的脑海当中，彻底改变了他们的审美标准，传统的德育模式更加难以讨学生喜欢，直接影响到德育实践的效果。"互联网＋德育"体系的优化就是要将"互联网＋"时代的信息技术优势运用到高校德育实践当中，并借鉴"互联网＋"时代产业发展的经验和模式，找到高校德育实践的新方法和新路径，不断提升德育实践的新活力，从而提高德育实践之有效性。

一、"O2O 模式"增强德育课程的吸引力和实效性

一直以来，高校德育课程力求能够牵引学生按照课程指导的方向开展学习，然而随着互联网发展对世界的改变，传统课程的吸引力大大降低，德育课程的实效性岌岌可危。原教育部陈宝生部长指出：思想政治理论课学生的抬头率不高，人到了心没有到，根本原因在于其内容不适应学生的需要，主要可能是"配方"比较陈旧，"工艺"比较粗糙，"包装"不那么时尚，所以亲和力就差了，抬头率就低了。高校德育课程的组织形式、资源建设都亟待顺应时代发展的潮流，作出积极的回应和改变。"O2O 模式"（即 Online to Offline，线上到线下）是"互联网＋"时代广泛流行的商业概念和模式，它将线下的商务机会和互联网结合，使互联网成为线上和线下交易的平台，大大增加了商务机会。构建德育课程"O2O 模式"是充分利用互联网连接一切、开放融合、海量信息等优势，运用云计算和云平台技术建设在线德育课程，创建线上和线下交叉互动的新型学习方式，构建丰富、生动的德育课程资源，及时整合、反馈学习评价，切实推进德育课程向更加人性化、个性化和实效性方面的提升。

（一）构建人性化的学习内容

高校德育课程"O2O 模式"的创新重点之一是，解决传统课程的内容和形式已无法满足学生日益改变的认知需求的矛盾。随着"互联网＋"时代的到来，人们的行为方式、生活习惯都发生了前所未有的改变。在高校，学生的认知规律和学习习惯也发生了巨大的变化，传统的德育课程内容越来越不适应这种变化，"O2O 模式"的德育课程内容建设主

要是依靠新兴的信息技术，对德育内容和资源"新瓶装旧酒"，让德育资源以崭新的面貌出现在学生面前，并利用云计算和云平台技术将德育内容放在互联网上，供学生随时随地自主选择学习，更加能够调动学生的学习兴趣和热情。

第一，丰富、生动的德育内容构建。传统德育课程的内容大多给学生古板和说教的印象，特别是伴随着互联网海量信息资源和多元文化的爆发式增长，学生接触到的各种信息越来越时尚、生动，传统德育课程的内容更加无法讨学生喜欢。"O2O模式"的德育课程内容建设充分利用新兴信息技术的优势，将德育内容重新包装。例如，充分利用音视频、动画、PPT等多媒体形式建设课程内容，或者构建轻松、娱乐化操作体验课程，以任务驱动的方式将学生应掌握的知识等，以学生喜爱的面貌展现出来，让德育过程寓教于乐，也是德育实践活动重在体验和感悟的初衷。

第二，切合学生学习习惯的德育内容建设。随着互联网学习功能的不断强大，以往以教师为中心的学习方式被彻底改变，学生可以利用网络随时随地进行自主学习。"O2O模式"的德育课程内容建设遵循学生去中心化、碎片化的学习习惯，将德育课程内容按照知识点切割为若干部分，方便学生随时随地利用互联网学习，对零碎学习时间的利用可以大大提高学习效率。同时，被拆分的德育内容都以短小的音视频面貌出现，也切合了互联网学习中学生无法长时间集中注意力的特点，有效地保证了学习的效果。

第三，人性化的德育资源选择。"O2O模式"的德育课程内容建设注重线上和线下德育资源的相互补充，教师在网络课程上提供与课堂教学相匹配的教学资源、课件、电子图书、音视频等，学生可以根据自身的学习特点和喜好选择德育内容和学习方式，分配线上学习和线下学习的比重。这种人性化的德育资源选择更加适应学生的学习规律，在德育内容的掌握过程中能够取得更加理想的效果。

(二) 满足个性化的学习需求

高校德育课程"O2O模式"是将传统的德育课程教学从线下转移到线上，以传统的德育课程为基础和指导，用信息技术的方式进行包装。线上和线下学习的互补，能夏大地增强学生学习的自主性，学习路径和进度的选择也能更加尊重学生个体的实际情况，从而可以提高学习的活力和效率。

第一，学习路径个性化。德育课程"O2O模式"是传统课堂的标准化教学向学生个性化学习的革命性转变。每个学生的知识基础、思维能力和学习兴趣都不尽相同，这正是因材施教的原因所在。"O2O模式"的课程教学将丰富多样的课程资源配置于"云端"，教师会制订共性的学习目标和要求，而不会像传统课堂教学的标准化要求那样限定统一的学习步调，学生的学习自主性得到很大的提高。教学过程允许学生根据自身的兴趣喜好、学习习惯、能力基础等个性化差异，设计和选择自己的学习时间、学习地点和学习方案。

这种德育课程教学模式彻底改变了传统德育课程在学生心目中的面貌，打破了以往学生在德育课程中的被动局面，他们可以自主选择学习顺序和学习路径，个性化学习需求的满足和个体差异得到尊重，更大限度地提高了学生的学习兴趣和课程教学的效果。

第二，线上和线下良性互补。德育课程"O2O模式"是典型的混合式教育模式，线上和线下的学习都是德育课程学习的核心部分，线下教师和学生面对面的内容讲授与线上的课程自学形成相互补充。"O2O模式"打通线上和线下课程内容的信息和体验环节，不仅给学生的学习带来了更多的选择，也为教师对德育课程的设计带来了更多可能，教师可以安排学生在课前通过线上自主学习完成指定的部分学习内容，这样线下的课堂教学中就能够引入更多的师生互动环节，更加有利于德育课程的教学质量的提高。

(三) 全方位的互动学习评价

德育课程的教学最终要落实在学生对德育内容学习和领会效果的把握上，传统的德育课程教师在课堂上讲授，无法及时掌握学生的学习效果，也了解不到学生的学习差异，课程结束时的考试或课程论文更是无法准确地反映学习效果。"O2O模式"的德育课程利用互联网信息化的管理优势，既可以对学生的学习轨迹进行跟踪，及时评测学习效果，智能辅助学习过程，还能完成师生一对一的及时互动，全方位的学习过程评价大大提高了德育课程的实效性。

"O2O模式"的德育课程让学生能够根据预先设计好的学习流程，在学习系统智能分析的指导下逐步完成学习内容。系统会及时通过测试工具和手段显示学生的学习效果，并给出下一步的学习计划，保证每一名学生线上学习的逻辑性。允许教师根据课程情况安排线上和线下的学习内容，通过线上信息化的学习记录系统，可以准确地把握每一名学生的学习进程和轨迹，了解学生的学习习惯和共性的问题，在线下课堂教学中有针对性地进行教授并解决。此外，学生在线学习的数据"留存"不仅是学生学习过程的监督和评价，更为师生的互动交流搭建了平台。传统课堂一对多的讲授模式下，大多数学生都无法与教师进行一对一交流，德育实践的效果也大打折扣，而线上学习打破了时间和空间的限制，给师生交流更多的开放和自由度，敞开心扉的师生互动更加符合德育实践活动的本质要求，使德育课程内容的传授、学习和体验效果都大幅提升。

二、新媒体的话语权和感染力

随着"互联网＋"时代的到来，新媒体平台凸显德育实践，人们的日常生活对互联网的依赖度越来越大，传统媒体在人们生活中的比重越来越小。特别是在思维最活跃、学习能力最强的高校师生群体中，传统媒体的使用范围和影响力越来越小，高校师生成为最积极和最广泛使用新媒体技术的群体。高校德育实践活动中，德育环境对德育实践效果的影响举足轻重，德育环境潜移默化地对学生的思想品德、道德素养和行为规范起着渗透、引导和规范的作用。"互联网＋"时代，新媒体技术广泛替代传统媒体以及深刻影响学生操行的趋势，使新媒体平台成为德育实践的重要载体和媒介。如何利用新媒体技术加强高校德育新媒体载体的建设，提高高校德育工作在学生互联网生活中的话语权和主导权，提升高校德育实践活动的感染力，成为高校德育实践创新的关键点。

（一）德育载体的新选择

"互联网＋"时代，在万物互联、跨界融合的政策指引和市场选择中，人们的生活方式发生了巨大的变化，越来越多的现实生活被更加便利、时尚的互联网方式取代，当我们认真地观察和总结自己的生活时，就会发现诸如传统的报纸、书籍、杂志、宣传栏等都有了互联网的替代产品。在高校，随着移动通信技术和互联网技术的发展，学生利用移动互联网终端更加便利，他们获取信息、休闲娱乐、人际交往都可以利用手机等移动终端完成，于是学生普遍成为"低头族"，走到哪里都在看手机，就算没事也要把手机拿出来按两下，可见互联网几乎成了学生知识积累、思想成长的最主要平台。高校德育实践中的传统载体已经无法满足学生成长的需要，新的德育实践载体呼之欲出，利用"互联网＋"时代的新媒体技术加强德育载体建设是最能保证高校德育实践效果的选择。

当前，新媒体平台已经成为学生最喜爱的成长环境，高校加强新媒体德育载体建设要准确把握学生的特点及喜好，到学生活动最频繁的区域和地带，以学生最喜闻乐见的媒介方式，潜移默化地影响和引导学生成长。首先，互联网移动终端、手机客户端及应用程序（App）成为学生互联网生活的重要媒介，学生已经习惯了利用这种形式和面貌的工具进行生活、交流，高校德育实践进网络要抓紧德育主题应用程序的建设，将德育内容通过学生喜爱的学习方式和渠道展现出来，更加有利于增加学生对学习内容的好感。其次，如今，以微信、微博、QQ等自媒体为代表的新媒体平台，几乎成为学生表达观点、分享心情、人际交往、休闲娱乐等诉求的主要载体，学生的思想在这些平台上汇集、交流、发展、定型，高校要抓住这一难得的自然形成的学生网络生活集散地，建立学校的官方微信公众号、微博和QQ等，通过这些新媒体手段将德育内容包装成为学生愿意接近、了解和认可的模样，方能使德育实践具有真正的吸引力和感染力。

（二）话语争夺的新阵地

话语权的争夺主要就是解决如何吸引学生关注和学习德育内容的问题，树立学校主流德育思想对学生德育的主导权。新媒体平台作为德育实践的重要载体，必将成为高校德育话语权争夺的主阵地。新媒体平台上，德育实践话语权的争夺要从两个方面来着手，也就是"引得来、留得住"的问题。

首先，如何将学生吸引到高校建立的新媒体平台上来。高校应加强"互联网＋德育"载体建设的探索与创新，最大限度地将学生吸引到校园新媒体平台上来。一方面，高校要推进在学生已经固有的新媒体生活平台上搭建德育实践载体，学生在哪里，高校德育实践的触角就伸到哪里，学生在日常生活中寻找自己感兴趣的内容时，多少会浏览到主流的德育内容，让德育实践的声音无处不在；另一方面，高校对于新媒体德育实践载体的建设，也要有智慧、有计划、有方法地采用引导和制约机制。据调查，在大学生浏览学校相关网站的主要目的中，浏览"学校思想引领与主题教育"内容的学生比例不容乐观，但其他学生校园生活的"必需品"是他们不得不浏览的，所以高校应将与学生的学习和校园生活等切身利益相关的教育新闻资讯、管理服务内容整合到新媒体平台上，如学生的选课、成绩查询、考试报名、学年小结、评优评先、奖助学金申请、重要文件发布等，利用新媒体完成这些学生教育管理的内容，既达到了便捷、高效的效果，又能够让学生登录主流德育实践平台变成情理之中的必然，这样学校就牢牢把握住了学生登录校园新媒体平台和浏览主流教育信息的主动权，实现对学生关注主流新媒体德育平台的控制。

其次，如何将学生稳定地留在新媒体德育平台。新媒体德育平台的显著特点就是改变了以往德育工作的面貌，将原来的道德说教变成一种媒体环境和文化，通过环境和文化的营造，让学生自主选择教育内容，通过新媒体达成师生的平等对话和互动交流，有效提升德育实践效果。高校加强新媒体德育平台的建设：第一，要在尊重学生个性发展的基础上，不断提升网络德育文化的品质和厚度，学校的官方微信公众号、微博和 QQ 空间等新媒体平台上的内容建设要多些诚意、更接地气，让学生对主流媒体的阅读更加轻松、倍感亲切；第二，要有意识地培养师生员工成为校园里的网络大咖和意见领袖，充分发挥微博、微信和客户端的引导作用，在新媒体的环境下有计划地开展德育话题的讨论并解答问题，掌握了新媒体平台的话语权，就掌握了德育实践的主动权和主导权；第三，引导师生员工对主旋律的德育内容进行广泛的评论、点赞、转发，营造风清气正、心灵共鸣的新媒体网络环境，学生在新媒体平台上有收获、有感触，他们自然就会经常浏览这些微博、微信公众号、QQ 空间等。

第三节　创新"互联网＋管理"流程以提升德育过程之科学性

习近平总书记在考察海南省政务数据中心时作出重要指示："各级党委和政府要强化互联网思维，善于利用互联网优势，着力在融合、共享、便民、安全上下功夫，推进政府决策科学化、社会治理精细化、公共服务高效化，用信息化手段更好感知社会态势、畅通沟通渠道、辅助决策施政、方便群众办事，做到心中有数。"意在号召行政部门要切实以群众为中心、以用户为中心，不仅要让管理过程更加科学化、精细化，更要让群众在共享互联网发展成果上有更多获得感。"互联网＋"时代高校德育实践创新是新一代的互联网信息技术融入高校德育过程中，对学生教育管理服务的理念、方式、方法的全面优化和转型，其实质是要通过教育管理服务方式和流程的再造，重点解决高校德育过程中管理组织头绪较多、流程较长、决策效率较低的问题。运用互联网新兴的信息技术实现学生教育管理服务的信息化，不仅使德育过程更加规范和高效，而且让德育组织过程中的决策更加精准、有说服力，能切实提高高校德育实践过程的科学性。

一、信息化管理实现德育过程的规范化和管理服务的高效性

"互联网＋"时代的来袭让学生对高校教育管理服务过程产生了诸多的对比和期待，正如现代管理学之父、德国管理大师彼得·德鲁克所说："没有标准的组织，只有高效的组织；没有标准的方法，只有高效的方法。"借助于互联网信息技术实现高校教育管理服务的信息化，不仅能够实现高校德育过程的规范化，而且更加契合时代特点和学生的需求，保证管理服务的高效性。

(一) 德育过程的规范化

高校德育实践的创新从来都是应该围绕学生的特点和需求开展的，"互联网＋'时代学生生活方式网络化、信息化的特点决定了高校德育实践要以信息化的方式不断提升德育效果，而信息化管理服务过程也使得德育过程更加的规范。信息化的管理服务改变了以往依靠人工进行管理的方式，信息技术的介入使德育过程更加科学，学生在德育过程中的成长痕迹被详细记录、清晰可见，德育过程更加的严谨和规范。

高校要顺应时代的发展，以互联网新一代信息技术为依托，不断加大信息化教育管理服务平台的建设，创新学生德育管理服务的职能和手段，切合学生的时代特点和成长习惯，将"管理服务育人"落到实处。高校应通过建立信息化的学生教育管理服务系统，将学生行为教育管理从现实生活中搬到互联网空间里，利用互联网信息技术的优势，尊重学生习惯和热衷的方式，建立学生操行管理信息平台，对学生的成长过程进行监督和规范，以一种无时无刻不在的环境压力对学生的成长轨迹进行规范。如利用指纹识别和人脸识别等个人体征识别技术建立课堂学生电子身份签到和网络学习痕迹管理系统，利用手机 GPS模块定位技术建立学生行为轨迹监控管理平台等，对学生的学习、生活轨迹进行指导，把握学生成长的正确方向；又如建立学生信息管理系统，详细记载大学期间个人的信息和成

长记录，每年都有严格的审查和登记，学生每年要进行自我小结等，这些信息化的管理服务方式既规避了以往学生的不诚信行为，又切实培养了学生的独立意识和契约精神。当然，高校在运用先进信息技术对学生的行为进行管理的过程中，也要把握好度，既要规范管理，又要注意对学生隐私的保护。

（二）管理服务的高效性

高校德育实践创新的信息化管理方式克服了学生教育管理过程中人为因素的影响，让德育过程更加规范。同时，信息化的教育管理服务过程让德育过程更加人性化，成功规避以往管理服务中层级多、人员杂、内耗大的问题，让管理服务过程更加务实和高效。"互联网＋"连接一切、尊重人性的管理思维，实质上是带给人们一种去中心化、扁平化的管理方式，对于传统的管理理念而言，尽管去中心化和扁平化看起来是一种比较"叛逆"的决定，然而这是符合"互联网＋"时代的潮流的，是不可逆的革新过程。

高校德育实践创新要充分把握时代的特征和潮流，尊重学生的特点和需求，改变以往的教育管理服务理念，尽可能地减少不必要的管理层级，依靠互联网信息技术的强大计算处理和记忆功能，建立丰富、立体的学生自助管理服务系统。管理层级的压缩规避了复杂的人际关系，减少了不必要的内耗，通过人机对话的管理服务，切实让管理服务过程缩短、效率提高。如建立学生自助报到系统、证书证明打印系统、学业管理系统等，让学生从进校就开始学会自助服务、自主教育、自我管理；又如利用微信、QQ、微博等新媒体技术实现学生网络查寝、网上投票等教育管理功能，不仅大大减少了德育实践中人员的工作负担，提高了管理服务环节的效率，而且符合学生喜好的媒体方式也增强了高校德育实践的亲和力，切实提高了德育实践的实效性。

二、大数据分析保证德育过程的精细化和准确性

"互联网＋"时代的到来，让人们的各种行为活动都与互联网有着密不可分的联系，在高度发达的信息技术的支持下，几乎人们生活中的所有活动都能以数据的形式被反映、采集和分析。大数据技术为高校德育实践创新提供了革命性的技术支持。每一名学生的学习、生活、实践、娱乐等行为信息都能够以数据的形式被学校动态采集和掌握，通过科学、快捷的数据分析反映出学生的行为和思想状态，在高校德育实践过程中提供及时的预警和提醒，保证德育过程决策的精准性。同时，高校可以通过构建数字化的分析模型，利用互联网信息技术强大的计算功能和智能化的分析功能，对学生成长过程中的状态进行筛查、分析和处理，数字化模型的智能辅助功能真正成为高校德育实践的智库，切实保障德育过程的精细化和准确性。

（一）大数据分析驱动德育过程的精准决策

当前，随着我国社会信息化程度的不断深入发展，绝大部分高校都已经启动了校园信息化的建设，诸如校园一卡通、教育管理服务信息系统等一系列的信息化建设项目，为高校德育实践创新提供了有力的基础保障。高校应该进一步利用"互联网＋"时代的思维和技术优势，深入推进学生校园行为数据的采集工作，依靠权威的数据支持，通过智能化的大数据分析功能，为德育过程的精准决策提供可靠依据，彻底改变高校德育实践过程中学生教育管理"凭感觉、靠经验、等报告"的被动局面。

首先，构建可靠、动态、互通的学生行为基础数据库。学生行为基础数据库是大数据分析的源头，高校要从学校整体发展战略的高度树立大数据的思维，打通和连接校园内部的"信息孤岛"，确保学生行为数据库的唯一性和权威性，从而保证大数据分析的准确性。学校要加大基础数据采集平台的建设，及时对学生的行为数据进行采集、存储、更新和整理，保持动态、有活力的数据采集，才能保证基础数据库的有效性。学校要统一思想、统一步调，实现学生学习、生活、实践、娱乐等各个方面的数据纵向互通、横向互联，学生全部行为数据的互通与互联方能实现学生在校行为数据的整体性。

其次，构建及时推送的智能分析与预警系统。数据分析和决策辅助才是大数据的核心价值所在。可以说，"互联网＋"时代学生的一切行为都能够以数据的形式被描述，以往高校德育实践中对学生行为的粗放管理，不仅使学生成长中的诸多困难和隐患较难被及时发现，而且德育工作者往往通过学生的报告和个人的经验采取相应的干预，教育效果不甚理想。高校应充分利用大数据技术的优势，建立智能分析与预警系统，依托可靠、动态、互通的学生行为基础数据库，把学生的个人基本信息数据、学习行为数据、日常操行数据等大数据进行联系、对比、分析，发挥学生个人成长数据的整体效应，全面、准确地反映学生行为和思想的真实状态，让概念化的学生行为表征向可视化转变，让经验主义的决策向数据化、可靠性决策转变。同时，高校应完善智能分析与预警系统的及时推送功能，将分析结果和预警信息第一时间推送至家长、师长、同学等与学生个人成长相关联的德育工作队伍，实现学生个人成长过程的动态监控与干预，真正让每一名学生的成长都有陪伴和关心，保障学生健康、积极地成长和发展。

（二）数字化模型彰显德育智库的科学力量

"互联网＋"时代高校德育实践创新的核心思路就是运用互联网信息技术，对学生的成长和发展状态进行准确的把握，利用云计算、大数据的记忆存储和智能分析的功能，将高校德育实践过程数字化、标准化，减少德育工作者的负担和压力，提升德育实践工作的精细化和准确性，高校德育实践活动的规律性与互联网信息技术的智能化相结合，使德育实践工作的智库建设成为可能。

高校应大力构建一系列的德育实践数字化模型，这种德育实践过程中的管理模型和决策模型的构建，实际上是建立一种科学化、标准化的操作流程预设。数字化模型的构建是针对学生可能存在的经济困难、学业困难、心理困难、校园安全等常见的问题，从学生成长的数据库中提取相对应的行为信息，综合分析后对学生状态进行如实的反映，并提供相应的干预和解决方案。如此一来，德育工作者就能够在学生成长和发展的不同节点，针对学生群体或个体发展的某个方面，就如同选择套餐一般，运用构建的数字化模型对学生的状态进行准确把握，并依照数字化模型提供的干预及解决方案，完成对学生的德育实践活动。高校德育实践活动的规律性使这种数字化模型具有广泛的适用性和推广价值，成为高校德育实践活动中强大的智库，供德育工作者针对共性的问题和隐患在不同的学生个体中选择使用，辅助学生个性问题和困难的解决。

思考题

1. 提高"互联网＋"能力的途径是什么？
2. "O2O 模式"对德育课程的作用是什么？
3. 新媒体平台凸显德育实践的什么？
4. 大数据分析保证德育过程的作用是什么？

参考文献

[1] 王颖, 张鑫. 德育原理 [M]. 成都：电子科技大学出版社, 2019.

[2] 宋五好. 人伦视阈下的道德教育 [M]. 西安：陕西师范大学出版总社有限公司, 2019.

[3] 金莉, 武会欣, 魏微. 德育原理 [M]. 成都：电子科技大学出版社, 2018.

[4] 桂捷. 高校德育与心理健康教育研究 [M]. 沈阳：东北大学出版社, 2018.

[5] 孙峰, 龙宝新. 德育原理 [M]. 西安：陕西师范大学出版总社, 2020.

[6] 杜时忠. 德育研究 [M]. 福州：福建教育出版社, 2019.

[7] 陈顺刚. 德育 [M]. 成都：四川大学出版社, 2018.

[8] 祝建兵, 郭诗华. 德育论丛 [M]. 昆明：云南科学技术出版社, 2017.

[9] 刘忠孝, 陈桂芝, 刘金莹. 高校德育论 [M]. 哈尔滨：黑龙江人民出版社, 2019.

[10] 金钊. 教师如何抓德育 [M]. 北京：世界图书出版公司, 2019.

[11] 陈敏. 艺术与德育 [M]. 上海：上海交通大学出版社, 2016.

[12] 洪涌, 冯浪. 德育拾贝集 [M]. 北京：旅游教育出版社, 2018.

[13] 任少波. 高校德育共同体 [M]. 杭州：浙江大学出版社, 2018.

[14] 王仕民. 德育研究第4辑 [M]. 广州：中山大学出版社, 2017.

[15] 严华银. 德育课程：重要的是育人 [M]. 北京：世界图书出版公司, 2018.

[16] 张继誉. 生态德育教材 [M]. 北京：阳光出版社, 2017.

[17] 韩传信. 学校德育的意蕴 [M]. 合肥：合肥工业大学出版社, 2017.

[18] 任广明, 王凤霞, 罗苑玲. 让德育之花充分绽放 [M]. 长春：吉林人民出版社, 2020.

[19] 李岗, 陶礼华. 学科融合德育的研究与实践 [M]. 上海：上海社会科学院出版社, 2018.

[20] 常雪雁. 德育研究思想在场听说读写辩 [M]. 成都：四川大学出版社, 2019.

[21] 闫丽华. 德育工作与思想教育创新 [M]. 北京：北京工业大学出版社, 2018.

[22] 吴巧慧. 应用型大学德育的创新与实践2018 [M]. 北京：北京交通大学出版社, 2019.

［23］谭仁杰. 中国梦与高校德育［M］. 武汉：武汉大学出版社，2016.

［24］褚福贞. 活动德育实践［M］. 天津：天津科学技术出版社，2016.

［25］鲁洁，夏剑，侯彩颖. 鲁洁德育论著精要［M］. 福州：福建教育出版社，2016.

［26］焦建泉. 节点德育教育宣传指导手册［M］. 太原：三晋出版社，2019.

［27］朱美燕. 立德树人高校生活德育实践［M］. 上海：上海交通大学出版社，2019.

［28］秦红. 魅力德育［M］. 上海：上海教育出版社，2018.

［29］袁本新. 高校人本德育研究［M］. 广州：中山大学出版社，2017.

［30］李亚南，王群. 一本三跨飞翔的历史德育［M］. 上海：上海社会科学院出版社，2018.

［31］潘永惠，张寅，陈尊雷. 职业学校积极德育模式构建与实践［M］. 北京：知识产权出版社，2018.

［32］王仕民. 德育研究第3辑［M］. 广州：中山大学出版社，2017.

［33］边慧民，边懿. 中国传统"践行"德育思想研究［M］. 北京：中国人民公安大学出版社，2018.

［34］李春成. 高校青年德育新论第6辑［M］. 成都：四川大学出版社，2016.

［35］郑兵. "三维一体"德育模式的创建及实施策略的实践研究［M］. 成都：西南交通大学出版社，2020.

［36］郭娅玲. 德育与班级管理［M］. 长沙：湖南师范大学出版社，2017.

［37］白翠红. 高校德育思维方式发展研究［M］. 广州：中山大学出版社，2018.

［38］邵广侠. 生活德育的理论与实践［M］. 南京：东南大学出版社，2019.